Regine Igel

Berlusconi – eine italienische Karriere

REGINE IGEL

BERLUSCONI

EINE ITALIENISCHE KARRIERE

MOEWIG

Bildquellen:
Olympia, Mailand (Bildseite 4, unten; Bildseiten 6 und 7)
Archiv der Autorin (Bildseite 8)
Die restlichen Fotos wurden von der
Fininvest zur Verfügung gestellt.

Originalausgabe

Textbearbeitung: Petra Raszkowski
Umschlagfoto: Fininvest
Gesetzt aus der Aldus-Buchschrift
bei Utesch Satztechnik GmbH, Hamburg
Druck und Bindung: Ebner Ulm
Printed in Germany 1990
ISBN 3-8118-1155-X

Inhaltsverzeichnis

Einführung
9

Erstes Kapitel
Italienische Verhältnisse
13

Zweites Kapitel
Kindheit und Jugend – (k)ein ganz normaler Junge
23

Drittes Kapitel
Steile Karriere: Als Bauunternehmer in Mailand
31

Viertes Kapitel
Vom Stadtteilsender zum nationalen Network
53

Fünftes Kapitel
Siegeszug des Spaghetti-Fernsehens
85

Sechstes Kapitel
Werbung, Werbung über alles!
131

Siebtes Kapitel
Über Italiens Grenzen hinaus
163

Achtes Kapitel
Das Geschäft mit dem Sport: Präsident des AC Mailand
185

Neuntes Kapitel
Der Ätherkrieg
197

Zehntes Kapitel
Die magische Formel der Synergie: Auch die Supermärkte werden geschluckt
215

Elftes Kapitel
Das Kapitalistenduell um Mondadori
225

Zwölftes Kapitel
Die italienische Verknüpfung von Massenmedien und Industrie
241

Dreizehntes Kapitel
Das Mediengesetz – eine Posse ohne Ende
251

Vierzehntes Kapitel
Berlusconis Unternehmensphilosophie
263

Fünfzehntes Kapitel
Die Bilanz eines Jahrzehnts: Das Imperium Fininvest
275

Sechzehntes Kapitel
Kulturwandel durch Berlusconis TV-Paradies
279

Anhang

Anmerkungen
289

Zeittafel
300

Bibliographie
302

Einführung

Silvio Berlusconi, Medienzar und einer der größten Unternehmer Italiens, wird allmählich auch in Deutschland einem immer breiteren Publikum bekannt. Nicht nur, weil er hier einen privaten Fernsehsender besitzt – Tele 5 –, sondern auch, weil er mit seiner beispiellosen Karriere als Selfmademan zum reichsten Mann Italiens geworden ist und damit ganz Europa auf sich aufmerksam macht. Dieser kometenhaft aufgestiegene Medienunternehmer hat durch seine Innovationen im Fernsehbereich die italienische Medienlandschaft von Grund auf umgekrempelt. Durch ihn hat sich das Kommerzfernsehen mit seinem Motor Werbung zum profitabelsten Bereich der Wirtschaft entwickelt. Auch in Italien bleibt die Medienlandschaft in stürmischer Bewegung, vor allem das Fernsehen verstärkt weiterhin seinen Einfluß auf den Alltag aller.

Der Untertitel des vorliegenden Buches – „Eine italienische Karriere" – soll die Stoßrichtung ankündigen: Die Karriere Silvio Berlusconis vom Mailänder Bauunternehmer in den sechziger und siebziger Jahren zum auch international immer mächtiger werdenden Medientycoon ist durch und durch geprägt von der jüngsten Geschichte und politischen Kultur Italiens. Der Aufstieg dieses wohl kreativsten und aktivsten Unternehmers in Europa hätte in keinem anderen europäischen Land so rasch und komplikationslos vonstatten gehen können. Die italienischen Verhältnisse setzen der Kreativität und Agilität eines Unternehmers kaum Grenzen: Die permanente Umgehung gesetzlicher Bestimmungen ist hier keine Ausnahme, sondern der Regelfall.

Es gibt in Italien noch kein Anti-Trust-Gesetz zur Vermeidung einer marktbeherrschenden Wirtschaftskonzentration. Dementsprechend fehlte über Jahre hinweg auch ein Mediengesetz, welches hätte verhindern können, daß nur einige wenige Industrielle und vor allem das große Medienunternehmen Berlusconis den politisch so bedeutsamen Bereich der Massenmedien beherrschen. Diesen in unserem Land durch Kartellgesetze beschnittenen Freiheiten stehen in der Heimat Silvio Berlusconis jedoch auch Unfreiheiten gegenüber, die bei uns fast unbekannt sind.

Eine italienische Unternehmerkarriere sitzt fest in den Schlingen der Politik, baut sich auf Empfehlungen, Protektion, Korruption und Patronage auf. Wer keine Freunde bei einer der in der Regierung vertretenen großen Parteien findet, wird es nicht weit bringen. Silvio Berlusconi ist vor allem deshalb so groß und stark geworden, weil er über seine politischen Verbündeten die Verabschiedung eines Mediengesetzes lange Zeit hat verhindern können.

Von 1976 an konnte sich das Kommerzfernsehen ungezügelt und ohne jegliche Regeln ausbreiten. Mit fast tausend Privatsendern ist in Italien ein Drittel aller Fernsehsender der Welt konzentriert. Kommt in den USA ein Privatsender auf 400 000 Einwohner, in Japan auf 1,2 Millionen, so sind es in Italien 60 000 Einwohner. Doch ein Wettbewerb durch freie Konkurrenz, der vielen Sendern die Möglichkeit gegeben hätte, groß zu werden, ist durch die im Laufe der achtziger Jahre den Markt immer mehr beherrschende Stellung Berlusconis in den Funkmedien erstickt worden.

Wäre das Fernsehen heute der Spiegel der italienischen Gesellschaft, so gäbe es in Italien keine auf viele Jahrhunderte zurückgreifenden kulturellen Traditionen, keine Malerei, keine Musik oder Literatur und kein Theater der Gegenwart. Auf der Mattscheibe zeigt sich eines der kulturträchtigsten Länder der Welt auf Busen, Po und Showspektakel um Waschmittel und Seife reduziert.

Silvio Berlusconi hat nicht nur das Freizeitverhalten der Italiener und die gesamte Werbebranche von Grund auf umgemodelt, mit dem Kauf des Fußballvereins AC Mailand und dem Erwerb der größten Supermarktkette des Landes ist er in andere Wirtschaftssparten eingedrungen und hat auch diese Unternehmen zu sicheren Erfolgsbilanzen geführt.

Silvio Berlusconi als König des Medienparadieses Italien zieht nun auch als „Missionar des Privatfernsehens“ durch ganz Europa. Wir können gewiß sein, daß wir in Zukunft noch mehr von ihm hören werden.

Civezza, Italien
August 1990

Erstes Kapitel

Italienische Verhältnisse

Wirtschaftliche Machtkonzentration

Der Durchschnittsitaliener ist stolz auf seinen „großen" Unternehmer, symbolisiert er in seiner Rolle des Übervaters, der Arbeit, Wohnung und Essen garantiert, doch Wohlstand und Sicherheit. Für diese Sicherheit stehen Namen wie Gianni Agnelli, Besitzer der Fiatwerke in Turin und Nummer eins des italienischen Kapitalismus; Raul Gardini, Besitzer des größten Chemiekonzerns Italiens und Fabrikant für Zucker- und Agrarprodukte; Carlo De Benedetti, Computerhersteller und internationaler Finanzjongleur; Leopoldo Pirelli, Autoreifenhersteller; und der jüngste der Firmenbosse, der kometenhaft aufgestiegene Silvio Berlusconi, Besitzer des TV-Imperiums Fininvest.

Sie alle repräsentieren einen Unternehmertypus, den es in Deutschland nicht mehr gibt. In Italien ist der Unternehmer Eigentümer und Manager in einer Person, er allein bestimmt die Firmenpolitik und trifft die Entscheidungen in seinem Unternehmen. Der zweite Mann im Haus hat nur eine Chance, wenn seine Unternehmensphilosophie mit der des Eigentümers völlig übereinstimmt.

Diese mächtigen Großindustriellen, die in ihren Unternehmen zudem auch ihre gesamte Familie um sich scharen, erinnern an die Zeit der Medici im fünfzehnten und sechzehnten Jahrhundert in Florenz. So wie es damals nur wenige dieser Dynastien gab, sind sie auch im Italien des ausgehenden zwanzigsten Jahrhunderts dünn gesät. Sind es in den anderen Industriestaaten einige Dutzend, die in der nationalen Wirtschaft zählen, kommt man in Italien nur auf eine gute Handvoll. Fünfundsiebzig Prozent des an der Börse quotierten Aktienkapitals sind in den Händen von fünf Unternehmensgruppen konzentriert.

Obendrein kommt hier nach den ganz Großen erst einmal lange gar nichts: Die Schicht der mittleren Unternehmer ist beinahe nicht vorhanden[1], was die Position der Großen noch verstärkt.

Eine derartige Konzentration von wirtschaftlicher Macht in den Händen einiger weniger Unternehmer gab es beispielsweise im Amerika des neunzehnten Jahrhunderts. In Deutschland war Axel Springer ein letzter Repräsentant des reinen und großen Unternehmers, der noch nicht durch einen angestellten Manager, der einer Aktiengesellschaft vorsteht, ersetzt worden war.

Die italienische Wirtschaft ist zwar so modern, daß das Land in den achtziger Jahren zur fünftgrößten Wirtschaftsmacht der Welt aufgestiegen ist, aber gleichzeitig ist sie in ihrer Struktur so rückständig, daß der überholte Typus des Oligarchen nicht nur nicht verschwunden ist, sondern auch heute noch neu entsteht, wie das Beispiel Silvio Berlusconi zeigt.

Ihre Wurzeln hat die wirtschaftliche Machtkonzentration in den zwanziger und dreißiger Jahren, in der Zeit der Herrschaft Mussolinis: Der faschistische Staat favorisierte mit seiner Subventions- und Auftragspolitik einige wenige Unternehmen und Industriezweige und trieb so die Unternehmens- und Finanzkonzentration voran. Der Rest blieb zersplittert und wenig entwicklungsfähig. In den sechziger

Jahren, gegen Ende des ersten Wirtschaftswunders, und schließlich in den achtziger Jahren wurde der Konzentrationsprozeß fortgesetzt.

Anders als in England, Frankreich und der Bundesrepublik Deutschland setzte in Italien der entscheidende Prozeß der Industrialisierung sehr spät ein: nicht vor und nach dem Ersten Weltkrieg, sondern erst nach dem Zweiten, in den fünfziger und sechziger Jahren.

Das Land hat also, betrachtet man es aus der Sicht von heute, in dreißig Jahren einen Entwicklungsprozeß erlebt, der in den anderen Industriestaaten beinahe doppelt so lange dauerte. Das erklärt einige der Widersprüche und die Dauerkrise in der italienischen Wirtschaft in den sechziger und siebziger Jahren.

Eine weitere italienische Besonderheit stellt die Verstaatlichung großer Teile der Industrie dar.

Die Nationalisierung der Elektroindustrie und die Tatsache, daß einige bedeutende Großbetriebe zu Beginn der sechziger Jahre direkter staatlicher Kontrolle unterstellt wurden, schufen für die private Industrie eine so starke Konkurrenz, daß der Konzentrationsprozeß dadurch einen neuen Schub erfuhr. Das staatliche Unternehmen IRI (Institut für den industriellen Wiederaufbau) ist heute das größte Unternehmen in ganz Europa.

Die Entwicklung hin zur Oligarchie wurde von seiten der Staatsorgane nicht aufgehalten. In Italien existiert bis heute keine Anti-Trust-Gesetzgebung, die in anderen Industriestaaten schon bald nach dem Zweiten Weltkrieg die Konzentration der Wirtschaftsmacht in den Händen von nur ganz wenigen Unternehmen verhindert hat. Neben den genannten historischen Gründen erklärt auch diese fehlende Gesetzgebung, warum die Wirtschaftsstruktur Italiens so verschieden ist von der anderer industrialisierter Länder.

Die Verstaatlichung großer Industrieunternehmen in den

sechziger Jahren fand außerhalb der parlamentarischen Kontrolle unter der Ägide der Partei der Christdemokraten, der Democrazia Cristiana (DC), statt, die so ihre politische Macht durch die enge Verknüpfung mit der wirtschaftlichen Macht sichern konnte. In der Folgezeit sind die einflußreichen Führungsposten dieser Unternehmen, besonders des Unternehmens IRI, zu dem die staatlichen Rundfunk- und Fernsehanstalten (RAI) gehören, und der staatlichen Brennstoffgesellschaft ENI – von diesen beiden wird die Großindustrie heute dominiert – zu begehrten Machtpositionen geworden. Sie werden nicht nur zwischen den Parteien, sondern auch zwischen den *correnti*[2], den Parteiströmungen, hin und her geschoben. Eine derartige Praxis der Unternehmensführung führt schnell in die roten Zahlen, die – sehr zum Leidwesen der italienischen Bürger – dann mit Steuergeldern getilgt werden.

Diese Organisation der großen staatlichen Unternehmen ist der Nährboden für Korruption, Intrigen, Klüngelwirtschaft und Skandale, die in der italienischen Gesellschaft häufiger vorzukommen scheinen als anderswo. Der Einfluß der Parteien, die *partitocrazia*, dominiert auch das Bankenwesen und die öffentlichen Körperschaften.

Bei einer derart massiven Wirtschaftskonzentration, wie sie Italien aufweist, sei es im staatlichen oder im privaten Sektor, kann wohl kaum von einer freien Marktwirtschaft gesprochen werden. Nach Meinung des italienischen Historikers Piero Bairati entspricht die gegenwärtige Situation einem eher klassischen Wirtschaftsdenken. Bairati benennt die Verkehrsformen, die im Italien von heute zählen: „Die Geschichte des wirklichen Kapitalismus ist noch von ganz anderen Dingen bestimmt als vom Markt: Protektionen, Privilegien, Bevormundung, Monopolstellungen, Schutzbündnisse etc. Die Demokratie muß noch allerhand von ihrer Ineffizienz und Korruption ablegen, und speziell der italienische Kapitalismus muß sich seines oligarchischen Charakters entledigen."[3]

In Konkurrenz zu den Unternehmen unter staatlichem Schutz bildeten sich Ende der siebziger und verstärkt in den achtziger Jahren große private Industrieunternehmen und Finanzimperien heraus, die heute für die blühende Wirtschaft Italiens garantieren. Die italienischen Großunternehmen weisen Anfang der neunziger Jahre eine derartige Prosperität auf, daß eine horizontale Diversifikation, ein Engagement in verschiedensten Bereichen, gleichermaßen bei allen auf der Tagesordnung steht. Bevorzugt wird dabei das Finanzierungsgeschäft und das Verlagswesen, was dazu geführt hat, daß in Italien die großen Unternehmer auch gleichzeitig die größten Tageszeitungen besitzen.[4]

Diese Entwicklung hin zu immer größeren nationalen Industriekomplexen, die kontrolliert werden durch einige wenige Großindustrielle, ist heute, zu Beginn der neunziger Jahre, noch voll im Gange. Gleichzeitig sind die italienischen Unternehmer sehr um die multinationale Ausweitung ihrer Wirtschaftsimperien bemüht. Bislang ist Italien im Vergleich zu den anderen großen Wirtschaftsmächten im Ausland kaum präsent. Ob das Land seine in den achtziger Jahren erworbene starke Position in der Weltwirtschaft wird halten können, hängt entscheidend davon ab, ob es ihm gelingt, rückständige Elemente der Wirtschaft abzustreifen und die Wirtschaftsunternehmen entsprechend den Erfordernissen der Internationalisierung umzustrukturieren. Die Frage wird sein, inwieweit Italien der ausländischen Konkurrenz standzuhalten vermag.[5]

In Italien wird viel von der Öffnung der Grenzen nach 1992 gesprochen. Kritiker des Wirtschaftssystems anerkennen zwar die rasante Entwicklung der Wirtschaft in den achtziger Jahren, prophezeien aber Probleme, was die Konkurrenzfähigkeit des italienischen Kapitalismus innerhalb eines enger zusammenrückenden Europas betrifft. Die Struktur der italienischen Unternehmen – wie etwa das Fehlen mittelgroßer Betriebe und das Vorherrschen eines Managements, das entweder auf der familiären Besitzstruktur oder zumindest auf der Dominanz des Hauptaktionärs basiert – wird für die Expansion auf dem europäischen Markt eher als hinderlich angesehen.

Die Verflechtung von Politik und Unternehmen: „partitocrazia" und Lobbyismus

„Er ist wirklich ein äußerst fähiger Unternehmer", wird Silvio Berlusconi von einem seiner erklärten Gegner gelobt, „aber er steht auch für zwei Hauptlaster in unserem Lande: die Neigung, sich nicht im geringsten um die Gesetze zu kümmern, und die Überzeugung, daß das Wichtigste vor allem die richtigen Freundschaften sind, daß man einen Clan um sich haben muß."[6]

Die richtigen Freundschaften – das heißt für einen italienischen Unternehmer: Protektion durch Politiker und Beeinflussung von Abgeordneten für die eigenen Interessen. Wenn es auch diesen Lobbyismus, der die Karriere oder die jeweilige Machtposition zu sichern vermag, nicht nur in Italien gibt, so zeigt er sich hier doch in besonders massiver und unverblümter Weise. Lobbyismus und Klientelismus herrschen überall im Lande, nicht nur in den römischen Zentren der Politik. Die Bildung eines Clans, in dessen Mitte eine mächtige, einflußreiche Persönlichkeit steht, ist keine Ausnahme, sondern ein ganz alltägliches Kennzeichen der politischen Kultur Italiens. Dieses Patron-Klienten-Verhältnis, in dem der ökonomisch und sozial Besserstehende dem Klienten einen Gefallen tut und von diesem dafür Dienst- und Hilfsleistungen erwartet, hat seine Wurzeln in der Geschichte Italiens. Die Bildung des modernen bürgerlichen Staates hat es in Italien nicht vermocht, diese feudalen Beziehungen zu verdrängen.

Die Labilität des italienischen Staatsgefüges trägt dazu bei, daß sich diese althergebrachten Formen des Umgangs miteinander immer wieder neu festigen. Ein Staatsmißtrauen, das bis zur Staatsfeindschaft reichen kann, läßt es unter dem Blickwinkel der Volksmoral als legitim erscheinen, diesen Staat klientelistisch zu instrumentalisieren. Die Grenzen zur Korruption werden hier fließend. Schließlich lernen auch die Politiker, sich dort, wo sie aus ideologischen Gründen keinen Konsens erlangen können, durch klientelistische Leistungen politische Unterstützung zu verschaffen.[7]

Instrumentalisiert werden der Staat und seine Institutionen besonders durch die *partitocrazia,* die Allmacht der führenden Partei beziehungsweise der Parteien im Regierungsbündnis.

„In der *partitocrazia* geht es nicht nur um die Kontrolle der Regierung durch die Parteien. Sie reicht in das gesamte soziale, wirtschaftliche und kulturelle Leben des Landes hinein. Zielobjekte der parteipolitischen Einwirkung sind führende Positionen in den Staatsindustrien, in einem beträchtlichen Teil der Finanzinstitute, in Tausenden von Fürsorgeeinrichtungen, in Radio und Fernsehen sowie in der wissenschaftlichen Forschung. Die offiziellen Abrechnungen der meisten Parteien geben keine Auskünfte über die zusätzliche Finanzierung aus obskuren Quellen. Regierungsparteien oder einzelne *correnti* verstehen es, Gelder aus den staatlichen Betrieben, Industrien und so weiter abzuzweigen oder Aufträge und Lizenzen an Privatunternehmen gegen ‚Tangenten', das heißt Schmiergelder, zu vergeben."[8]
Es ist kein Geheimnis, daß die Christdemokraten die führenden Vertreter dieser *partitocrazia* sind.

Wenn nun ein Gegner Berlusconis gerade ihn als Repräsentanten dieser italienischen Übel bezeichnet, so heißt das nicht, daß sich dieser Großindustrielle in seinem Verhältnis zu Karriere, Clan, Klientelismus und Beziehung zu Politikern von der restlichen Unternehmerelite unterscheiden würde. Die Kritiker des Lobbyismus und der *partitocrazia* haben in jüngster Zeit nur eben Berlusconi und seinen weitreichenden Einfluß auf die römischen Politiker besonders aufs Korn genommen.

Jeder der großen Unternehmer, sei es nun Agnelli, Pirelli, De Benedetti, Gardini oder Berlusconi, hat seinen jeweiligen Ansprechpartner in der Regierung, hat seine Partei oder Parteiströmung, mit der er sich zumindest über wichtige Entscheidungen austauscht und von der er Unterstützung erwarten kann. Die italienischen Politiker wiederum stehen mehr oder weniger unverhohlen im Dienste dieser großen Finanz- und Industriegruppen. Politik wird so zum verlängerten Arm der sich am stärksten artikulierenden Interessengruppen.

Allerdings birgt der Lobbyismus für den Unternehmer auch ein Risiko: Dieser kann nur so lange mit bevorzugter Behandlung rechnen, wie „sein" Mann, „seine" politische Strömung oder Partei an der Macht sind. Das schafft Abhängigkeiten, und bei den in Italien häufig wechselnden Regierungen kann das für die Interessen des Unternehmers, im Fall Berlusconi besonders deutlich, zu einem Vabanque-Spiel werden.

Berlusconis Unternehmerinteressen waren immer sehr eng an die Sozialisten gebunden – was nicht ohne Risiko war, da der Einfluß der Sozialisten während der achtziger Jahre ständig schwankte. Heute ist Berlusconi so mächtig, daß er zum einen von vielen Politikern hofiert wird, denn die Unterstützung eines großen Medienunternehmers bedeutet für sie eine Stabilisierung der eigenen Macht. Zum anderen ist Berlusconi politisch nicht mehr so eindeutig festgelegt wie früher, sondern jongliert zwischen den verschiedenen politischen Strömungen.

Wie wichtig diese elastische Beziehung von Politik und Unternehmensführung für den Ausbau seines Medienimperiums ist, wurde 1985 deutlich, als Bettino Craxi, der Parteisekretär der Sozialisten und damalige italienische Ministerpräsident, allein auf Drängen Berlusconis hin eine gesetzliche Verordnung erließ, die Berlusconi unanfechtbar die nationale Ausstrahlung seiner Fernsehprogramme ermöglichte. Daß das Interesse der Politiker sehr stark auf die Massenmedien gerichtet und Fernsehgeschichte vor allem auch politische Geschichte ist, zeigt die ganze fünfzehn Jahre währende und erst im Sommer 1990 überwundene Blockierung der Verabschiedung eines italienischen Mediengesetzes und der damit einhergehende unaufhaltsame Aufstieg Silvio Berlusconis zum reichsten Mann Italiens und mächtigsten europäischen Medienunternehmer.

Zweites Kapitel

Kindheit und Jugend – (k)ein ganz normaler Junge

Silvio Berlusconi wird am 29. September 1936 in der Via Volturno in einem Vorort Mailands geboren. Sein Vater Luigi ist Angestellter, später Leiter einer Privatbank, seine Mutter Hausfrau. Der Vater will seinem ältesten Sohn eine solide Bildung zukommen lassen und schickt ihn mit zwölf Jahren, also in der unmittelbaren Nachkriegszeit, ins Internat zu den strengen Salesiern, wohin ihm einige Jahre später auch der jüngere Bruder Paolo folgt.

Die Salesier genießen einen guten Ruf. Sie sind für ihre streng religiöse und harte Erziehung, für Disziplin und gute Manieren bekannt. Das Mailänder Internat nimmt nur interne Schüler auf, die an Feiertagen und in den Ferien nach Hause dürfen. Die Schüler kommen aus bürgerlichen Familien, die es sich finanziell nicht erlauben können, ihre Kinder auf teure Schweizer Schulen zu schicken.

Ein ehemaliger Mitschüler erinnert sich an die gemeinsame Internatszeit mit dem vierzehnjährigen Silvio: „Unser Tagesablauf sah so aus: Um sieben Uhr wurden wir geweckt, dann kam das Frühstück, die Messe und dann der Unterricht. Nach dem Essen beteten wir, hatten wieder Unterricht und mußten anschließend unsere Hausaufgaben machen. Schon früh, um neun Uhr, mußten wir ins Bett. Unsere Schlafräume waren riesig, zwischen fünfzig und hundert Betten standen dort. Silvio war in der Freizeit fast immer in der Turnhalle anzutreffen, spielte Fußball oder Volleyball. Er spielte mit vollem Einsatz und war auch immer zu einer Rauferei aufgelegt. Von uns allen war er derjenige, der die meisten Zurechtweisungen erhielt. Es traf ihn hart, wenn er dann zur Strafe am Sonntag nachmittag nicht in die Kinovorstellung durfte. Doch er war pfiffig: Mit der Begründung, dem Filmvorführer bei technischen Arbeiten zu helfen, schaffte er es, sich dann später den Film doch noch anzusehen.

Während der Gebete war er nie recht bei der Sache. Er bewegte zwar die Lippen, dachte aber entweder an etwas anderes oder las oder kommunizierte insgeheim mit einem Klassenkameraden. Er war von einer flinken Intelligenz, hielt sich nie lange bei einer Sache auf, wenn er sie erledigt hatte. Seine Hausaufgaben machte er in Windeseile. Wenn er fertig war, half er seinen Nachbarn. Dafür nahm er Bonbons oder auch Geld oder andere Gegenstände, die es wert waren, für seine Hilfsdienste eingetauscht zu werden. Hatte der entsprechende Klassenkamerad dann allerdings nicht die erwarteten Noten geschafft, gab er seinen Lohn zurück. Ich erinnere mich an eine Situation, als Silvio an seinem Tisch saß und seine Einnahmen zählte. Er beklagte sich, daß es magere Zeiten seien. Seine Geschäfte seien besser gelaufen, meinte er, als er an Festtagen vor versammelter Familie Vorstellungen gegeben habe. An die Eltern und Verwandten hatte er Eintrittskarten verkauft, mit denen er gut verdient hatte."[1]

Ob sich im Schüler Silvio hier bereits der künftige Geschäftsmann zeigt oder ob die Erinnerung des ehemaligen Mitschülers durch die spätere Laufbahn gefärbt ist, läßt sich heute schwerlich klären.

Aus der Schulzeit sind bis heute viele Kontakte mit Klassenkameraden erhalten geblieben – eine Verbundenheit, die nicht nur ein Kennzeichen der Salesianer ist, sondern auch ein Charakterzug Berlusconis: Er versteht es, Freundschaften ein ganzes Leben lang zu pflegen.

Der ehemalige Salesianer Lehrer für Kunstgeschichte Erminio Furlotti erinnert sich: „Silvio war acht Jahre bei uns. Er ist seinen Ex-Kameraden aus dem Internat noch heute freundschaftlich verbunden. Wenigstens einmal im Jahr trifft er sich mit ihnen zu einem großen Essen. Mit einigen arbeitet er sogar zusammen, so mit Guido Possa, der heute Bauingenieur ist. Oder Spinelli, der als Psychologe bei der Fininvest angestellt ist und bei den sonntäglichen Versammlungen, zu denen die engsten Mitarbeiter Berlusconis zusammenkommen, immer dabei ist. Und natürlich Fedele Confalonieri, der heute als seine rechte Hand gilt.

Silvio war unser erster Externer. Sein Vater hatte Probleme, die Internatskosten für beide Söhne aufzubringen. So ging Silvio dann im letzten Schuljahr abends immer nach Hause. Danach haben wir diese Möglichkeit auch anderen Schülern eingeräumt.

Silvio war ein helles Köpfchen, selbstsicher, rückte sich immer ins rechte Licht. Wenn es galt, in der Klasse etwas anzukündigen oder vorzuführen, dann war die Reihe an ihm. Sein jüngerer Bruder Paolo stand wohl etwas in seinem Schatten, ich erinnere mich kaum an ihn. Silvio machte gerne Musik, spielte mit einer kleinen Band. In Griechisch und Latein war er schlecht, daran erinnere ich mich gut."[2]

Vater Luigi schüttelt eher den Kopf über die zahlreichen Anekdoten, die aus Kindheit und Jugend seines Sohnes im Umlauf sind. Aber er bestätigt: „Doch natürlich, er war ein sehr aktiver Junge, unter seinen Freunden immer derjenige, der die Initiative ergriff, ein Anführer."

In den Schulferien, wenn Silvio zu Hause ist – wir sind in den frühen fünfziger Jahren –, gibt der Vater ihm ein Taschengeld von achtzig Pfennig die Woche. „Eines Tages fragte ich ihn beim Essen, was er denn diese Woche mit seinem Geld gemacht habe. Er guckte mich erstaunt an und sagte, wenn ich Rechenschaft über sein Geld wolle, dann verzichte er darauf. Ich beließ es dabei und legte ihm in der nächsten Woche sein Geld auf den üblichen Platz. Doch es blieb dort liegen. Seine Mutter machte ihn darauf aufmerksam, daß dies sein Geld sei, doch Silvio wollte es nicht. Ein schwieriger Charakter; fünfzehn war er damals. In dieser kleinen Episode steckt alles von meinem Sohn: sein Stolz, seine Unabhängigkeit, seine Durchhaltekraft und sein Starrsinn."[3]

Vater und Sohn haben ein gutes Verhältnis zueinander, auch wenn Vater Luigi mit seinem Sohn nach dem Studium eigentlich andere Pläne hat. Er hätte ihn gerne in der Bank Rasini untergebracht und ihn dort als seinen Nachfolger eingearbeitet. Bankdirektor Rasini, Arbeitgeber von Luigi Berlusconi, beschreibt diesen als treuergebenen Prokuristen: „Luigi Berlusconi war ein äußerst treuer Mitarbeiter, von wirklich absoluter Hingabe an seine Arbeit. Er sorgte sich mehr um die Bank als um seine Familie, möchte ich beinahe sagen. Wenn er einem Angestellten einen neuen Bleistift gab, dann ließ er sich den abgenutzten Stummel zurückgeben; er sammelte Heftklammern von der Erde auf und achtete darauf, daß nicht unnötig das Licht brannte. Nun ja, das waren noch andere Zeiten. Die Bank war wie eine Familie, mit vielen schönen Gewohnheiten, die es heute nicht mehr gibt."[4]

Nachdem Silvio mit neunzehn das Abitur erfolgreich hinter sich gebracht hat, schreibt er sich an der Juristischen Fakultät der staatlichen Universität Mailand ein. Um sich eine gewisse finanzielle Unabhängigkeit zu verschaffen und seinem Vater nicht allzusehr auf der Tasche zu liegen, verkauft er neben dem Studium Staubsauger, indem er als Vertreter von Haustür zu Haustür geht. Das ist Ende der fünfziger Jahre: In Italien und speziell in der Wirtschaftskapitale Mailand beginnt das Wirtschaftswunder der Nachkriegszeit.

Im dritten Universitätsjahr nimmt Student Berlusconi eine Stelle bei einer Baufirma an und verdient so viel, daß er seinen persönlichen Lebensunterhalt vollkommen allein bestreiten kann. Er wohnt allerdings weiterhin im Hause der Eltern.

In den Sommermonaten verdingt er sich zusammen mit Freunden als Entertainer und Animateur auf einem Kreuzfahrtschiff im Mittelmeer. Auch als Fotograf auf Hochzeiten und Beerdigungen verdient er sich ein Zubrot.

In einer Band singt er Lieder von Frank Sinatra und Nat King Cole, während ihn Freund Fedele am Klavier begleitet. Wie Berlusconi sich später erinnert, spielten sie mit dieser Gruppe während der Studienzeit auf verschiedenen Karnevalsveranstaltungen und Privatfesten, „aber nie in Nachtclubs, denn schließlich waren wir Jungen aus guter Familie".

Wegen der zunehmenden Aktivitäten während seiner Studienzeit gerät er mit dem Abschluß des Studiums in Verzug; doch er legt alle Prüfungen ab, die gefordert sind, und das immer mit den besten Noten. Bankier Rasini erinnert sich an diese Zeit: „Wenn Silvio vorbeikam, um seinen Vater zu besuchen, und eingestand, daß er im Rückstand mit seinen Examina war, dann zog ich ihm die Ohren lang. Doch nach den Prüfungen zeigte er mir dann sein Studienbuch, und da standen nur die besten Noten mit Auszeichnungen drin."[5]

In seinem letzten Studienjahr freundet sich Berlusconi mit Marcello Dell'Utri an, heute einer seiner engsten Mitarbeiter bei der Fininvest. Dell'Utri erinnert sich an die großartigen Pläne, die der fünfundzwanzigjährige Student schmiedete: „Berlusconi und ich haben uns an der staatlichen Uni in Mailand kennengelernt. Das war 1961, und er stand kurz vor dem Abschluß. Ich hatte gerade mit dem Jurastudium angefangen und ihn über einen gemeinsamen Freund aus meinem Heimatort Palermo kennengelernt. Er wurde für mich so etwas wie ein Tutor, gab mir seine Mitschriften aus den Vorlesungen über Rechtsphilosophie und Strafrecht und erklärte mir alles Wissenswerte über die Universität. Er sah damals genauso aus wie heute. Ein wenig magerer vielleicht, und mit ein paar Haaren mehr. Er war schon ein verrückter Typ. Manchmal dachte ich, er sei nicht ganz richtig im Kopf, weil er oft total unglaubliche Sachen erzählte. Ich erinnere mich noch sehr gut, daß er einmal sagte: ‚Ich werde so etwas wie eine Stadt bauen, und da wird es von der Geburtsklinik bis zum Friedhof alles geben.' Da war er gerade mal fünfundzwanzig Jahre alt. Doch er verblüffte mich nicht nur mit solchen Ideen. Als ich nach Mailand ging, hatten mir alle erzählt, daß die Leute dort genauso verschlossen seien wie die in Turin, wo man nur schwer Freunde findet und wo einen niemand akzeptiert, wenn man aus dem Süden kommt. Berlusconi jedoch verhielt sich überhaupt nicht diesem Klischee entsprechend, das man im Süden beigebracht bekommt. Schon am ersten Tag, als wir uns kennenlernten, lud er mich zum Essen zu sich nach Hause ein."[6]

1961 schließt der fünfundzwanzigjährige Berlusconi sein Studium mit einer Arbeit über juristische Probleme der Werbung ab und erhält dafür prompt eine Auszeichnung. Daß er gerade dieses Thema wählte, scheint kein Zufall gewesen zu sein, bedenkt man, welch große Rolle die Werbung zwanzig Jahre später beim Aufbau seines Medienimperiums spielen sollte.

Berlusconi erinnert sich an die Universitätsjahre: „Meine Studentenzeit hat mir sehr viel geboten. Sie hat mir unter anderem ermöglicht, viele Freundschaften zu schließen. Die haltbarsten Freundschaften macht man ja auch in diesem Alter. Die vielen Examina waren für mich eine Herausforderung, die ich meistern mußte. Wenn man vorankommen will, darf man nie die Überzeugung verlieren, daß man etwas Großes im Leben schaffen wird."[7]

Drittes Kapitel

Steile Karriere: Als Bauunternehmer in Mailand

Vielversprechende Anfänge

Schon während seiner Studienzeit arbeitet Silvio Berlusconi in einer Baufirma, bei der er bald recht gut verdient. Die goldenen Jahre des Baugewerbes sind angebrochen, in ganz Italien wird – nicht nur für den einsetzenden Massentourismus – gebaut. Wer pfiffig ist, findet hier nicht nur problemlos Arbeit, sondern auch beste Verdienstmöglichkeiten.

Berlusconis Aufgaben bei der Baufirma sind nicht genau umrissen. Er hilft vor allem bei der Abwicklung der Korrespondenz. Alles in allem ist dieser Job eine gute Gelegenheit, um sich erstes Know-how im Baugewerbe anzueignen. Nach dem Studium bleibt Berlusconi zunächst in der Baufirma. Es reizt ihn jedoch bald, eigene Wege zu gehen.

Carlo Rasini, der Chef des Vaters, bietet ihm eine Stelle in der Bank an. Aber Berlusconi hat bereits andere Ideen. Er bittet Rasini um eine Bürgschaft für die Realisierung eines Bauprojekts, das er ganz im stillen entwickelt hat. Rasini ist einverstanden.

„Ich hätte Silvio gern eingestellt, und ich bin überzeugt, daß er nach einiger Zeit die Position seines Vaters – er war Prokurist meiner Bank – hätte einnehmen können. Als er mich dann um die Bürgschaft bat, hatte er wohl schon ein oder anderthalb Jahre bei einer Immobiliengesellschaft gearbeitet. Er war richtig unruhig und wollte sich unbedingt selbständig machen. Und wie viele Projekte er hatte! Mit dem Universitätsabschluß in der Tasche beschloß er, daß der Zeitpunkt nun gekommen sei. Er brannte geradezu darauf, Unternehmer zu werden. In der Via Alciati hatte er ein Stück Land ausfindig gemacht und suchte nun einen Sozius, der bereit war, es zu kaufen. Sein Vater und ich machten ihn mit Pietro Canali bekannt, einem Bauherrn und Kunden unserer Bank. Sie einigten sich, Silvios Plan auszuführen, und ich gab mit einer Bürgschaft meinen Anteil."[1]

Für das Bauprojekt in der Via Alciati, einer Zone Mailands, in der der Bauboom voll im Gange ist, wird eine Baugesellschaft gegründet. Canali will den im Baugewerbe noch nicht versierten Berlusconi jedoch nur mit kleinen Anteilen an der Gesellschaft beteiligt sehen. Der opponiert allerdings heftig: „Schließlich war ich es, der das entsprechende Grundstück ausfindig gemacht, den Zahlungsaufschub erwirkt, die Dokumente für die Baulizenz besorgt und die Bürgschaft erreicht hatte. Es schien nur recht und billig, daß ich mehr bekam. Ich nahm also meinen ganzen Mut zusammen, marschierte eines Tages zu Canali und sagte ihm: ‚Es scheint mir nur gerecht, daß wir für die Via Alciati fifty-fifty machen.' Er guckte mich an, als ob ich nicht mehr ganz richtig im Kopf sei, und meinte dann, daß er doch nicht verrückt sei, sich auf dieser Basis mit einem jungen Spund wie mir in einer Gesellschaft zusammenzutun. Doch ich blieb stur. Schließlich meinte er, wenn ich so dreist fordern könne, dann sei es wohl auch gut möglich, daß ich wirklich tüchtig sei. Und er akzeptierte."[2]

Die Bürgschaft der Rasini-Bank löst zwar das Problem des Grundstückkaufs, doch das Geld zum Bauen fehlt noch immer. Umgerechnet rund vier Millionen Mark müssen für das Projekt aufgetrieben werden. Berlusconi selbst will sich mit 220 000 Mark beteiligen, die er – wie er später berichtet – durch seine Jobs auf den Kreuzfahrten und durch den Verkauf von Staubsaugern verdient habe. Es klingt wenig wahrscheinlich, daß der Sechsundzwanzigjährige bereits über eine so hohe Summe verfügt, aber diese Geschichte entspricht dem späteren Image des arrivierten Selfmademans, der seine letzten Ersparnisse in erste Geschäfte investiert. Wahrscheinlicher ist, daß Berlusconis Vater Starthilfe gab.

Berlusconi treibt die Finanzierung des Bauprojekts mit einer Methode voran, die sich Anfang der sechziger Jahre im Baugeschäft durchsetzt: Man schließt mit den zukünftigen Käufern einen Vorvertrag ab und läßt sie so das Projekt vorfinanzieren. Die erste Wohnung wird auf diese Art an die Mutter seines Freundes Fedele Confalonieri verkauft, die restlichen unter denselben Konditionen an Interessenten aus dem Freundeskreis, der nach Kräften mobilisiert wird. Mit verlockenden Angeboten werden die Freunde der Freunde gewonnen: Willst du das Bad bis an die Decke in Keramik ausgekachelt? In Ordnung, du kriegst das ohne Preiserhöhung, wenn du mir einen neuen Kunden besorgst.

Pietro Canali, noch heute Bauunternehmer in Mailand, erinnert sich an die ersten unternehmerischen Erfahrungen mit Berlusconi: „Zwischen einem Juraexamen und dem Bau eines Hauses gibt es ja wahrlich einen gewaltigen Unterschied, doch Silvio kapierte wie nur wenige mit verblüffender Schnelligkeit, worauf es ankam. Seine Stärke war es zudem, immer fünf Minuten vor den anderen dazusein, und er hatte eine ausgesprochene Begabung, andere zu überzeugen. Mit Leichtigkeit verstand er es, die Wohnungen an den Mann zu bringen."[3]

Sein Büro hat Berlusconi mitten auf der Baustelle in der Via Alciati. Es befindet sich in einer Baracke, die von einer anderen Baustelle Canalis herangeschafft worden ist. Für den Fußboden hat er sich ausrangierten Teppichboden von den Messehallen besorgt. Belustigt erinnert sich Canali an eine Episode, welche die Schlagfertigkeit und den Einfallsreichtum des jungen Bauunternehmers kennzeichnet.

Als Berlusconi eines Tages gerade die Wände jener Bürobaracke anstreicht, kommt ein Interessent und fragt, wo er sich über den Verkauf der Wohnungen genauer informieren könne. Berlusconi, leicht irritiert in seiner Rolle als Maler, gibt vor, den Vermessungsingenieur holen zu wollen, und verschwindet. Er kämmt sich rasch die Haare, zieht sich ein Hemd an, bindet die Krawatte um und kehrt in Windeseile als der vermeintliche Vermessungsingenieur zu dem Kunden zurück. Als der sich erstaunt zeigt über die nicht zu verbergende Ähnlichkeit mit dem Anstreicher, erklärt ihm Berlusconi: „Ach, wissen Sie, hier hilft die ganze Familie."

Das erste Bauprojekt wird erfolgreich abgeschlossen, die Gesellschaft daraufhin aufgelöst. Und schon 1963 wagt Berlusconi den Sprung vom Bau eines Wohnhauses zum Bau eines ganzen Viertels.

Es sind die Jahre des Baubooms und des Wirtschaftswunders in Italien. Das Land entwickelt sich von einem Agrar- zu einem Industriestaat: Die Metallindustrie wächst und gedeiht, was sich im Bau der großen Anlagen von Taranto und Cornigliano Ausdruck verschafft, Fiat verdoppelt alle drei Jahre seine Autoproduktion, Motorroller und Mopeds boomen unerwartet, und die chemische Industrie steigt groß auf dem europäischen Markt und dem Weltmarkt ein. Es ist die erste Periode der Mitte-Links-Koalitionen, der Verstaatlichung der Elektrizitätsversorgung, des unreglementierten Baugewerbes. Enrico Mattei betreibt als Vorsitzender der staatlichen Brennstoffgesellschaft ENI eine kühne und erfolgreiche Politik gegen das Monopol der großen Erdölgesellschaften und wird als Held des Wirtschaftswunders gefeiert.

In dieser Zeit beginnt Berlusconi den Bau eines Wohnviertels in Brugherio, im Norden von Mailand. 4000 aufstrebenden Mailändern soll hier Wohnraum geboten werden. Der Zeitpunkt ist günstig: Von Auflagen zum Schutz der Umwelt spricht noch kein Mensch, und städtebauliche Schutzbestimmungen gilt es erst noch auszuarbeiten. Wer immer ein Stück Ackerland vor den Türen einer Großstadt hat, träumt davon, es an einen Bauherrn zu verkaufen und damit seinen Wert zu verzehnfachen. Das „Backsteinfieber" geht um, und Berlusconi versteht es zu nutzen.

Mailand hat einen ungeheuren Bedarf an Wohnraum, allein zwischen 1950 und 1960 sind 260 000 Familien, sprich 650 000 Personen, auf der Suche nach Arbeit vor allem aus dem Süden zugezogen. Zukunftsorientierte Pläne seitens des Staates, die Alternativen zu dem Chaos der Übervölkerung und der wildwuchernden Neubauwohnblöcke bieten, gibt es kaum. Was funktioniert, ist ein System der stillschweigenden Übereinkünfte oder Duldung zwischen Bauunternehmern und den Politikern in der Stadtverwaltung. Die Nachfrage nach Wohnungen ist so groß, daß keiner die Geduld hat, auf gesetzliche Regelungen zu warten, und eine wilde Bauspekulation um sich greift. Jeder kleine Bauherr baut, was und wo es ihm gefällt. Die architektonische Anpassung an schon vorhandene Baustile, die Berücksichtigung oder gar Neuanlage von Grünflächen kümmert in jenen Jahren niemanden. Steuererleichterungen und günstige Kredite unterstützen die wilde Bauwut und kurbeln die Hoffnungen auf das große Geschäft an.

Trotz dieser günstigen Voraussetzungen gehört schon ein gerüttelt Maß an Mut dazu, ein ganzes Stadtviertel an der Peripherie zu planen – dauert es doch mindestens sieben Jahre, bis mit der Fertigstellung eines derartigen Projekts zu rechnen ist. Das ist im Baugewerbe eine lange Zeit, in der nicht auszuschließen ist, daß eine für diese Sparte typische konjunkturelle Krise eintritt. Den großen Gewinnaussichten steht also auch ein großes Risiko gegenüber – was für den risikofreudigen Berlusconi freilich kein Hinderungsgrund ist.

Für den Bau des projektierten Wohnviertels gründet er zusammen mit einem Steuerberater und zwei Baumeistern die Gesellschaft Edilnord. Bankier Rasini und Bauunternehmer Canali sind wieder mit von der Partie. Berlusconis Aufgabe besteht darin, Baugelände aufzukaufen, die Werbung zu organisieren, die Wohnungen zu verkaufen und für die Finanzierung zu sorgen. All das geht er auf neue, ganz eigene Art an.

Studienfreundschaften auffrischend, wendet er sich an drei Architekturstudenten höheren Semesters, um mit ihnen zusammen den Plan für die Wohnanlage zu entwerfen. Canali ist skeptisch: Die Jungs sind schließlich noch jünger als sein sechsundzwanzigjähriger Partner, und für so ein großes Projekt, argumentiert er, wären Leute mit Erfahrung doch weitaus vertrauenswürdiger.

Es fehlt der jungen Architektengruppe aber nicht nur an praktischer Erfahrung, es fehlt auch das Diplom, das Voraussetzung ist, um einen Plan beim Bauamt einreichen zu können. Es gilt also zu warten, bis einer aus der Gruppe sein Examen macht. Im November 1963 ist die Hürde dann genommen, und die Anträge können bei den Ämtern gestellt werden. „Ich schickte meine Mitarbeiter auf das Gemeindeamt, um Anschlüsse für tausend Telefone zu beantragen", erinnert sich Berlusconi. „Doch keiner hörte ihnen richtig zu. Man war höflich, lächelte freundlich, unternahm aber nichts. Auch als ich dann selbst hinging, änderte das nichts – schließlich war ich nicht gerade viel älter als die anderen."[4] Ernstgenommen werden die Antragsteller erst, als sie sich als Vertreter des Unternehmers Canali präsentieren, der als Bauherr einen Namen hat.

Jahre später erklärt Berlusconi, warum er damals junge Mitarbeiter berufserfahrenen Architekten vorgezogen hatte: „Ein bewährter Profi, der für gewöhnlich den Auftrag erhält, arbeitet ein Projekt aus und legt es dann vor. Hat er einmal gewisse architektonische Entscheidungen gefällt, ist es sehr schwierig, ihn zu Veränderungen in seinem Plan zu bewegen, selbst wenn es notwendige Änderungen sind, die sich erst in der Phase der Realisierung herausstellen. Mir ist dieses Verhalten aufgefallen, als ein bekannter Architekt die Innengestaltung meines Elternhauses neu plante. Ich ziehe als Mitarbeiter Architekten vor, mit denen eine wirklich kooperative Form der Zusammenarbeit möglich ist, mit denen man gemeinsam plant und verändert und über die Probleme, die auftauchen, auch diskutieren kann."[5]

Um den Bau von Brugherio in Angriff zu nehmen, fehlt noch ein Vermessungsingenieur – auch ihn zu besorgen ist Berlusconis Aufgabe. Er wendet sich an De Pretis, technischer Direktor einer Baufirma, der sich erinnert, wie Berlusconi ihn anheuerte: „Mir wurde ein Dr. Berlusconi angekündigt. Als er in mein Büro kam, sagte er sofort, daß er Auskünfte über mein Konto eingeholt habe, und forderte mich auf, meine damalige Beschäftigung aufzugeben und für ihn zu arbeiten. Ich war nicht wenig erstaunt, ein derartiges Angebot von einem Sechsundzwanzigjährigen zu bekommen. Ich antwortete ihm, daß ich seit dreizehn Jahren für die Firma arbeite, ein Freund der Familie des Inhabers sei und auch mit meinem Gehalt zufrieden sei. Berlusconi lächelte und meinte: ‚Aber ich habe noch nicht gesagt, welches Gehalt ich Ihnen biete.' Und ohne Umschweife schlug er mir das Doppelte meines damaligen Verdienstes vor. Das Angebot war natürlich sehr verlockend. Ich erbat mir vierzehn Tage Bedenkzeit. In der Zwischenzeit stellte ich Nachforschungen über diesen jungen Mann mit den großen Ideen an. Ich hörte, daß er Sohn des Leiters der Bank Rasini war und daß er von Carlo Rasini selbst protegiert wurde. Also stieg ich in das Projekt Brugherio ein."[6]

Schon zu diesem frühen Zeitpunkt seiner Karriere hatte Berlusconi seine Strategie entwickelt, mit kühnen Plänen und hohen Summen außerordentliche Mitarbeiter zu engagieren. Später, vor allem beim Aufbau seines Fernsehimperiums, sollte er immer wieder auf diese Methode zurückgreifen.

Die Bank Rasini stellt zwar großzügige Kredite zur Verfügung, doch das Mammutprojekt braucht weitere Finanzierungsquellen. Berlusconi knüpft hierzu Kontakte in der Schweiz.

Es bleibt im dunkeln, wer hinter der Luganer „Finanzierungsgesellschaft für Residenzen" steht, über welche die nötigen Gelder schließlich aufgetrieben werden. Ob die Geldmittel aus ehrlichen Sparguthaben stammen oder aus Steuerhinterziehungen italienischer Bürger oder gar, wie manch einer vermutet, aus „heißen" Quellen – es wird sich nicht mehr feststellen lassen.

Bauherr Giovanni Botta, der beim Brugherio-Projekt mit Berlusconi zusammenarbeitete, erinnert sich zwei Jahrzehnte später: „Um Brugherio zu bauen, haben wir eine Gesellschaft gegründet, die Edilnord. Ihr Verwalter war Berlusconi. Mein Bruder und ich und noch andere Teilhaber kümmerten uns um die Errichtung der Gebäude. Die Finanzierung wurde zum Teil über die Bank Rasini abgewickelt; was weitere Quellen angeht – da dürft ihr mich nicht fragen. Es ist besser, wenn man sich nicht zu sehr dafür interessiert, wer hinter solchen Gesellschaften steht. Ob Berlusconi mit Brugherio das große Geld gemacht hat? An mich dürft ihr solche Fragen nicht richten. Fragt ihn selbst, und ihr werdet sehen, wie wütend er wird. Ja, ich kenne ihn gut, wir haben einige Jahre lang zusammengearbeitet, bis Brugherio fertiggestellt war. Er hatte immer klare Konzepte, war ständig in

Bewegung. Mit Leuten konnte er bestens umgehen, sei es mit denen auf den Ämtern oder mit den Bauarbeitern oder mit den Kunden. Ich war immer überzeugt: Der wird noch mal Präsident der Republik."[7]

Jahre später schreibt ein Journalist über die Rolle Berlusconis bei diesen ersten Bauprojekten: „Es ist recht interessant festzustellen, daß der, der später ganze Städte bauen wird, am Anfang seiner Tätigkeit sich um den eigentlichen Bau der Häuser überhaupt nicht kümmert. Berlusconi kauft Bauland auf, besorgt die Genehmigungen, rührt die Werbetrommel – das Bauen überläßt er anderen. Am Anfang hat er in dieser Beziehung auch noch so wenig Kenntnisse, daß er es vorzieht, diese Arbeiten an spezialisierte Firmen zu delegieren. Sein Glück liegt, wenn es auch paradox klingt, darin, im Mailand der sechziger und siebziger Jahre ein Finanzier ohne Geld zu sein."[8]

Das Projekt Brugherio gestaltet sich jedoch nicht ohne Schwierigkeiten. 1964 zeichnet sich in Italien eine Konjunkturkrise ab, die sich sehr ungünstig auf das Baugewerbe auswirkt. Kreditbeschränkungen, hohe Zinssätze, steigende Grundstückspreise, neue Vorschriften, die die Bauherren verpflichten, sich am Bau der Zugangsstraßen und der Kanalisation zu beteiligen, erhöhen die Baukosten nachhaltig. Gleichzeitig werden bestehende Steuererleichterungen zurückgenommen und erste Gesetze erlassen, die die Bauaktivitäten reglementieren sollen. Wenn auch noch alles andere als restriktiv, so sind diese Verordnungen doch ein Anfang des Kampfes gegen die Verunstaltung der Landschaft und die Umweltzerstörung, die seit Beginn des Baubooms Ende der fünfziger Jahre schon ihre deutlichen Spuren hinterlassen haben.

Doch wo in Italien die Zusammenarbeit zwischen potenten Unternehmern und machthungrigen Politikern gut funktioniert, da helfen auch die Gesetze nicht mehr viel –

selbst dann nicht, als sie im Lauf der Jahre verschärft werden. In den fünfundzwanzig Jahren nach den ersten Baugesetzen der Nachkriegszeit sind in Italien, besonders in Süditalien, dreieinhalb Millionen Wohnungen unter Umgehung ebendieser Gesetze errichtet worden: allein in Kalabrien einundneunzig Prozent aller Wohnungen, in Sizilien fünfundachtzig Prozent, in Apulien fast hundert Prozent.

Die Konjunkturkrise Mitte der sechziger Jahre bewirkt im Baugewerbe eine Selektierung: Kleine Bauunternehmer werden aus dem Geschäft verdrängt, es beginnt die Ära der großen Bauprojekte mit den potenten Bauherren.

Für Berlusconi gilt es, das Projekt Brugherio abzuschließen, das heißt die Wohnungen und Häuser nun auch zu verkaufen. Gerade dies aber stellt sich als äußerst schwierig heraus. „Es war nicht nur so, daß wir Probleme hatten, die Appartements zu verkaufen", erinnert sich Berlusconi. „Um ehrlich zu sein: Wir verkauften absolut nichts. Es war eine recht dramatische Situation, die erste Krise, seit ich Bauunternehmer geworden war. Doch mir war auch schon klar, daß es nicht die letzte sein würde."[9]

Offensichtlich ist die Wohnanlage für die Mailänder nicht attraktiv genug, und es gilt, sich etwas einfallen zu lassen. Aber Silvio Berlusconi wäre nicht das geworden, was er heute ist, wenn er nicht auch hier ungewöhnliche Lösungsmöglichkeiten entwickelt hätte.

Die Gesellschafter des Projekts beschließen, eine Firma oder eine Institution ausfindig zu machen, die bereit ist, eine größere Anzahl von Wohnungen als Investitionsanlage zu kaufen. Eine herausfordernde Aufgabe für Berlusconi. Allzu viele Kontakte, die er hierfür aktivieren könnte, hat der junge Unternehmer allerdings nicht. Der einzige, der ihm einfällt, ist der Direktor der großen Werbeagentur Manzoni, den er im Zusammenhang mit der Auszeichnung seiner Diplomarbeit kennengelernt hat. Über ihn gelingt es, eine römische Wirtschaftsvereinigung an dem Projekt zu interessieren, die auch nach kurzer Zeit eine Delegation zur Besichtigung schickt.

„Alles wurde bis ins kleinste vorbereitet. Am Vortag der Ankunft dieser Delegation ließ ich Bäume auf dem Gelände pflanzen und den Boden kurz vor der Ankunft bewässern, damit er den Eindruck fruchtbarer Erde abgab. Doch etwas fehlte noch. Und mir kam eine Idee. Ich sagte zu meinen Mitarbeitern: Zeigen wir den Leuten aus Rom, daß auch der Mailänder Markt an diesen Wohnungen interessiert ist. Ich rief also Freunde und Verwandte an, um sie als vermeintliche Wohnungsinteressenten für den entsprechenden Tag nach Brugherio zu bitten. Als dann die Delegation da war, ging zunächst alles gut. Die Römer schauten sich alles an, nicht sonderlich begeistert allerdings. Einer, der geradezu feindselig wirkte, ein gewisser Mancuso, sagte dann zu mir: ‚Ist ja alles schön und gut, doch sehen Sie, ich habe gerade meine Zigaretten aufgebraucht, wieviel Stunden braucht man von hier, um an eine neue Packung zu kommen? Und dann, wissen Sie, scheint mir auch eine Sache seltsam. Das Fräulein, das da gerade eingetroffen ist – wie kommt es, daß sie all die Leute küßt und begrüßt?' Ich glaubte, sterben zu müssen: Das Mädchen war meine Kusine, die ganz zufällig vorbeigekommen war, und, von meinem Plan nichts ahnend, die Verwandten und Freunde begrüßt hatte. Ich fühlte mich wie auf einer Beerdigung. Nur daß dies die Beerdigung unseres Bauprojekts zu sein schien."[10]

Die Delegation reist ab, ohne angebissen zu haben. Doch der Druck der drohenden Liquidation des Projekts produziert weitere Einfälle: „Nach diesem Reinfall versuchte ich mit dem genannten Mancuso Kontakt aufzunehmen. Ich rief seine Sekretärin an, redete mit ihr über dies und das, um sie dann schließlich zu bitten, mir doch mitzuteilen, wann Dr. Mancuso das nächste Mal mit dem Zug nach Mailand zu kommen beabsichtige, und daß sie mir doch in demselben Abteil ihm gegenüber einen Platz reservieren lassen möge. Und sie rief tatsächlich eines Abends an und sagte mir, daß Mancuso am nächsten Tag komme und sie für mich einen Platz reserviert habe. Ich flog also nach Rom und begab mich gleich zum Bahnhof, stieg in den Zug und nahm meinen Platz ein. Ich fing an, Zeitung zu lesen. Als Mancuso sich mir gegenüber hinsetzte, fehlte mir zunächst der Mut, die Zeitung wegzulegen. Aber schließlich nahm ich sie doch zur Seite; er erkannte mich sofort: ‚Oh, schau mal an, mein Feind!' Ich versuchte ein Gespräch mit ihm anzuknüpfen, doch wir fanden einfach kein gemeinsames Thema. Schließlich begann er über eine Reise in den Kaukasus zu erzählen, lobte die Tscherkessen und die Frauen dort, die mit einem besonders großen Busen ausgestattet seien. Ich war der einzige im Abteil, der versicherte, davon zu wissen, und stimmte in seine Lobeshymnen ein. Das stiftete Sympathie zwischen uns. Diese Unterhaltung bot dann schließlich einen Anknüpfungspunkt, um das Thema Brugherio anzusprechen. Der Verkauf fand einige Tage später statt. Die Edilnord konnte weiter existieren – und ich auch."[11]

Doch es bleibt immer noch ein hoher Bestand an Wohnungen zu verkaufen. Als Problem stellt sich heraus, daß im Wohnviertel diverse Dienstleistungen fehlen, die von den potentiellen Käufern gefordert werden. So werden also nicht erst, wie geplant, zum Abschluß der Bauarbeiten, sondern schon jetzt Geschäfte, Kindergärten und Grundschulen errichtet.

Um den Verkauf voranzutreiben, entwickelt Berlusconi immer neue Einfälle. Eine Gruppe von jungen Leuten wird angeheuert, die auf den diversen Baustellen am Mailänder Stadtrand die Nummern derjenigen Autos aufschreiben sollen, deren Fahrer anhalten und Informationen über die Wohnungen einholen.

„Über den Automobilclub", erinnert sich Berlusconi, „gelang es uns, die Telefonnummern der Autobesitzer rauszukriegen. Wir riefen sie an und luden sie ein, das Edilnord-Zentrum zu besuchen."[12]

So gelingt es, den Verkauf der Wohnungen langsam voranzubringen. Als Berlusconi dann noch eine ganzseitige Anzeige in den *Corriere della Sera* setzen läßt, entwickelt sich der Verkauf ab 1967 sogar recht zügig. 1969/70 kann man das schwierige Projekt endlich abschließen. Berlusconi ist – trotz aller Probleme – zu einem wohlhabenden Mann geworden.

Mit dem Bau eines weiteren Wohnblocks in der Via San Gimignano hat Berlusconi bereits begonnen – es ist eine Luxusanlage mit Schwimmbad, Sauna, Tennisplatz und Kinderspielplatz. 1969 zieht er mit seiner inzwischen gegründeten Familie selbst in eine der dortigen Wohnungen.[13]

Noch Zeit für das Privatleben

Man sagt, daß Berlusconis erste Freundin eine Verkäuferin der Supermarktkette Standa gewesen sei – eine Kette, die Berlusconi 1988 einem anderen Großen der italienischen Wirtschaft, Raul Gardini, abkaufen sollte. Wie sich Fedele Confalonieri erinnert, hat Berlusconi „bei Frauen immer sehr viel Erfolg gehabt und sich auch sehr zum schwachen Geschlecht hingezogen gefühlt. Ob die Verkäuferin vom Standa tatsächlich seine erste Freundin war, weiß ich nicht; wahrscheinlicher ist, daß es die zehnte war."[14]

Viel Zeit für Frauen hat der emsige junge Unternehmer nie gehabt, doch nach Aussagen seines Studienfreunds Dell'Utri liebte er es, die Rolle des Charmeurs zu spielen. „Wenn er Frauen gefallen wollte, dann konnte er sofort einen unglaublich sympathischen Eindruck machen. Das fing mit seinem offenen, jungenhaften Lachen an, mit dem er immer Erfolg hatte."

Der zukünftige Big Boss des Privatfernsehens trifft seine erste große Liebe ganz schlicht und nicht sonderlich romantisch auf der Straße, an einer Straßenbahnhaltestelle vor dem Mailänder Hauptbahnhof. Wie er später erzählt, ist er entzückt von ihrer „Anmut", ihrer „stolzen Haltung", ihrer „Klasse". Er spricht die junge Frau an und begleitet sie nach Hause. Sie heißt Carla Elvira Dall'Oglio, wurde 1940 geboren und war Anfang der sechziger Jahre aus dem norditalienischen La Spezia mit ihren Eltern nach Mailand gekommen, um – wie so viele Italiener in diesen Jahren – hier Arbeit zu finden.

Carla Elvira ist von dem charmanten, redegewandten und elegant gekleideten siebenundzwanzigjährigen Berlusconi sofort angetan. Auch ist der junge Unternehmer keine schlechte Partie: Mit seinen ersten Baugeschäften hat er gut verdient. Schnell zeichnet sich ab, daß die Verbindung auf eine Ehe hinausläuft. Schon nach einem Jahr wird Verlobung gefeiert, und einige Monate später, am 6. März 1965, ist Hochzeit.

Berlusconi, der eine ausgesprochene Vorliebe für ein traditionelles Familienleben hat, zieht mit seiner jungen Frau, seinen Eltern und der verwitweten Tante Maria Bossi samt ihrer Tochter Lidia in dasselbe Haus – eine typisch italienische Form des Zusammenlebens in einer Großfamilie, die für die jüngere Generation vor allem dann von großem Vorteil ist, wenn Nachwuchs sich anmeldet und Verwandte die Eltern bei der Erziehung der Kinder unterstützen können. Auch heute, zu Beginn der neunziger Jahre, ist diese Form des familiären Zusammenlebens in Italien noch weit verbreitet.

Im August 1966 wird Berlusconis Tochter Maria Elvira

geboren, drei Jahre später Sohn Pier Silvio. Vater Berlusconi widmet die Wochenenden der Familie. Erst ab Mitte der siebziger Jahre verändert sich das Verhältnis zur Familie und das Klima zwischen den Eheleuten. Berlusconi ist nicht mehr nur abends unterwegs, sondern auch an den Wochenenden. Als er 1980 die Schauspielerin Miriam Bartolini kennenlernt – ihr Künstlername lautet Veronica Lario – trennt er sich von seiner Frau.

Die Satellitenstadt Milano 2

Mit dem Bau der Satellitenstadt Milano 2 am Stadtrand der lombardischen Hauptstadt steigt Berlusconi, erst Anfang Dreißig, zu einem der bedeutendsten Bauunternehmer Italiens auf. Im September 1968 hat er bei einem Hubschrauberflug über Mailand in der Nähe von Segrate ein Gelände von 712 000 Quadratmetern ausfindig gemacht, das einem Grafen Bonzi gehört. Der ist auch zum Verkauf bereit und fordert 6,50 Mark pro Quadratmeter, insgesamt also 4,5 Millionen Mark. Das Geschäft ist schnell besiegelt. Diesmal will Berlusconi eine vollständig „integrierte" Stadt errichten. Er zieht Soziologen, Psychologen, Stadtplaner, Bauingenieure und Innenarchitekten zur Planung heran. Im Zuge des Baus dieser Satellitenstadt werden eine Reihe von Innovationen realisiert.

„Mir kam die Idee, den Autoverkehr wie einen Fluß um einige Meter niedriger zu legen als die Ebene, auf der sich die Wohnungen und der Fußgängerbereich befinden. Auf Brücken über den Autostraßen sollten Fußgänger und Fahrradfahrer sich bewegen können, ohne jemals einem Auto zu begegnen", erklärt Berlusconi heute. „Ich wollte mit Milano 2 Landhäuser in einer Stadt erbauen, das heißt die

Annehmlichkeiten des Landlebens mit denen der Stadt verbinden."[15]

Kein Schlafviertel, kein Wohnghetto also soll da entstehen, sondern 2500 Eigentumswohnungen für 10 000 Bewohner, mit Parkanlagen, einem künstlichen See, Fußgängerzonen, elf Tennisplätzen, sieben Schwimmbädern, Spielplätzen, Kindergärten, zwei Grundschulen, einer Mittelschule und zahlreichen Geschäften.

Doch es gibt Probleme mit dem Verwaltungsausschuß – Kompetenzstreitigkeiten zwischen Provinz und Region, zwischen politisch widerstreitenden Kräften. Der Beginn der Bauarbeiten verzögert sich. Erst als im Frühjahr 1972 die Zuständigkeit von der örtlichen Verwaltung in die Hände der regionalen Politiker gelegt wird, erhält das gigantische Bauprojekt grünes Licht. Natürlich hat auch Berlusconis erfolgreiches Jonglieren zwischen den Politikern nicht unerheblich dazu beigetragen.

Es sind die Jahre der großen Unruhen in Italien, speziell in Mailand: der Ausbruch der Studentenbewegung 1968, der „heiße Herbst" der Gewerkschaftskämpfe 1969, das neofaschistische Attentat auf die Banca dell'Agricola auf der Piazza Fontana in Mailand, das den Beginn einer langen Kette von Gewaltaktionen markiert, schließlich 1972 der mysteriöse Tod des Verlegers Giangiacomo Feltrinelli am Rande von Mailand. Das Leben im Zentrum der Stadt Mailand wird für viele Arrivierte allmählich ungemütlich, zu laut und zuwenig exklusiv.

Berlusconis Trabantenstadt, für die er mit dem Slogan „Die Stadt für die, die zählen" wirbt, bietet ihnen eine Alternative. Die gehobenen Preise, die speziellen Dienstleistungen und die außergewöhnlichen Anlagen machen das Wohnen in Milano 2 zu einem Statussymbol. Die kritischen Debatten, die innerhalb der Linken um das Wohnviertel ausgetragen werden, gleichen denen, die in der Bundesrepublik jener Jahre zum Beispiel um das Märkische Viertel in Berlin geführt werden. Milano 2 ist allerdings weitaus exklusiver. An der Universität, speziell an der Fakultät für Architektur, wird ganz entschieden gegen Milano 2 Stellung genommen. Diplomarbeiten setzen sich kritisch mit dem Projekt auseinander: Ist diese Satellitenstadt eine wirkliche Alternative zu herkömmlichen Modellen, oder ist sie ein unsoziales Ghetto?

Der Bausektor genießt in diesen Jahren nicht gerade das öffentliche Wohlwollen, und Berlusconi, in seinem Metier ohne spezifische Familientradition und bis dato dem Wirtschaftsestablishment unbekannt, wird mit seinen Aktivitäten in den Zeitungen kritisch unter die Lupe genommen.

Das Baugewerbe steht in dem Ruf, vor kriminellen Machenschaften nicht zurückzuschrecken. So werden denn auch bei der Edilnord einige Verantwortliche verdächtigt, Straftaten begangen zu haben. 1974 erklärt ein Amtsrichter, daß in einem Bauplan formale Vorschriften mißachtet worden seien. Die Nachforschungen bringen jedoch nichts Nennenswertes zutage, und die Sache verläuft im Sande.

In dieser Zeit nimmt Berlusconi mit seinem alten Studienfreund Marcello Dell'Utri erneut Kontakt auf. Der erinnert sich: „Nachdem ich vier Jahre in Rom gewesen war, kehrte ich nach Palermo zurück, als Angestellter einer Bank. 1973 rief Berlusconi mich an und sagte: ‚Ich bin mit meinem Schiff auf einer Kreuzfahrt hier. Sollen wir uns nicht irgendwo treffen?' Wir verabredeten uns also im Yachtclub von Palermo. Er brachte die Sache gleich auf den Punkt und meinte: ‚Was willst du denn in einer Bank? Komm mit mir nach Mailand, ich hab' jede Menge zu tun.' Ich wußte, daß er ein wichtiger Bauunternehmer geworden war und gerade Milano 2 erbaute. Ich überlegte fünf Minuten. Am nächsten Tag kündigte ich bei meiner Bank."[16]

Dell'Utri wird Berlusconis Assistent, begleitet ihn Tag

und Nacht bei allen Aktivitäten. Den typischen Tagesablauf Berlusconis in diesen Jahren beschreibt er so: „Berlusconi hat immer sehr viel gearbeitet, nach meiner Meinung schon geradezu unmenschlich viel. Sein Tagesablauf begann damit, daß er sich um sieben Uhr zu Hause anrufen ließ. Er benutzte das Telefon sehr häufig. Er zog es vor, sich anrufen zu lassen, um telefonisch Verabredungen für den Vormittag zu treffen, anstatt seine Mitarbeiter selbst anzuwählen und sie schon früh aus dem Bett zu holen.

Um neun war er im Büro im Forum Bonaparte. Hier begann dann meine und seine eigentliche Arbeit. Sein Tagesablauf war organisiert wie in einer Zahnarztpraxis, er hatte praktisch alle halbe Stunde einen neuen Termin, oft genug auch noch häufiger. Die Gesprächspartner waren entweder Mitarbeiter oder Leute, die nicht zur Edilnord gehörten. Allein an einem Tag konnte er bis zu zwanzig Termine absolvieren und 150 Telefonate führen. Ich war sozusagen der Filter, hin und wieder ersetzte ich ihn auch, wenn er jemanden nicht sehen, aber die Verabredung doch einhalten wollte. Man kann wohl sagen, daß ich auch seine Sekretärin war und Ordnung in seine Sachen brachte.

Irgendwann mittags, immer zu anderer Zeit, gingen wir dann in ein Restaurant nach Brera zum Essen. Da war immer ein Tisch für zwei reserviert. Er verstand etwas vom Essen, hatte eine feine Zunge. Auch vom Wein hatte er Ahnung, auch wenn er mit seinem Glas in der Hand ständig herumgestikulierte. Unglaublich, wie viele Ideen ihm an diesem Tisch gekommen sind! Am Abend ließ er die Ereignisse des Tages Revue passieren. Und brütete gleich Ideen für den nächsten Tag aus. Es kam auch mal vor, daß er dann bis weit nach Mitternacht darüber sprach. Er kam mit äußerst wenig Schlaf aus."[17]

Der Verkauf der Wohnungen von Milano 2 bereitet keinerlei Probleme, im Gegenteil, das Projekt wird allen kritischen Stimmen zum Trotz rundum ein voller Erfolg. 1979 schon sind die Bauarbeiten abgeschlossen. Bereits 1973/74, als sich der Erfolg von Milano 2 klar abzeichnet, erwirbt Berlusconi drei weitere große Bauflächen am Stadtrand von Mailand.

Eine alte Vorsichtsmaßregel der Bauunternehmer empfiehlt, nach Abschluß einer Unternehmung die Fördergesellschaft aufzulösen und für das nächste Projekt eine neue Kommanditgesellschaft zu gründen. So wird auch die Edilnord Silvio Berlusconis gleich nach Abschluß der letzten Arbeiten in Brugherio 1972 aufgelöst. Die neugegründete Gesellschaft für Milano 2 erhält ebenfalls den Namen Edilnord. Verantwortlich für die neue Edilnord zeichnet Lidia Borsani, eine Kusine Berlusconis. Wie immer wieder in seiner Laufbahn festzustellen ist, legt Berlusconi Wert darauf, gute Freunde oder Familienmitglieder als Mitarbeiter zu gewinnen.

Neben massiven Finanzierungshilfen durch die Bank Monte dei Paschi di Siena wird das Anfangskapital für Milano 2 von der „Aktiengesellschaft für Immobilienanlagen in Residenzzentren" eingebracht, die ebenfalls ihren Sitz in Lugano hat. Der Name der Gesellschaft lautet ähnlich wie beim Projekt Brugherio, die Finanzierungsquelle bleibt also offensichtlich die gleiche. Im Mai 1974 beträgt das Kapital der Gesellschaft 900 000 Mark, im Juli 1975 drei Millionen. Im Dezember 1977 wird ein neuer Kommanditist eingesetzt, dessen Aufgabe es ist, die Gesellschaft zum 1. Januar 1978 aufzulösen. Neu gegründet wird die Milano 2 GmbH, die die dreiundzwanzig Wohnblöcke von der alten Gesellschaft aufkauft.

Dieser Wechsel der Gesellschaften, der nur als Sicherheitsmaßnahme zu erklären ist, fällt in die Zeit des sich anbahnenden, in ganz Europa Aufsehen erregenden sogenannten Historischen Kompromisses, der gemeinsamen

Regierungsbildung von Christdemokraten und Kommunisten. In Unternehmerkreisen und bei konservativen Politikern wird diese Entwicklung äußerst skeptisch und nicht ohne gewisse vorsorgende Vorsichtsmaßnahmen verfolgt.

Die Entführung und Ermordung des christdemokratischen Politikers Aldo Moro, Motor des Historischen Kompromisses im Mai 1978, markiert jedoch eine Wende in der gesamten Politik Italiens. Die Idee des Rechts-Links-Bündnisses wird fallengelassen, die Beteiligung der Linken an der politischen Machtausübung erscheint nicht mehr opportun. Die nervös gewordenen und um ihre Machtpositionen besorgten Unternehmer und christdemokratischen Politiker können aufatmen.

Mitte 1978 gründet Berlusconi seine eigene Finanzierungsgesellschaft, die Holding Fininvest, die ein Jahr später bereits über ein Kapital von über 80 Millionen Mark verfügt. Unter dem Dach der Fininvest schießen neue Gesellschaften wie Pilze aus dem Boden. Ihre Verflechtungen werden zunehmend undurchsichtiger. Das Netz von sich überkreuzenden Beteiligungen ist jedoch keineswegs nur ein Charakteristikum der Fininvest, diese Strukturen durchziehen die gesamte italienische Wirtschaft. In den harmloseren Fällen dienen sie dazu, die gesetzlichen Steuerzahlungen zu umgehen, in gravierenderen, illegale Transaktionen vorzunehmen.

Als Milano 2 erfolgreich abgeschlossen ist, sieht Berlusconi sich nach neuen Investitionsmöglichkeiten um. Fedele Confalonieri erinnert sich: „Berlusconi ist einer, der überholt auf der Landstraße mit zweihundert Stundenkilometern, aber er weiß dabei genau, daß er eine weitaus bessere Sehschärfe hat als die anderen. Ein Beispiel: Die Schwester des Schahs von Persien nahm mit uns Kontakt auf, es ging um den Bau einer Stadt im Iran für 50 000 bis 60 000 Einwohner. Das wäre ja nun wirklich ein kolossales Geschäft gewesen, selbst für jemanden, der gerade Milano 2 erbaut hat. Wir fuhren also in den Iran, um uns dort ein wenig umzuschauen. Doch Berlusconi kam zurück und rümpfte die Nase. Er war zwar kein Experte in Sachen Außenpolitik, aber dieser Staat mit seinem aufwendigen Polizeiapparat gefiel ihm nicht. Und obwohl der Iran damals ‚in Mode' war und die Italiener für den Schah den Hafen von Bandar Abbas bauten, schlug er das Angebot aus."[18]

Berlusconi nimmt schon bald das nächste Projekt in Angriff: den Bau von Milano 3 in Basiglio, im Süden Mailands. Ähnlich konzipiert wie die Satellitenstadt im Westen, sollen auch hier – auf einer noch gigantischeren Fläche von 1746 000 Quadratmetern – 10 000 Wohnungen entstehen. Doch der große Erfolg bleibt diesmal aus: Das neue Wohnviertel ist weiter entfernt vom Zentrum Mailands als Milano 2, die Anlagen präsentieren sich weitaus weniger exklusiv, kosten aber – bei einem Durchschnittspreis von 500 000 Mark pro Wohnung – dasselbe.

Das Baugeschäft ist allerdings auch nicht mehr das, was es einmal war. Die Baugesetze sind strenger geworden, der große Profit für die Bauunternehmer scheint gegen Ende der siebziger Jahre der Vergangenheit anzugehören. Banken, Versicherungsagenturen, die großen Privatfinanziers wenden sich anderen Objekten zu. Silvio Berlusconi zieht mit: Er erkennt, daß das Zeitalter des Kommerzfunks beginnt.

Die italienische Wirtschaft erlebt am Ende der siebziger und zu Beginn der achtziger Jahre düstere Zeiten. Die Inflationsrate beträgt 1979 fünfzehn Prozent, Anfang der achtziger Jahre steigt sie sogar auf zwanzig Prozent. Die großen Unternehmensgruppen wie Fiat, Olivetti oder der Chemiekonzern Montedison sind geschwächt durch eine Folge von wilden Streiks. Im Verlauf des Jahres 1978 steigt das Wirtschaftsdefizit Italiens um das Dreizehnfache. Zudem herrscht politisches Chaos im Land: Die Links- und Rechtsextremisten halten mit ihren Terroranschlägen die Bevölkerung in Atem. Nicht zufällig wird Italien als „der kranke Fall" in Europa charakterisiert. Das wird sich zehn Jahre später grundlegend geändert haben.

Ende der siebziger Jahre nimmt Berlusconi zwei weitere gigantische Bauprojekte in Angriff: das Einkaufsviertel Girasole bei Mailand und ein Touristenzentrum an der Costa Turchese auf Sardinien. Doch seine Gedanken und Hauptaktivitäten sind nicht mehr dem Baugeschäft gewidmet. 1979 schon errichtet er die beiden Säulen seines späteren Wirtschaftsimperiums Fininvest: das Fernseh-Network Canale 5 und die Werbefirma Publitalia.

Ende 1978 übernimmt Paolo Berlusconi die Leitung der Edilnord. Paolo, dreizehn Jahre jünger als sein Bruder Silvio, ist schon Anfang der siebziger Jahre ins Baugeschäft eingestiegen. Die Zusammenarbeit zwischen den Brüdern funktioniert bestens. „Man muß schon ganz schön selbstbewußt sein", kommentiert Paolo Berlusconi, „um als Bruder von Silvio bestehen zu können und nicht als nervliches Wrack zu enden. Milano 2, Milano 3, Il Girasole – das sind alles Ideen von Silvio, realisiert aber habe ich sie."[19]

Viertes Kapitel

Vom Stadtteilsender zum nationalen Network

Telemilano

Eine kleine Episode aus dem Jahre 1977 markiert den eigentlichen Beginn der Karriere des Fernsehunternehmers Berlusconi. Im Hotel Jolly in Milano 2 überträgt Telemilano, die Fernsehstation des Viertels, aus einem kleinen Sendestudio im Keller Versuchsprogramme. Berlusconi geht schweigend auf und ab, bis er plötzlich innehält und fragt: „Warum müssen wir eigentlich alle Programme einkaufen? Warum machen wir nicht selbst Programme, die wir dann auch verkaufen können? Und warum machen wir nicht unsere eigene Werbung, anstatt die Publiepi damit zu beauftragen?"

Im Raum herrscht Schweigen. Die wenigen Anwesenden schauen sich nur verständnislos an. Dann fügt Berlusconi hinzu: „Und wer weiß, vielleicht schlagen wir ja auch die RAI." Die RAI, das sind die staatlichen Rundfunk- und Fernsehsender.

„Wir dachten, er sei verrückt geworden. Schließlich bestanden unsere Studios aus einem einzigen Raum im Keller", erinnert sich Jahre später Fedele Confalonieri. „Gerade hatte er einen kleinen Sender aus der Taufe gehoben, und schon wollte er das staatliche Monopol herausfordern."[1]

Bereits 1974 hat Siemens für Milano 2 eine Zentralantenne installiert, die vier Sender empfangen kann und sie über Kabel in die Wohnungen verteilt. Neben den beiden RAI-Sendern und dem Auslandssender Telemontecarlo bleibt Raum für einen vierten Sender. Als Siemens bald auch eine Sendeanlage vorführt, entschließt sich Berlusconi, den 1200 Familien, die bereits im Viertel wohnen, einen kleinen Informationssender anzubieten, um das Wohnen dort noch attraktiver zu machen. Das ist im September 1974.

Die hübscheste Telefonistin seiner Baufirma wird ausersehen, mittags um zwölf und abends um sieben Nachrichten zu verlesen. Doch die Anlage ist gegen Lärm von außen so wenig geschützt, daß häufig Passagen wiederholt werden müssen – das Studio liegt in der Einflugschneise des Mailänder Flughafens. Vorerst wird nur an einigen Abenden ein Programm mit Spielfilmen ausgestrahlt.

In Italien grassiert das Fernsehfieber. Während der Bauboom nachläßt, scheinen risikofreudige Unternehmer die Zukunft im Kommerzfunk zu sehen. Die gesetzliche Freigabe für das Privatfernsehen erfolgt zwar erst 1976 durch ein Urteil des Verfassungsgerichts, doch dessenungeachtet sind 1975 schon etwa 15 000 Mitarbeiter in 350 Sendern im Einsatz, die Mehrzahl in Schwarzarbeit, um die Steuerzahlungen zu umgehen. Am Boom beteiligen sich auch die großen Verlagshäuser Mondadori und Rusconi mit ihren Sendern Rete 4 und Antenna Nord, dem künftigen Italia 1. Jahre später werden beide von Berlusconi aufgekauft.

Die Anfänge bleiben bescheiden. Das politische Italien ist nach den stürmischen Jahren, die auf 1968 folgten, zwar vorübergehend wieder ruhiger geworden, doch die internationale Ölkrise sorgt mit einem Ansteigen der Inflationsrate auf fast dreizehn Prozent für eine rapide Verschlechterung der Wirtschaftslage. Nennenswerte Investitionen im neuen und kostenaufwendigen Kommerzfernsehen stehen deshalb noch nicht auf der Tagesordnung.

Weniger risikoreich, weil sie weitaus weniger Unkosten verursachen, sind jedoch die lokalen Rundfunksender, die in der ersten Hälfte der siebziger Jahre nur so aus dem Boden schießen und rasch auf eine Zahl von sechstausend anwachsen. Der freie Radiosender wird zum Medium der politischen Bewegungen der siebziger Jahre. Zehn, fünfzehn Jahre später haben die meisten dieser Informationssender entweder aufgegeben oder sich den Marktentwicklungen anpassen müssen, das heißt, sie haben ihre Informations- und Kultursendungen aufgegeben zugunsten von Werbung und Unterhaltungsmusik.

Als in der zweiten Hälfte des Jahrzehnts auch noch ein Wildwuchs der – vor allem lokalen – Fernsehsender einsetzt, beginnt dies die Unternehmer im Druckbereich zu beunruhigen. Ihre Werbekunden wandern in Scharen zu den Funkmedien ab. Besorgnis herrscht auch unter Filmproduzenten, Regisseuren, Schauspielern und Kinobesitzern, denn die Kinosäle werden immer leerer.

Die gesetzliche Zulassung des Kommerzfunks im Jahre 1976 hat praktisch keinen Einfluß auf diese sich schon Jahre zuvor abzeichnende Entwicklung. Dem Chaos von Antennen und Frequenzen wäre nur mit einem entsprechenden Mediengesetz beizukommen.

„Mamma RAI" und die Freigabe des Kommerzfunks

Der Kommerzfunk entsteht in Italien mehr als zehn Jahre früher und unter anderen Bedingungen als in der Bundesrepublik. Die staatliche RAI mit ihren beiden Programmen wird Ende der sechziger Jahre vor allem von der Linken als zu zentralistisch, bürokratisch und wenig innovativ kritisiert. Anders als in der Bundesrepublik, wo regionale Rundfunk- und später Fernsehsendungen in den Bundesländern bereits kurz nach dem Krieg beziehungsweise mit der Gründung der Bundesrepublik eingerichtet werden, sind regionale Programme in Italien noch in den siebziger Jahren völlig unbekannt. Die RAI strahlt aus Rom für ganz Italien dieselben Programme aus.

Dies ist für die breitgefächerte Linke Grund genug, die Zulassung des Privatfunks zu fordern. Auch hierin unterscheidet sich die Entwicklung in Italien deutlich von der in der Bundesrepublik: Hier setzen sich vor allem die Christdemokraten für die Zulassung des Kommerzfunks ein, während sich die sozialdemokratische Linke dagegen sperrt, da sie in den öffentlich-rechtlichen Sendern maßgebende Positionen innehat und eine Verflachung des gesamten Funksektors durch seine Kommerzialisierung befürchtet.

1975 wird das lang erwartete Gesetz zur Reformierung der RAI erlassen, der Forderung nach mehr Pluralismus in den staatlichen Sendern wird nachgegeben. Die Kontrolle über die beiden RAI-Sender geht von der Regierung auf das Parlament über, das heißt konkret, daß die Christdemokraten als die stärkste Partei die Kontrolle über den ersten Kanal behalten und die Sozialisten der PSI die Kontrolle über den zweiten RAI-Kanal erlangen, auch wenn sie nach der KPI erst die drittstärkste Partei sind. Erst nach der Einführung von RAI 3 im Jahr 1979 wird auch den Kommunisten die Leitung eines Senders zugestanden.

Diese Reform von 1975 nimmt die zunehmende Konkurrenz durch die Privaten noch kaum zur Kenntnis. Eine effektive Umstrukturierung der RAI im unternehmerischen Sinne und in der Anwendung technologischer Neuerungen bleibt also noch aus.

1976 schließlich erklärt der Verfassungsgerichtshof die Ausstrahlung privater Rundfunk- und Fernsehsendungen im lokalen Bereich für rechtmäßig. Mit der Beschränkung auf lokale Sendungen soll eine mögliche Konkurrenz des Kommerzfunks mit dem staatlichen Fernsehen ausgeschlossen werden. Wie wir später noch sehen werden, hat Berlusconi gerade in der pfiffigen Umgehung dieser Bestimmung sein TV-Imperium aufgebaut und damit eine solche Konkurrenzsituation für das staatliche Fernsehen geschaffen, wie sie einmalig in der Welt ist.

Die gerichtliche Freigabe des Kommerzfunks sieht also nur diese eine Reglementierung vor, ein alle weiteren Fragen regelndes Mediengesetz soll folgen. Doch es wird eine der Wunderlichkeiten im politischen Leben Italiens bleiben, daß von diesem Mediengesetz bis Anfang der neunziger Jahre immer wieder geredet wird, alle halbe Jahre neue Vorschläge vorgelegt werden, doch alle Ideen und Ausarbeitungen wie in einer amüsanten Posse mit verblüffender Regelmäßigkeit wieder in den Schreibtischschubladen verschwinden.

In der Bundesrepublik wird die Zulassung des Kommerzfunks Mitte der achtziger Jahre völlig anders geregelt: Bevor auch nur der erste Funkton eines Senders in den Äther dringt, wird gesetzlich alles, aber auch alles, penibelst festgelegt.

Daß die Entwicklung in Italien so gänzlich anders verläuft, liegt in der Logik des dortigen politischen Lebens begründet. Die Kontrolle über Medien bedeutet politische Macht – und die wurde in Italien immer schon mit besonderen Methoden verteidigt. Heute ein Mediengesetz zu verabschieden, nach eineinhalb Jahrzehnten gesetzesloser Praxis, heißt, in gewachsene Machtverhältnisse einzugreifen. Für diese heikle Machtumverteilung haben sich die notwendigen politischen Mehrheiten nur sehr zögernd finden lassen.

Noch bis Ende der siebziger Jahre gilt die RAI auch im europäischen Vergleich als ein gediegener Bildungssender. „Mamma RAI" folgt zu dieser Zeit einem sehr präzisen Programmschema, das mit einem differenzierten Angebot an Sendungen unterschiedlichste Zielgruppen anspricht. Für das staatliche Fernsehen, das sich im wesentlichen aus den Fernsehgebühren der Zuschauer finanziert, ist Bildung das entscheidende Ziel. Die informativen, wissenschaftlichen und kulturellen Sendungen werden in diesen Jahren noch am frühen Abend gesendet – und nicht, wie später, bedingt durch den Konkurrenzkampf mit Berlusconi um die Einschaltquoten, entweder ganz gestrichen oder auf Mitternacht verschoben.

Werbung ist mit äußerst restriktiven Vorgaben auf eine kleine Zahl von Produkten und auf einen begrenzten Ausstrahlungszeitraum beschränkt, und natürlich werden damals noch keine Sendungen durch Werbespots unterbrochen.

In einem derartigen Programmschema ist die Anzahl der Eigenproduktionen sehr hoch. Nur wenige Programme werden aus dem Ausland importiert. Noch 1977 verfügen RAI 1 und RAI 2 mit sechzig Prozent über den höchsten Anteil von Eigenproduktionen unter allen europäischen Fernsehsendern; die TV-Sender in der Bundesrepublik weisen in diesen Jahren, zum Vergleich, neunundvierzig Prozent auf. Die RAI-Sender strahlen auch gegen Ende der siebziger Jahre im Verhältnis zu anderen europäischen Ländern noch die höchsten Anteile an Bildungs- und Nachrichtensendungen aus.

Zehn Jahre später hat sich das grundlegend geändert. Was in der Bundesrepublik von Intellektuellen und Linken immer befürchtet wurde, durch die umsichtige Gesetzgebung im wesentlichen jedoch verhindert werden konnte, kommt in Italien voll zum Tragen: Die Konkurrenz des Privatfernsehens, und das heißt der Berlusconi-Sender, krempelt die staatlichen Fernsehprogramme zu Beginn der achtziger Jahre völlig um. Die Programmstruktur bei der RAI orientiert sich zunehmend nicht mehr in erster Linie an Bildungszielen, also an der pädagogischen Qualität der Programme, sondern am Unterhaltungswert und der Höhe der Einschaltquoten, also der Anzahl der Zuschauer.

Die Umwälzung der italienischen Medienlandschaft vollzieht sich in den dramatischsten Jahren, die Italien seit der Nachkriegszeit durchlebt: in einer Zeit der Bombenattentate und des Terrorismus, der Energiekrise, der rasanten Inflation und der Jugendarbeitslosigkeit. Das Fernsehen – und dies in ganz Europa – verläßt in diesen Jahren seine Randposition und steht mitten im Wirbel der Ereignisse.

Schon Ende der sechziger Jahre scheint sich mit einer Sensation das zu verwirklichen, was Marshall McLuhan vorausgesagt hat: Durch das Fernsehen rückt die Welt zu einem Dorf zusammen. Am 21. Juli 1969 verfolgen mehrere hundert Millionen Menschen über ihre Mattscheiben die spektakuläre Landung der Astronauten Armstrong und Aldrin auf dem Mond. In dem nun folgenden Jahrzehnt setzt sich das Fernsehen als das dominierende Massenkommunikationsmittel durch. Seine anfängliche Rolle als vorrangig politisches oder pädagogisches Instrument für eine Elite, die sich einen Fernsehapparat leisten kann, wandelt sich in ein Unterhaltungsinstrument für die Mehrheit der Bevölkerung.

Mit dem Boom des Fernsehkonsums geht ein ungeahnter Aufschwung der Fernsehindustrie einher. Plötzlich den Gesetzen des freien Marktes unterworfen, drängen die Fernsehmacher nicht nur dazu, die Unterhaltung selbst zu vervollkommnen, sondern schließlich auch die Information als „Infotainment“ (Information plus Entertainment) zu einem Spektakel auszubauen, „in Szene zu setzen“. Persönlichkeiten werden stärker als zuvor hervorgehoben, Meldungen über Verbrechen, Unfälle und Skandale erhalten mehr Gewicht, die Anzahl der Kurznachrichten wird erhöht. Eine Entwicklung, die in der Bundesrepublik ähnlich verläuft. Da es in Italien aber keine Boulevardpresse gibt, übernimmt das Fernsehen die Befriedigung des Bedürfnisses nach Sensationsnachrichten hier nachhaltiger.

Zunächst in Italien, dann langsam in ganz Europa machen sich Elemente einer Fernsehkultur breit, die durch die großen amerikanischen Privatsender geprägt wurde. Die Ansicht „Öffentliches Fernsehen ist gut, privates schlecht", mit der über Jahre in ganz Europa – mit Ausnahme von England – die Verteidiger des öffentlichen Fernsehens gegen den Kommerzfunk ins Feld zogen, wird in Italien besonders schnell über Bord geworfen. Das italienische Privatfernsehen entwickelt sich zum Paradepferd des Kommerzfunks in Europa.

Es lebe die Gesetzlosigkeit!

Rechtliche Bestimmungen haben und sie auch einhalten – das sind in Italien zweierlei Dinge, die nichts miteinander zu tun haben müssen. Die Tatsache, daß zwischen 1971 und 1975 schon 350 Sender tätig sind, obwohl der Privatfunk erst 1976 gesetzlich freigegeben wird, zeigt, was italienische Freiheit heißen kann.

Die Pioniere des neuen TV-Abenteuers lassen sich in drei Kategorien einteilen: die Verleger, die Bauunternehmer und die risikofreudigen Geschäftemacher. Unter den Bauunternehmern soll nach den ersten zehn Jahren Kommerzfunk Berlusconi als König hervorgehen. Die Geschäftemacher bleiben zum großen Teil bei der Stange, wenn sie auch wegen der großen Konkurrenz ihr Hobby in kleinem Rahmen pflegen müssen. Die Verlierer in der Geschichte des italienischen Privatfernsehens sind die Verleger.

Die kleinen Sender legen Anfang der siebziger Jahre mit ihren Programmen munter los, ohne große Vorbilder, ohne ein bestimmtes Konzept. Es reicht aus, über einen Verteiler und entsprechende Anlagen zu verfügen. Einen alten Film findet man dann schon, und wenn es eine Raubkopie ist, macht das auch nichts – Kontrollen sind eh nicht zu erwarten. Auch die Werbung, die zur Finanzierung des Fernsehgeschäfts geschaltet wird, wirft keine Probleme auf: Das Restaurant von nebenan, der Weinhersteller aus der Umgebung sind schnell für das Geschäft mit dem TV zu gewinnen. Darüber, daß der Betrieb auch läuft, braucht sich keiner Sorgen zu machen. Familienmitglieder, Freunde, die gratis ihren Einsatz zur Verfügung stellen, sind immer da. Die Bezahlung besteht aus dem verlockenden Angebot, hin und wieder auf dem Bildschirm erscheinen zu dürfen.

Diese Familienbetriebe sind zwar die dilettantischsten unter den Fernsehstationen, aber zweifellos sind ihre Besitzer auch die glücklichsten. Das neue aufregende Hobby nimmt vollständig Besitz von ihnen. Am Wochenende fährt die Familienmannschaft ans Meer und macht Aufnahmen vom bunten Strandleben: vom Picknick im Sand, vom Ballspiel der fröhlichen Kinder, vom Gigolo, dem es gelingt, eine blonde Deutsche zu angeln. Die Frivolitäten des Strandlebens und das, was in jenen Jahren dafür gehalten wird, machen Furore im Lokal-TV. Das Drehmaterial vom Tage wird dann am Abend zusammengeschnitten und am nächsten Tag gesendet.

Wer im Freundeskreis singen, tanzen, gar Liebesgedichte schreiben kann, wird für die Samstagabendshow vor die Kamera geholt. Man ist stolz, „authentische" Kultur bieten zu können, die „von der Basis", die „wirkliche" Kultur.

1975 wird mit Telealto Milanese, kurz TAM, der erste Sender gegründet, der nachts Striptease überträgt. Seinem Beispiel folgen bald viele andere Lokal- und Regionalsender. Die protestantischen Touristen aus dem Norden schütteln den Kopf über die lockere Moral im Land des Papstsitzes.

Dies sind die Anfänge des italienischen Privatfernsehens. Auf solche kleinen lokalen Familiensender stößt man Anfang der siebziger Jahre im ganzen Lande. Bald schon beginnt jedoch die Auslese. Die Professionalisierung der Fernseharbeit erfordert beträchtliche finanzielle Mittel. Familienbetriebe, die sie nicht aufbringen können, gehen zwangsläufig ein. Im Kampf um Werbekunden, um Einschaltquoten siegt der Stärkere.

Das nächste Stadium des Privatfernsehens wird von den investitionsfreudigen Geschäftemachern beherrscht. Technische Präzision und gute Programme bestimmen die Auslese, die in jeder Provinz nur drei oder vier Sender größer werden läßt. Die Regeln sind überall die gleichen: Je besser die technische Ausrüstung, also je störungsfreier die Programmausstrahlung, desto größer das Ansehen des Senders, und je größer das Ansehen, desto mehr Zuschauer, die wiederum hohe Werbeeinnahmen garantieren.

Schließlich fangen auch die Politiker an, sich für das neue Medium zu interessieren. In Treviso gibt es – bis heute – den Sender Antenna 3 Veneto. Besitzer ist die Familie Bernardi, einer der weltgrößten Hersteller von Getreidesilos. Als Präsident des Senders und Geschäftsführer der Firma fungiert Renato Bernardi. Seine Motivation, einen Fernsehsender zu errichten, scheint aus dem Texas der Reichen zu kommen. Mimma, Renatos Frau, arbeitet als Stewardeß auf internationalen Linien, doch sie ist ihrer Arbeit überdrüssig und kündigt. Der sorgende Ehemann, der nicht will, daß sie sich langweilt, schenkt ihr eine Fernsehstation. Nicht nur, daß die Ehefrau jetzt einen schönen Zeitvertreib hat; eine

Fernsehstation wirkt sich als Passivposten günstig bei der Steuer aus und ist auch von Vorteil, wenn man den Politikern der Provinz mit einem neuen Forum für ihre Auftritte schmeicheln will.

Doch was als Spiel beginnt, entwickelt sich ganz außerordentlich. Von Passivposten ist schon nach kurzer Zeit keine Rede mehr, die Werbung ist im Handumdrehen ein einträgliches Geschäft. Bernardi organisiert eine lokale Tagesschau, sehr lebendig und bei allen wichtigen Ereignissen der Provinz Treviso dabei. Und wie es der Zufall und der Glücksstern des Senders wollen, landet die Aufnahmemannschaft eines schönen Tages bei der Rückfahrt von Dreharbeiten mitten in einem Überfall auf ein Juweliergeschäft. Schießerei, Fluchtauto, der Juwelier verzweifelt – und dies alles abends live übertragen. Die Zuschauer sind begeistert von ihrem Lokalsender, und der Durchbruch von Antenna 3 Veneto ist besiegelt.

In Vorwahlzeiten herrscht in der Sendestation seither ein ständiges Kommen und Gehen von Politikern, Antenna 3 Veneto ist zur Haupttribüne des Wahlkampfes geworden. Und wie das so ist, stehen Bernardi bei seinen unternehmerischen Initiativen im Ort als Gegenleistung nun alle Türen offen, kein Politiker würde dem nützlichen Unternehmer jemals einen Wunsch versagen.

Ein anderes typisches Beispiel ist Telelibertà in Piacenza, südlich von Mailand. Es ist der Fernsehsender der Tageszeitung *La Libertà*, die seit über hundert Jahren von der Familie Prati herausgegeben wird und eine typische Provinzzeitung darstellt: Kommunalpolitik, Tagesgeschehen aus der Provinz und Themen aus der Landwirtschaft sind ihre Domäne. Signor Prati hat den Fernsehsender als natürlichen Anhang seiner Tageszeitung aufgebaut, als eine zusätzliche Dienstleistung. Finanzielle Investitionen werden nicht gescheut, Fernsehen kostet eben; die Programme zeugen von Sachverstand und journalistischem Know-how.

Der Sender will auch nicht mehr werden, als er ist: Die Reichweite der Sendungen soll die Einflußzone der Zeitung gar nicht überschreiten. Man ist zufrieden, wenn beide Medien sich ergänzen. Das Motto an den Werbekunden lautet: Kauf dir Anzeigenraum in der Zeitung, und dir wird Werbezeit im Fernsehen geschenkt! Mit dieser Philosophie hat Telelibertà die siebziger und achtziger Jahre bestens überlebt.

Tvp in dem kleinen Ort San Benedetto in den Abruzzen ist ein weiteres Beispiel für die TV-Sender der zweiten Phase. Tvp wird von einem Stoffhändler und dem Inhaber eines großen Lagers für elektronische Geräte gegründet, beide hellwache Autodidakten, die in der Lage sind, mit ihrem Sender technisch und inhaltlich initiativ und innovativ zu werden. Die von ihnen kreierten Sendungen sind so erfolgreich, daß sie von den großen Sendern in Mailand übernommen werden. Auch schafft Tvp schon Ende der siebziger Jahre ein Network, das einen Empfang von der Adriaküste in der Emilia-Romagna bis in den Süden nach Apulien ermöglicht. 1982 wird der Sender in das nationale Network Rete 4 des Verlagshauses Mondadori eingegliedert.

In Florenz sendet Telelibera seit 1974 als erster Sender nicht über Kabel, das in Italien nach 1976 gar nicht mehr verlegt wird, sondern über den Äther. Sein Besitzer Mauro Ballini geht 1977 in die Medienmetropole New York, um sich dort alles Wissenswerte über die Struktur eines erfolgreichen Privatsenders anzueignen. Nach seiner Rückkehr hat er klare Ideen und gestaltet seinen Sender zu einem Vorläufer amerikanischer Fernsehkultur in Italien um. Shows, Telespiele und Wettbewerbe werden so inszeniert, daß der Fernsehzuschauer mit einbezogen wird, nichts bleibt mehr zufällig, nichts wird mehr gratis vergeben. Die Eigenproduktionen sind voller Aktionismus. Vorspann und Nachspann der einzelnen Sendungen gibt es nicht mehr, Ansagerinnen werden abgeschafft, alles Überflüssige gestrichen. Telelibera wird zu *dem* TV-Phänomen, und auch dieser Sender erregt die Aufmerksamkeit der Fernsehmacher in Mailand. Anfang der achtziger Jahre holt Berlusconi sich Ballini zum Aufbau seines ersten nationalen Networks nach Mailand. Später kehrt Ballini jedoch zurück und leitet bis heute seinen Sender Telelibera Firenze.

So schnell, wie in den siebziger Jahren die Fernsehstationen aus dem Boden schießen, so schnell werden sie auch wieder aufgelöst und vergessen. Die genannten Sender sind Beispiele für diejenigen, die durch spätere Zusammenschlüsse mit Sendern in der Region oder in nationalen Networks überlebt haben oder die Starken in ihrer Provinz geblieben sind.

Der einzige, der nie Allianzen eingegangen und dennoch bis heute erfolgreich geblieben ist, der siegesgewiß und allein seinen Weg geht, ist Silvio Berlusconi mit seinem 1974 startenden Telemilano.

Vom Lokalfernsehen zur nationalen Senderkette

Was ist es, was den Bauunternehmer Berlusconi am Fernsehen interessiert? Welche Überlegungen lassen ihn so siegesgewiß einen Schritt nach dem anderen beim Aufbau seines Imperiums tun? Berlusconi hat, als er an der Universität seine Diplomarbeit über ein Thema aus dem Werbebereich verfaßte, festgestellt, daß das Fernsehen das wirksamste Medium ist, um Werbung an den Konsumenten zu bringen.

Die RAI, die bis zu Beginn der achtziger Jahre die einzige Fernsehanstalt ist, die das gesamte nationale Territorium erreicht, überträgt eine derart geringe Anzahl von Werbespots, daß hier nach Berlusconis Ansicht weitaus mehr herauszuholen wäre. Beim staatlichen Fernsehen ist die Werbung seit den fünfziger Jahren unverändert eingezwängt zwischen Tagesschau und dem folgenden Abendprogramm und zeitlich sehr begrenzt, ähnlich wie bei den öffentlich-rechtlichen Sendeanstalten in der Bundesrepublik. Berlusconi sieht darin eine enorme Vergeudung von Möglichkeiten und von Geld. Er stellt eine einfache Rechnung auf: Wie viele werbewirksame Produkte gibt es in Italien? Sagen wir zehntausend. Und für wie viele wird derzeit geworben? Nur für dreihundert. Die logische Schlußfolgerung lautet also: Hier gilt es einen Markt zu erobern! Nachdem er in Gedanken alle Möglichkeiten durchgespielt hat, zögert Berlusconi nicht lange und handelt.

Anfang 1977 zieht der kleine Sender Telemilano von einem winzigen Hinterzimmer in die Kellerräume des Hotels Jolly im verkabelten Neubauviertel Milano 2 um. Ein Jahr später strahlt der Sender dann über den Äther aus, kann nun also in ganz Mailand empfangen werden.

Während Telemilano sich vergrößert und konsolidiert, lassen Berlusconis Aktivitäten im Baugeschäft nicht nach. Mehr als einmal erklärt er, daß ihm vier Stunden Schlaf vollkommen reichen. Und sein schon immer rasender Aktivismus zahlt sich aus: 1977 steht er an siebter Stelle in der Rangfolge der reichsten mailändischen Steuerzahler, und es gibt sogar Stimmen, die ihn bereits zum reichsten Mann Mailands nominieren.

Im selben Jahr wird er, zusammen mit Fiatchef Gianni Agnelli, dem Gummireifenfabrikanten Leopoldo Pirelli und einem großen römischen Bauunternehmer, zum „Ritter der Arbeit" geschlagen, eine Auszeichnung, die der Staat an besonders verdienstvolle Bürger vergibt. Daß ein Unternehmer schon mit einundvierzig Jahren zum „Ritter der Arbeit" ernannt wird, ist bis dahin einmalig.

Ebenfalls 1977 ergibt sich die Möglichkeit, mit zwölf Prozent bei der Tageszeitung *Il Giornale nuovo* des konservativen Journalisten Indro Montanelli, dem im selben Jahr von den Roten Brigaden in die Beine geschossen worden ist, einzusteigen. Indro Montanelli hat diese Tageszeitung 1974 gegründet und bis 1977 immerhin 280 000 Leser gewonnen. Aber das Blatt steckt dessenungeachtet in den roten Zahlen und bedarf dringend eines Finanziers. Warum Berlusconi sich in einer Tageszeitung engagiert? „Weil ich an eine Zeitung als Unternehmen glaube, genauso wie das Fernsehen ein Unternehmen ist. Mich interessiert nur die Bilanz."[2]

Jahre später sieht Berlusconi seinen Einstieg bei der Tageszeitung Montanellis auch politisch motiviert: „Das Abenteuer *Giornale* ging ich an, weil ich mir Sorgen darüber machte, in Italien eine Linke im Vormarsch zu sehen, die noch nicht vollständig auf dem Weg der Demokratie war. Es war für mich etwas Neues, für eine Bastion zu streiten, die eine sich formierende gefährliche Tendenz aufhalten könnte."[3]

Es ist die Zeit des Historischen Kompromisses, als eine mögliche gemeinsame Regierungsbildung der beiden stärksten Parteien diskutiert wird: der Christdemokraten und der Kommunisten. Fedele Confalonieri erinnert sich an den Aufruhr, der angesichts dieser politischen Möglichkeiten unter den Kapitalisten herrschte: „Cefis, Besitzer des Chemiekonzerns Montedison, läßt sich in Kanada nieder, Agnelli verkauft Anteile von Fiat an Ghaddafi, De Benedetti theoretisiert über den italienischen Kapitalismus, dessen Tage gezählt seien. In diesem Klima entschließt sich Berlusconi, in das *Giornale* zu investieren, auch wenn er damit gegen den Strom schwamm und es eine unpopuläre Sache hätte sein können. Er selbst hat nie präzise politische Vorstellungen gehabt. Sicher, er war liberal, demokratisch mit katholischer Färbung, doch nie Mitglied in einer Partei. Wir sagten damals zu Berlusconi: ‚Warum willst du in die Zeitung von Montanelli einsteigen? Es ist eine konservative Zeitung, für die meisten Italiener sogar eine rechte.' Doch Berlusconi antwortete: ‚Ich habe in diesem System, in unserem Land, so wie es regiert wird, mein Glück gemacht. Um dieses Land zu verteidigen, bin ich bereit, die Hälfte meines Vermögens zu opfern.' Sein Motiv war also ein ideologisches. Gleichzeitig wußte er aber natürlich auch, daß es hieß, aus dem eingleisigen Bereich der Bauwirtschaft herauszutreten und ins Mediengeschäft einzusteigen."[4]

Montanelli hat mit seinem neuen Verleger keine Probleme, zeigt dieser doch keinerlei Interesse daran, selbst in die redaktionelle Arbeit einzugreifen. „Die Leute glauben mir vielleicht nicht, wenn ich sage, daß es keinen besseren *padrone* als Silvio Berlusconi für mich geben könnte. Wissen Sie warum? Weil er sofort kapiert hat, daß man mir keine Anweisungen erteilen kann. Und er hat es auch nie getan. Ich kann über ihn sagen, daß er eine Mischung aus Genialität und Mut repräsentiert, mit ein wenig typisch mailändischer Dünkelhaftigkeit. Einer, der auf Dinge setzt, für die du nicht einmal eine Lira geben würdest, und damit auch noch Erfolg hat."[5]

Die Konsolidierung der regelmäßigen Programmausstrahlung von Telemilano im Winter 1978 hat neben der Erweiterung des Sendebereichs auf die gesamte Lombardei noch einen anderen Grund. Es ist die Hoch-Zeit des Terrorismus, der ganz Italien häusliche Ruhe suchen läßt. Abends auf die Straßen zu gehen wird zu einem ungemütlichen Wagnis. Man bleibt also lieber in seinen eigenen vier Wänden und geht der die ganze Nation packenden neuen Freizeitbeschäftigung nach: Man sieht fern. Für die Bewohner von Milano 2 bietet sich das Zu-Hause-Bleiben allemal an, da sie außerhalb des Stadtzentrums wohnen.

Ab Winter 1978 läßt sich also ein rapides Ansteigen der Zuschauerzahlen für Telemilano verzeichnen. Berlusconi fühlt sich ermutigt, größere Schritte zu planen, auch wenn Telemilano das Jahr 1978 mit einem Verlustgeschäft von einer guten halben Million abschließt. In diversen Interviews erklärt er, daß er mit Telemilano Geld verdienen will, und er fängt jetzt, Anfang 1979, erst richtig an, in den Sender zu investieren. Die Studios werden aus dem Keller des Hotels Jolly in ein angemessen großes Haus in Milano 2 verlegt.

Im Frühjahr 1979 wird Rete Italia, eine Gesellschaft für den Kauf und Verkauf von Programmen, gegründet, und Berlusconi kauft vom Filmverleih Titanus dreihundert italienische Spielfilme aus den letzten vierzig Jahren auf. Millionen von Mark zahlt er auch für Filmserien und Fernsehfilme aus dem Ausland, vor allem aus Amerika. Er legt damit ein Filmarchiv an, das zum Grundstock nicht nur seiner späteren drei Sender, sondern auch seines Filmverleihs in Europa werden soll.

Als Berlusconis Mitarbeiter von dem riesigen Filmkauf erfahren, schütteln die meisten noch den Kopf. Doch an einem Beispiel läßt sich zeigen, welche Goldgrube damals angelegt wird. Berlusconi kauft die Verleihrechte des italienischen Trickfilms „Die Rose aus Bagdad" für schlichte achtzig Mark ein. Heute kommen jedes Jahr aus der ganzen Welt Dutzende von Bestellungen dieses Trickfilms bei Rete Italia an, und der Film bringt bei einer einzigen TV-Übertragung 700 000 Mark ein.

Unter den Zuschauern spricht sich schnell herum, daß hier ein Sender entstanden ist, der neue Programme anbietet. Beliebt sind vor allen Dingen die vielen Spielfilme – ein

Genre, das bei der RAI eher schlecht wegkommt. Telemilano wird im Laufe des Jahres 1979 zum am häufigsten eingeschalteten Sender der Region Lombardei.

Marcello Dell'Utri erinnert sich, daß das Engagement im Kommerzfunk für Berlusconi zu diesem Zeitpunkt noch Nebensache war: „Die Entscheidung, einen Sender aufzubauen, war damals noch die Entscheidung für einen Lokalsender. Seine Hauptaktivitäten galten auch 1979 noch dem Baugeschäft, nämlich Milano 3, einem für ihn äußerst wichtigen Projekt, um als Unternehmer weiterarbeiten zu können."[6]

Die Investitionen für Telemilano nehmen allmählich zu, und Berlusconi wird klar, daß das neue TV-Geschäft eine Sache mit großer Zukunft ist. Zudem gefallen ihm die Vorzüge des Fernsehens gegenüber dem Baugeschäft, wie er Marcello Dell'Utri eines Tages erklärt. „‚An deine Bauvorhaben denkst du heute, siehst sie aber erst in zehn Jahren realisiert. Ans Fernsehen denkst du am Morgen, und abends siehst du es schon.' Das Fernsehen faszinierte ihn", erinnert sich Dell'Utri, „wegen der Schnelligkeit, mit der er dort Ideen, die ihm in den Sinn kamen, realisieren konnte. Die Leute waren damals begierig nach anderen Dingen als denen, die die RAI anbot, das heißt, sie wollten Unterhaltung bis spät in die Nacht. Bei der RAI war um elf Uhr abends Sendeschluß. Berlusconi wollte eine neue Welt aufbauen und organisieren, mit der er Einlaß in die Häuser der Leute finden würde."[7]

Um dieses Ziel zu erreichen, ist es wichtig, Unterhaltungsfernsehen zu machen. Alte Filme und ausländische Fernsehserien sind dafür schon eingekauft. Doch die Erfahrungen aus Amerika zeigen, daß ein Sender Identifikationsfiguren braucht: Showmaster, Quizleiter, Stars. Woher sie nehmen? Keine Frage: Natürlich von dort, wo sie bisher auch immer waren – von „Mamma RAI"!

Das erste große Zugpferd für Telemilano, das mit einer stattlichen Summe von der RAI abgeworben wird, ist Mike Bongiorno, ein geschultes As des Unterhaltungsfernsehens, seit den Anfangszeiten in den fünfziger Jahren im Geschäft. Bei der RAI ist er mit seinen Quizsendungen ein voller Erfolg, warum soll das beim technisch gut ausgerüsteten Telemilano nicht auch möglich sein? Die Anbindung von Mike Bongiorno ist ein weiterer Schritt vorwärts.

Der nächste ist, die Grenzen der Lombardei zu überwinden. Dazu ist neben Phantasie auch Keckheit nötig, schließlich hat der Verfassungsgerichtshof festgelegt, Privat-TV solle auf den lokalen Bereich beschränkt sein. Doch da die Erweiterung des Sendegebietes von Telemilano über das Stadtviertel hinaus zur ganzen Stadt und dann zur umliegenden Region ohne Probleme möglich war, scheint der „lokale Bereich" eine recht dehnbare Formel zu sein. Da sich bisher keine Behörde gemeldet hat, wird sich auch bei der Überschreitung der Grenzen der Lombardei eine Lösung finden lassen. Schließlich wird hier ein Unternehmer initiativ, der nicht darauf zu warten gewohnt ist, daß ihm dieses oder jenes ausdrücklich zugestanden wird. Zudem lebt Berlusconi in einem Land, in dem man sehr viel Energie und Erfindungsgeist darauf verwendet, die Lücken in den Gesetzen zu finden, die einem erlauben, das zu tun, was man tun will, und in dem sich keiner auf das beschränkt, was er tun darf. Wie sagte doch Kardinal Tardini? *„C'è la legge, e c'è la vita!"* – Es gibt das Gesetz, und es gibt das Leben! Der Aufbau des Berlusconischen TV-Reiches scheint ganz nach diesem Leitmotiv erfolgt zu sein.

Um Wege zur Umgehung der Gesetze ausfindig zu machen, ist es für einen zielbewußten Italiener immer ratsam, sich mit nützlichen Personen, staatlichen Repräsentanten und Gesetzesgewalten gutzustellen – notfalls mit Hilfe ansehnlicher Geldsummen.

Berlusconi ist entschlossen, voranzukommen und sich über die vorhandenen oder nicht vorhandenen Mediengesetze nicht allzusehr den Kopf zu zerbrechen. Ganz Italien grast er nach Lokalsendern ab. Es herrscht kein Mangel daran, 1980 sind es 750 – da werden doch wohl welche darunter sein, mit denen man gemeinsame Sache machen kann! Berlusconi plant, in ganz Italien eine Kette von Sendern zu schaffen, die nicht nur – wie schon von einigen Sendern in regionalen Networks praktiziert – zentral mit Werbung, sondern gleich mit ganzen Programmen aus dem Filmarchiv in Mailand beliefert werden. Das Urteil von 1976 besagt schließlich nur, daß die Ausstrahlung eines Senders sich auf ein lokales Gebiet beschränken muß. Nichts läßt es darüber verlauten, ob nicht viele „lokale" Sender mit gleichen Kassetten versorgt werden dürfen und diese in einem lokalen oder regionalen oder – warum eigentlich nicht? – nationalen Sendegebiet zur selben Zeit ausstrahlen dürfen, also sich auf diese Weise zu einer das gesamte nationale Territorium abdeckenden Senderkette zusammenschließen können.

Der groß angelegte Programmeinkauf und die Sammlung von Lokalsendern für eine nationale Senderkette – das sind die entscheidenden Schritte, die die Holding Fininvest zu einem prosperierenden TV-Unternehmen weiterentwickeln. Berlusconi kann bei seiner weitsichtigen und zukunftsorientierten Sammlungsbewegung davon profitieren, daß die kleinen Sender zunehmend in eine Überlebenskrise geraten. Zudem wollen alle Sender interessante Programme ausstrahlen, schließlich schaltet sich kein Zuschauer allein wegen der Werbung ein.

Ende 1979 erklärt die Fininvest, bis Januar 1980 ein Konsortium von etwa vierzig Sendern bilden zu wollen, die zentral beschaffte Programme ausstrahlen. Schließlich setzt sich eine Form der Zusammenarbeit durch, bei der die einzelnen Sender zu niedrigen Preisen mit Programmen beliefert werden, in die die Werbung schon eingefügt ist – denn verdient wird nicht über den einzelnen Networksender, sondern über den Werbekunden, dem auf diese Weise für seine Produktwerbung eine größere Zuschauerzahl garantiert werden kann.

Das bedeutet auch gleichzeitig den Einstieg ins große Werbegeschäft. 1980 wird Publitalia, Werbefirma und Herzstück der Fininvest, gegründet. Berlusconi ist nun auch persönlich immer mehr in Sachen Fernsehgeschäft unterwegs, reist zu den Sendern, zu den Werbekunden.

Im März 1980 führt er zur zukünftigen Rolle des Privatfernsehens aus: „Ich befasse mich mit den Fernsehangelegenheiten ganz persönlich, denn wie alles am Anfang viel Fürsorge nötig hat, so auch das Fernsehen. Wir müssen ja so gut wie alles selbst entwickeln, sogar die entsprechenden Leute. Es gilt, das Risiko mit Verstand einzugehen, denn die Spielregeln sind noch nicht klar erkennbar. In jedem Fall bin ich jedoch überzeugt davon, daß das private Fernsehen in unserem Land eine bedeutende Rolle spielen wird, sei es auf dem Gebiet der Information, der Kultur oder der Unterhaltung. Aber der sicher herausragendste Effekt wird es sein, dem produktiven Sektor unserer Wirtschaft einen Anstoß zu geben. In einfachen Worten: Wer heute nur ein Glas verkauft, kann mit dem TV fünf verkaufen. Es werden also fünf Gläser produziert, es wird mehr Arbeit dasein, und die gesamte Wirtschaft wird belebt werden."[8]

Ende 1979 werden also von Mailand aus zwanzig Videokassetten in die verschiedenen Regionen Italiens geschickt. Berlusconi erinnert sich: „Heute scheint die Erfindung des Studiofernsehens eine ganz banale Idee. Die Aussendung kann auch bis zu fünf Tagen nach den Aufnahmen im Studio erfolgen, und man kann dem Zuschauer dennoch den Eindruck einer Live-Sendung vermitteln. Mir war die Idee eines Nachts gekommen. Wenn wir am Donnerstag etwas für Sonntag aufnehmen, dann tun wir eben, als ob es Sonntag wäre, und schaffen eine sonntägliche Stimmung."[9]

Das TV-Geschäft kann beginnen

Im September 1979 gründet Silvio Berlusconi das Herzstück des gesamten zukünftigen Imperiums Fininvest, die Werbefirma Publitalia. Publitalia ist das Verbindungsglied zwischen dem Fernsehfilm, in dem Spots inseriert werden, und der Firma, die für ihr Produkt im Fernsehen werben möchte. Das heißt, es ist Aufgabe der Werbefirma, Werbeaufträge zu akquirieren und dann mit dem Kunden abzusprechen, wann und in welcher Sendung die betreffenden Spots ausgestrahlt werden sollen. Alle Beschränkungen, die für die Werbung im staatlichen Fernsehen RAI gelten, haben keine Bedeutung für die Privaten. Publitalia kann also, solange ein Mediengesetz nichts Gegenteiliges entscheidet, schalten und walten, wie sie will. Und Publitalia legt los. Der Zuschauer wird in einem Ausmaß mit Spots bombardiert wie noch kein Fernsehzuschauer in der Welt zuvor: alle fünf Minuten Unterbrechung des Films, der Serie, des Quiz', ja selbst des politischen Interviews – mittags, abends, nachts, wochentags, feiertags, Weihnachten und Ostern.

Vor der Ära des Privatfernsehens ist es das Charakteristikum des Werbemarktes gewesen, daß die Nachfrage nach Werbezeit bzw. Anzeigenraum seitens der Produkthersteller größer war als das Angebot. Für die RAI gibt es – wie bei ARD und ZDF – zeitliche Beschränkungen für die Werbeübertragung sowie Beschränkungen hinsichtlich der für Werbung zugelassenen Produkte und der Häufigkeit der Spotübertragungen. Publitalia schafft es, die Verhältnisse umzukehren: Es scheint, daß im Privatfernsehen unendlich viel Zeit für Werbespots vorgesehen ist.

Die Agenten der Publitalia beginnen eine permanente Jagd auf Firmen, die ihre Spots im Fernsehen unterzubringen bereit sind. Der Werbemarkt, dessen Investitionen bis Anfang der achtziger Jahre vornehmlich in Zeitungen und Zeitschriften fließen, wird mit dem Erscheinen von Berlusconis Publitalia von Grund auf umstrukturiert.

Die richtigen Kontakte

Wie hat es Berlusconi schaffen können, im Laufe von nur wenigen Jahren ein Kapital anzuhäufen, das ihm den Schritt in das große Fernsehgeschäft ermöglichte? War das immer nur seiner Pfiffigkeit zu verdanken und den glücklichen Umständen, die er geschickt für sich zu nutzen verstand?

Mehr als in jedem anderen industrialisierten westlichen Land zählen in Italien die richtigen Kontakte. Jeder Unternehmer, der größere Bankkredite benötigt, braucht politische Freunde, die ihn in die Finanzwelt einführen. Für Berlusconi, der Ende der siebziger Jahre am Ausbau des neuen Machtmittels Fernsehen arbeitet, ist die Intensivierung seiner Kontakte nicht nur ganz natürlich, sondern eine Voraussetzung, ohne die er gar nicht weiterkommen könnte.

Und Berlusconi ist schließlich keineswegs unerfahren im Umgang mit Politikern, auch seine Erfolge als Bauunternehmer beruhen nicht zuletzt auf seinem diesbezüglichen Geschick. Für wichtige politische Gesprächspartner ist er immer offen, wiewohl die Sozialisten mit ihrem Parteichef Bettino Craxi seine bevorzugte Richtung sind. Er hat zu bestimmten Zeiten durchaus der einen Partei den Vorrang vor der anderen gegeben, Anfang der neunziger Jahre pflegt er jedoch gute Beziehungen wenn auch nicht zu allen, so doch zu vielen politischen Strömungen.

Mitte der siebziger Jahre liegen seine Präferenzen allerdings noch bei den Christdemokraten. Mit großzügigen Spenden unterstützt er die Comunione e liberazione, eine rechte katholische Vereinigung, die innerhalb der christdemokratischen Partei eine Oppositionsfront bei der Einführung der Ehescheidung (1970) und der Legalisierung des Schwangerschaftsabbruchs (1978) bildet.

Eine Zeitlang trägt Berlusconi sich sogar mit dem Gedanken, auf der christdemokratischen Liste für das Europaparlament zu kandidieren. „Um mich entscheiden zu können, bin ich nach Straßburg gefahren. Ich habe mir das politische Leben dort ein wenig angeschaut und habe kapiert, daß ein ernsthafter Parlamentarier mindestens siebzehn Tage des Monats der Politik widmen muß. Um dies jedoch tun zu können, müßte ich meine Unternehmen aufgeben und wäre schließlich doch nur ein Dilettant in der Politik. Ich müßte mich also zwei oder drei Jahre völlig für die Politik freimachen, um dort jemand mit Einfluß zu werden. Ich habe also beschlossen, es nicht zu tun.“[10] So begründet Berlusconi 1979 seine Entscheidung gegen eine Laufbahn als Politiker.

In den achtziger Jahren wird seine Vorliebe für die Sozialisten immer deutlicher – genauer: für den Sozialistenchef Craxi. Politische Identifikation läuft in Italien generell sehr stark über einzelne Politikerpersönlichkeiten, weniger über Parteiprogramme. Mit den Politikern wird, soweit es nützlich erscheint, ein Klientel-Verhältnis eingegangen.

Es war die PSI, von der Anfang der siebziger Jahre die Öffnung zum Privatfunk ausging, war doch die RAI gänzlich in den Händen der Christdemokraten. Gleichzeitig sind es wichtige Teile der Sozialisten, die später jeden Ansatz einer Reglementierung des Privatfunks abzublocken verstehen, was es Berlusconi ermöglicht, ohne Störungen und ohne nennenswerte Konkurrenz in wenigen Jahren das Kommerzfernsehen zu monopolisieren.

Die enge Freundschaft zwischen Berlusconi und Craxi, die für beide nützlich ist, stößt Ende der siebziger Jahre noch auf wenig Beachtung in der Öffentlichkeit. Mitte der Achtziger ist die gegenseitige Unterstützung, die sich die beiden mächtigen Männer zukommen lassen, jedoch zu einer unverhüllten Tatsache geworden. Craxi ist nicht zufällig der Politiker, der am häufigsten in den Berlusconi-Sendungen auftaucht.

Neben den politischen Kontakten gilt es für einen italienischen Unternehmer, die richtigen Banken zu finden. Angefangen hat Berlusconi mit den bescheidenen Darlehen der Rasini-Bank, später weiten sich seine Kontakte über das gesamte italienische Bankennetz aus.

Er bevorzugt allerdings die Banken, die zur geheimen Freimaurerloge P2 gehören. Als 1981 der P2-Skandal an die Öffentlichkeit und Licht in die dunklen Geschäfte dieser Vereinigung kommt, zeigt es sich, daß kein Sektor der Wirtschaft und des gesellschaftlich-politischen Lebens so infiltriert von der P2 gewesen ist wie das Bankensystem sowie das Finanzministerium und der Bereich des Schatzmeisters. Offensichtlich waren ein funktionierendes Finanzierungssystem und Kapitalbesitz für die subversive und machtorientierte Arbeit der P2 unverzichtbar. Doch was war diese P2?

Im Zuge der Ermittlungen gegen den korrupten Bankier Sindona, der sich – auch in Zusammenarbeit mit dem Vatikan – in den siebziger Jahren ein illegales Finanzimperium aufgebaut hatte, entdeckt die Polizei im Mai 1981 Akten der Loge „Propaganda 2“ in der Villa des Logenmeisters Licio Gelli. Auf der Mitgliederliste sind Namen von 962 Persönlichkeiten aus dem öffentlichen Leben, vorwiegend in gehobener Stellung, verzeichnet: Minister, Offiziere, Richter, Journalisten, Geheimdienstleute, Abgeordnete, Bankiers und Politiker aller großen Parteien außer den Kommunisten, von den Sozialdemokraten gar ihr damaliger Parteivorsitzender. Auf der Liste steht auch der Name Silvio Berlusconi. Die Entdeckung dieser Namensliste löst den größten Skandal in der Nachkriegsgeschichte Italiens aus.

Eine bald eingerichtete Untersuchungskommission des Parlaments bringt die Ziele und Machenschaften der P2 ans Tageslicht. Unter der Führung von Licio Gelli hatten sich seit Ende der sechziger Jahre – mit Beginn der politischen und ökonomischen Destabilisierung, der Studentenbewegung und des zunehmenden Einflusses der Kommunistischen Partei und der Gewerkschaften – bedeutende Persönlichkeiten des politischen und öffentlichen Lebens in dieser elitären Freimaurerloge versammelt.

Ihr Ziel: die offizielle Politik aus dem Hintergrund zu steuern und sich gegen die Gefahr der gemeinsamen Regierungsbildung von Christdemokraten und Kommunisten zusammenzuschließen. Die mächtigen Männer aus Hochfinanz, Industrie, Geheimdiensten, Militär und Politik sahen einer derartigen politischen Wende mit äußerster Beunruhigung entgegen.

Die Stoßrichtung der Geheimloge war klar antikommunistisch und auf eine Abkoppelung der Regierung vom Parlament gerichtet, also gegen eine demokratische Kontrolle der Regierung durch das Parlament. Es war aber nicht Ziel der P2, selbst an die Regierung zu kommen. Sie wollte die Regierung aus dem Hintergrund kontrollieren und dirigieren.

Die P2 war entsprechend einer bis ins achtzehnte Jahrhundert zurückreichenden Tradition der Freimaurerlogen organisiert: Unbedingter Beistand der Logenbrüder untereinander, Verschwiegenheit nach außen, jederzeitiges

Eintreten für die aufgestellten Ziele – so lauteten die Grundzüge ihrer Satzung.

Die Loge „Propaganda" ist in der Geschichte der Freimaurerei immer die exklusivste und geheimste gewesen. Freimaurerlogen sind in Italien, wie in allen westlichen Demokratien, legal, sofern sie als verdeckt arbeitende Organisationen keine politischen Ziele verfolgen. Dokumente der P2 bringen jedoch ihre politisch subversiven Ziele ganz deutlich zum Ausdruck. Darüber hinaus deckt man bei den Ermittlungen kontinuierliche Kontakte zwischen der P2 und den Rechts- und Linksextremisten und ihren Terroranschlägen auf. Auch gibt es Verbindungen mit der mafiosen Wirtschaftskriminalität größeren Stils, unter anderem der „Reinwaschung" von Entführungsgeldern. Und nicht zuletzt tauchten Leute der P2 immer wieder im Zusammenhang mit politisch-administrativer Korruption auf.

Der Geheimbund Gellis verknüpfte politische Ziele mit den karrierebezogenen, ökonomischen und machtorientierten Interessen seiner Mitglieder. Man vermittelte sich untereinander Posten, Kredite, Geschäfte, verschaffte einander die richtigen Kontakte.

Es wundert kaum, daß unter der Mitgliedsnummer 625 auch der Name des aufstrebenden Bauunternehmers Silvio Berlusconi zu finden ist. Am 26. Oktober 1981 wird Berlusconi von der Parlamentskommission zur Untersuchung der P2 zu seiner Mitgliedschaft in der Geheimloge befragt. Er erklärt:

„Ich bin Anfang 1978 Mitglied der P2 geworden, und zwar auf Einladung von Licio Gelli, den ich etwa sechs Monate zuvor kennengelernt und den ich jedoch nur zweimal getroffen habe. Ich war überzeugt, daß die Loge Teil der übergreifenden Freimaurerloge Grande Oriente d'Italia war. Beiträge habe ich nie gezahlt. Mit der Post erhielt ich einen Mitgliedsausweis, den ich jetzt aber nicht mehr finde.

Mit dem Mitgliedsausweis kam eine gedruckte Liste der Sitze der Freimaurerlogen in verschiedenen Städten der Welt. Logen, zu denen die Mitgliedskarte Zulaß gewährte. Gelli hatte mir bei der ersten Begegnung erklärt, daß ich mit Hilfe der Freimaurer nützliche internationale Kontakte für meine Aktivität als Präsident der Baugenossenschaft knüpfen könnte. Es gab keine sonst übliche Beitrittszeremonie; auch habe ich keinerlei Kontakte zu anderen Mitgliedern gehabt, noch habe ich an Versammlungen teilgenommen; ich habe nicht einmal Einladungen zu solchen Versammlungen bekommen. Meine Einstufung war die eines Lehrlings. Ich kann nur noch hinzufügen, daß ich nach meiner Einschreibung die Freimaurer sogar wieder vergaß."[11]

Die Aussagen Berlusconis vor der Kommission stimmen nicht in allen Punkten mit den beschlagnahmten Dokumenten und den Ergebnissen der Untersuchungen überein. Dies betrifft seine Angabe, keine Zahlungen an die P2 geleistet zu haben. In den bei Licio Gelli gefundenen Unterlagen ist neben dem Datum vom 5. Mai 1978 der Zahlungseingang von umgerechnet 250 Mark eingetragen.

Vor allem aber betrifft dies Berlusconis Darstellung, er sei kein aktives Mitglied der P2 gewesen. Für den Ausbau seines Imperiums Fininvest waren besondere Kontakte zu Banken notwendig, da er hohe Kredite zu ungewöhnlichen Konditionen brauchte. In ihren Untersuchungen kam die Parlamentskommission zu dem Schluß, daß bei den in das Netz der P2 integrierten Banken „einige Unternehmer Rückhalt und Finanzierungen jenseits jeglicher Kreditverdienste fanden", was nichts anderes heißt, als daß man einander half, ohne daß von seiten der Bank die üblichen Zinsen und Gebühren erhoben worden wären.

1988 veröffentlichten zwei Journalisten Daten zu weiteren ungewöhnlichen Finanzierungspraktiken Berlusconis während seines Aufstiegs. Ihren Erkenntnissen zufolge hatte Berlusconi geschäftliche Kontakte, direkte oder über Mittelsmänner, mit einem Flavio Carboni. Das ist ein Finanzier, dessen Name in allen Finanzskandalen der siebziger und achtziger Jahre auftaucht. Illegaler Waffenhandel, „Sauberwaschen" von Entführungsgeldern, Mordaffären, Korruption im Vatikan, Mafia – als einer der Männer im Hintergrund wird immer wieder der Name von Flavio Carboni erwähnt.

Berlusconi strengt gegen die Behauptung der Journalisten, er habe Geschäfte mit Carboni gemacht, einen Prozeß an. Doch er unterliegt peinlicherweise, denn die Beweise liegen vor. Vor allem in Zusammenhang mit der Finanzierung eines großen Bauprojekts, eines Ferienzentrums auf Sardinien, Anfang der achtziger Jahre sind ihm Kontakte mit dem zwielichtigen Carboni nachweisbar.

In ganz besonderem Maße war für die Entwicklung des Unternehmens Fininvest die Banco Ambrosiano von Bedeutung. Der Besitzer Roberto Calvi hatte die Bank im Laufe der siebziger Jahre nicht nur zur größten Privatbank Italiens ausbauen können, sondern war durch die Gründung unzähliger Tochterfirmen, durch seine Partnerschaft mit der Bank des Vatikans und schließlich durch die Einverleibung des in den roten Zahlen steckenden Großverlages Rizzoli mit der seinerzeit größten Tageszeitung *Corriere della Sera* 1976 in die oberste Finanzspitze des Landes aufgerückt.

Im Juni 1982, kurz nach Aufdeckung der P2 mit ihren zwielichtigen Geschäften, wurde Calvi unter einer Londoner Brücke erhängt aufgefunden. Bis heute ist sein Tod nicht geklärt. Man weiß jedoch, daß Calvi engste Kontakte mit Licio Gelli und dem inzwischen ebenfalls ermordeten Mafiabankier Michele Sindona hatte. Mafiabankier – das heißt, daß seine Banken und Geldinstitute in Sizilien und anderswo vorwiegend dazu dienten, Gelder aus Rauschgifthandel und Erpressungen durch die Mafia ins Ausland zu befördern. Bevorzugtes Land war Brasilien, wo in geeigneten Banken „schmutziges" in „sauberes" Geld umgetauscht wurde.

Über diese Verbindung zwischen Hochfinanz, P2 und Mafia schrieb ein italienischer Soziologe: „Bis vor etwa fünfzehn Jahren wäre die Hypothese einer engen Verbindung zwischen Mafiamacht und Sektoren der italienischen und internationalen Finanzwelt als reine Science-fiction erschienen. Die große Veränderung vollzog sich zu Beginn der siebziger Jahre, als es vier sizilianischen Mafiafamilien gelang, einen beachtlichen Teil der gewinnbringendsten aller illegalen Geschäfte, des Drogenhandels, in die Hand zu bekommen. Die drei- bis viertausend Milliarden Lire (rund zehn bis zwölf Millionen Mark), die diese Familien dadurch zur Verfügung hatten, veränderten ihre bisherige untergeordnete Position gegenüber den skrupellosesten Lobbies in der Politik und Finanzwelt Italiens. Das Bargeld verlangte, um günstig angelegt zu werden, die Mobilisierung höchster finanzieller Professionalität. Die fand man im System Sindona, im System Gelli-Ortolani und im System Calvi, und darüber hinaus ergab sich die Möglichkeit, durch Korruption, politischen Druck oder direkte physische Gewalt staatliche Institutionen wie die Gerichte, die Finanzpolizei und die für die Wirtschaft zuständigen Ministerien, die über die Einhaltung der Gesetze in der Wirtschaft zu wachen haben, zu beeinflussen. Die Nichteinhaltung der gemachten Versprechungen hatte den Tod unter einer Brücke in London zur Folge."[12]

Neben der Hochfinanz ist ein anderer Bereich Schwerpunkt in den Aktivitäten von Licio Gelli und der P2: die Publizistik. Ihr größter Erfolg ist die Einverleibung der seinerzeit auflagenstärksten Tageszeitung, des *Corriere della Sera.*

Das Verlagshaus Rizzoli war mit dem *Corriere della Sera*

Mitte der Siebziger in enorme finanzielle Schwierigkeiten geraten. Gelli tritt auf den Plan, organisiert die potente Finanzhilfe Calvis und gewinnt entscheidenden Einfluß auf die Zeitung. Kurz nach diesem Coup, im Mai 1978, beginnt Silvio Berlusconi seine Mitarbeit am *Corriere,* schreibt über Kreditpolitik, das Banksystem, die Wirtschaft. In diesen Artikeln wird vor allen Dingen das aufs Korn genommen, was ein aufsteigendes Wirtschaftsunternehmen in seinem Expansionsbestreben behindert.

Daß die P2 als verdeckte politische Kraft besonders daran interessiert sein mußte, Einfluß auf die Massenmedien und natürlich auch auf einen vielversprechenden und aufstrebenden jungen Privatsender zu erlangen, liegt auf der Hand.

Fünftes Kapitel

Siegeszug des Spaghetti-Fernsehens

Der Start von Canale 5

Während Berlusconi vom Baugeschäft zum TV-Geschäft wechselt, herrscht in Italien politisch und ökonomisch ein wahrhaftiges Chaos. Die großen Industrieunternehmen Fiat, Montedison, Olivetti und Pirelli geraten immer mehr in die roten Zahlen, Streiks senken die Arbeitsproduktivität in den Betrieben. Zwischen 1978 und 1979 erhöht sich das nationale Wirtschaftsdefizit um das Dreizehnfache. Die Inflationsrate steigt 1979 auf zwanzig Prozent. Der rote und schwarze Terrorismus erschüttert zudem die Sicherheit und den Alltag eines jeden Italieners.

Unter diesen Umständen gerät auch das Baugeschäft in eine Flaute – für einen risikofreudigen Unternehmer Grund genug, sich nach anderen lohnenden Investitionsmöglichkeiten umzusehen. Von Rentabilität kann man allerdings bis Ende der siebziger Jahre im neuen TV-Geschäft noch nicht sprechen. Es bedurfte schon unternehmerischer Weitsicht und Phantasie, um diejenigen Seiten des TV-Geschäfts zu entdecken, die für die Zukunft den großen Profit versprachen.

Von allen TV-Unternehmern ist Berlusconi Ende der siebziger Jahre der einzige, der die Überlebenschance für einen Sender darin sieht, sich ein gutes Filmarchiv anzulegen, das heißt sich mit Spielfilmen der ersten Kategorie zu versehen. Drittklassige Filme werden von den kleinen Sendern bereits zur Genüge übertragen, sie kosten nicht viel, und der Markt ist voll von ihnen. Die RAI bietet zwar gute Kinofilme an, doch viel zu selten. Also kauft Berlusconi zu hohen bis horrenden Summen Filme ein: bei der Titanus in Italien und bei den großen Filmverleihern Amerikas. Auf dem internationalen Verkaufstreffen für Fernsehprogramme 1980 in Cannes setzt Berlusconi mit seinen Filmkäufen die Vertreter von Fox, MGM, Warner und den anderen amerikanischen Filmverleihen in Erstaunen über die neue Goldgrube Italien. Alte Filme, von denen niemand mehr glaubte, sie verkaufen zu können, werden durch das Interesse der italienischen Privatsender plötzlich aufgewertet. Schon im Frühjahr 1981 nimmt Italien mit seinen Umsatzzahlen im nationalen Filmmarkt nach den USA und Kanada den dritten Platz ein und hat damit sogar Japan überholt.

Im September 1980 ist es dann soweit: Eine Gruppe von Fernsehstationen im Norden des Landes sendet das erste Mal unter dem Markenzeichen Canale 5, die Sender des Networks in Mittel- und Süditalien unter dem Namen Canale 10. Beide Senderketten bekommen die Programme in Kassetten von Telemilano geliefert. Verantwortlich für die Produktion, den Programmerwerb und die Programmgestaltung ist Carlo Fuscagni, ein großer Kenner des internationalen Marktes und von der RAI abgeworben.

Berlusconi hat schnell Erfolg mit seiner neuen Linie: Schon Anfang 1981 ist Canale 5 der Diamant im neuen Fernsehsystem. In einem Interview im selben Jahr legt er seine TV-Strategie und -Philosophie dar:

Wie sieht Ihre Vorstellung vom Fernsehmachen aus, Dr. Berlusconi?
Aus Canale 5 ein wirkliches Unternehmen für Informationsübermittlung und Unterhaltung zu machen, aber auch ein ideales Medium für die Promotion von Firmen. Des weiteren, ein Fernsehen mit einer ausschlaggebenden Präsenz in allen Regionen zu schaffen – wobei Canale 5 heute auch schon in fast allen Regionen an erster Stelle steht, mit gleichbleibenden Einschaltquoten an allen Wochentagen. Ein Kommerzsender lebt einzig von der Werbung. Deshalb muß er auch für die Werbung leben, mit dem Ziel, ein Dienstleistungsbetrieb für die Werbekunden zu werden, und das heißt, den Verkauf ihrer Produkte zu erhöhen.

Welche Art von Werbung?
Eine Werbung, die sich in effizienten Verkaufskampagnen und in einer wirklichen Entwicklung für die Unternehmen konkretisiert. Die Werbung bei der RAI kann man als institutionell bezeichnen: Sie ist erheblich eingeschränkt in bezug auf das, was in den Spots gesagt werden darf. Die RAI gibt der Werbung zuwenig Raum, läßt keine Werbeblöcke zu, wie sie aber für moderne Kampagnen unerläßlich sind. Wissen Sie, was man in Amerika über die institutionalisierte Werbung sagt? Sie ist so, als ob man sich in die Hose macht: Niemand nimmt es wahr, nur du selbst bemerkst ein warmes Gefühl des Wohlbefindens ...

Was heißt es für Sie, Unternehmer zu sein?
Das, was es für alle anderen Unternehmer heißt: achtgeben auf die Chancen, die der Markt bietet, Lösungen finden, an ihnen mit Bestimmtheit arbeiten, Resultate erzielen, die positiv für die Firma und nützlich für die Öffentlichkeit sind.

Ihr Sender kündigt für 1981 weitere amerikanische Elemente in den Programmen an: amerikanischen Sport, amerikanische Unterhaltungssendungen. Was bedeutet für Sie Amerika?

Es ist das Land, wo das Fernsehen geboren wurde, und das Land, das gegenwärtig die größte Anzahl von Fernsehprogrammen in der Welt produziert: Es ist – mit einem Wort – ein Modell, das man nicht unbeachtet lassen darf, obwohl Canale 5 bereits auch wichtige Beziehungen mit dem englischen, französischen und sowjetischen Fernsehen geknüpft hat.

Ist Italien als Gesellschaft sehr weit entfernt vom Modell Amerika?

Italien ist es nicht gelungen, ein Gesellschaftsmodell zum Ausdruck zu bringen. Es ist ein Dschungel von widersprüchlichen Interessen und Neigungen. Der Staat bereitet den Boden oder das Saatland nicht vor, auf dem der Unternehmer arbeiten kann. Oft genug macht er diesem sogar noch Konkurrenz oder versucht ihn zu unterdrücken, weil Unternehmertum hier mit Kapitalismus gleichgesetzt wird und Kapitalismus „schlecht" ist. Ich glaube aber, daß alle davon überzeugt sind, daß der Staat sich auf seine Grenzen besinnen und die Dienstleistungen zum Wohl der Allgemeinheit wieder richtig zum Funktionieren bringen muß; und daß er es dann auch ganz den Unternehmern überlassen sollte, Initiativen zu ergreifen und sich vom Polarstern des Marktes leiten zu lassen.

Sie streben mit Canale 5 ein deutlich kulturpolitisches Ziel an. Soll Amerika der Antikörper für unsere Krankheiten sein?

Auf einen solch einfachen Nenner möchte ich das nicht bringen. Doch natürlich ist Amerika das Land, wo das System Unternehmer/Markt sein Bestes gegeben hat, auch wenn es das Land des ersten Anti-Trust-Gesetzes, der strengen Kontrolle von Nahrungsmitteln und Pharmaka und so weiter ist. Man bedenke nur die Tatsache, daß Amerika von Jahr zu Jahr einen Nahrungsmittelüberschuß produziert, der die Welt ernährt. Die Sowjetunion sieht sich gezwungen, dieses Jahr fünfzig Millionen Tonnen Getreide aus Amerika einzuführen, obwohl sie über viel größere landwirtschaftliche Anbauflächen verfügt. Ist diese Ineffektivität nicht eine wahrhafte Verschwendung von Reichtum und einer der Gründe für den Hunger in der Welt?

Vor einigen Jahren hätte man gesagt, Berlusconi wolle Hand an unsere sozialen, kulturellen und existentiellen Wurzeln legen.

Nicht im Traum. Ich fühle mich hier wie ein Fisch im Wasser. Ich bin fest in Mailand verwurzelt, wenn ich rausgehe, dann kommen mir bestimmte Ängste. Ich liebe die Straßen in Mailand, die Häuser, die Leute, überhaupt die ganze Art zu leben. Dieses „Wasser" bekommt mir jedoch nur dann, wenn ich auch weiß, was außerhalb meines Lebensbereichs los ist.

An welchen Programmen arbeiten Sie zur Zeit?

Wir arbeiten an der Sendung „11 Uhr spezial", die täglich ausgestrahlt werden soll. Sie wird aktuelle Ereignisse zum Thema haben, sowohl italienische wie internationale. Wir bringen die wesentlichen Fakten, den Kommentar überlassen wir den Zuschauern. Darüber hinaus haben wir eine große musikalische Show für das Wochenende vorbereitet und eine Sendung, die morgens um 7.30 Uhr anfängt. Sie soll zunächst eine Stunde dauern und dann allmählich bis zum Nachmittag ausgedehnt werden. Es soll eine tägliche Sendung für die Familie sein, die sich vorrangig an die

Hausfrauen wendet, die zu Hause arbeiten. Der laufende Fernsehapparat wird ihnen bald so zur Gewohnheit werden wie das eingeschaltete Radio.

Werden Sie auch Fernsehfilme produzieren? Der Import von amerikanischen Fernsehfilmen hat schon zu einer regelrechten Überschwemmung auf dem Filmmarkt geführt. In Teilen der Öffentlichkeit kann man bereits eine starke Ablehnung feststellen.

Die Produktionskosten für einen Fernsehfilm lassen sich mit dessen Verbreitung allein auf dem italienischen Markt nicht decken. Man muß also Fernsehfilme produzieren, die man auch in der ganzen Welt verkaufen kann. Es muß gelingen, ein integriertes Kino-Fernsehfilm-System zu schaffen wie in Amerika, wo sechzig Prozent der Filmindustrie für das Fernsehen arbeiten. Ich glaube, daß der Kinofilm bei uns nur aus seiner Krise herauskommt, wenn er diesen Weg einschlägt. Darüber hinaus müssen die Kinos umgestaltet werden, zum Beispiel die Kinosäle für zweitausend Zuschauer in mehrere für nur tausend, sechshundert oder zweihundert umgebaut werden; ein neuer Film kann dann nach und nach von einem großen in einen kleineren Saal wandern, aber im selben Kino bleiben.[1]

Die Pläne, die Berlusconi für Canale 5 in diesem Interview 1981 anspricht, werden im Laufe der folgenden Jahre allesamt realisiert, von der Finanzierung des Spielfilms durch das Fernsehen bis hin zur Umgestaltung der Kinos, von denen er viele Mitte der achtziger Jahre aufkauft.

Die Eigenproduktionen bleiben jedoch zunächst äußerst rar. 1981 bilden sie noch nicht einmal ein Prozent aller ausgestrahlten Sendungen. Die Talkshows sowie die großen Musik- und Tanzshows, die in den eigenen Studios produziert werden, werden von Anfang an – anders als in vielen anderen Kommerzsendern – mit großer Professionalität und mit viel Einfallsreichtum gemacht.

Berlusconis erste Gewinnkarten sind die fähigen Leute, die er mit der Zahlung hoher Gehälter von der RAI abwirbt. Die Arbeitsstimmung bei Canale 5 ist euphorisch, frei von Bürokratie, jeder spürt die Möglichkeit, in kürzester Zeit Karriere machen zu können, wenn er nur geeignete Fähigkeiten mitbringt.

Berlusconi beginnt mit einer Art von Fernsehen, an das die RAI nie gedacht hatte: Es wird weder zum Forum der politischen Macht, noch hat es pädagogische Absichten. Er will Fernsehen machen, das sich an die Massenkultur anpaßt, in der Quintessenz also Unterhaltung – große populäre Shows in Eigenproduktion, viele Spielfilme, Fernsehserien und natürlich Werbung.

Erst Ende der achtziger Jahre unternimmt er einen Anlauf, einen seiner Sender, Rete 4, zu einem Kultur- und Informationssender umzugestalten – allerdings ohne seinen bisherigen Schwerpunkt, die Fernsehromane am Nachmittag, zu vernachlässigen. Immerhin eine einschneidende Veränderung: Anfang der achtziger Jahre hat man im Programmschema von Canale 5 nicht eine einzige Kultur- oder Informationssendung finden können.

Eine Zielgruppe des Programms, die die RAI immer vernachlässigt hat, sind die Jugendlichen, denen bei Canale 5 von Anfang an mehr Raum zugestanden wird. Anfang 1985 wird Italia 1 zu einem Sender mit vielen Programmen für Jugendliche und Kinder umstrukturiert.

Ein großes Problem bleiben der Sport und die Nachrichten. Live-Sendungen sind der RAI vorbehalten; Sport und Nachrichten aber leben von der Direktübertragung. Was die nationale Ausstrahlung solcher Sendungen betrifft, so werden Berlusconi hier bis Mitte der achtziger Jahre erhebliche Schwierigkeiten gemacht. Live-Sendungen sind ihm sogar bis heute nicht erlaubt, was, an sich betrachtet, ein Skandal ist, denn ein Spezifikum des Mediums Fernsehen ist ja gerade die Ausstrahlung von Live-Sendungen.

Der einstige Bauunternehmer Berlusconi hat sich zu einem wirklichen Mann des Fernsehens entwickelt. Er kümmert sich um alles selbst – um Sänger, Tänzer und Showmaster, Choreographen und Regisseure, mit denen er sein Fernsehen aufbauen will. Er verändert Drehbücher, gibt Anweisungen für die Kostüme der Tänzerinnen, entscheidet selbst bei jedem Einstellungsgespräch. Den amerikanischen Touch, seine Ausstrahlung, das Agile und Ewig-Jugendliche – diese gewisse Note bringt er mit seinen Korrekturen in alle Eigenproduktionen von Canale 5 ein. Der Journalist Enzo Biagi bringt Berlusconis Aktivismus auf den Begriff: „Hätte er einen Busen, würde er sich selbst auch noch vor die Kamera setzen und die Programme ankündigen."

1980 nimmt er das internationale As der großen Shows, den rumänischen Regisseur Valerio Lazarov, unter Vertrag. Lazarov hat zuvor sieben Jahre beim staatlichen Fernsehen in Spanien gearbeitet und kehrt 1990 zum Aufbau von Berlusconis spanischem Sender TeleCinco wieder dorthin zurück.

In kurzer Zeit baut Lazarov Studios auf, die zu den raffiniertesten der Welt zählen. Er kreiert einen neuen Typus von Varieté-Shows, renoviert das gesamte Erscheinungsbild des Senders und macht das Fernsehen der Marke Canale 5 in der gesamten europäischen Fernsehszene bekannt.

Lazarov erinnert sich an diese Pionierjahre: „Für Canale 5 besorgte ich die erste Kamera für Spezialeffekte, die es überhaupt in Italien gab. Sie kostete 180 000 Dollar, und man benutzte sie, um die einzelnen Bilder im Film zu manipulieren. Man konnte mit ihr die Bilder nach hinten wegkippen und wieder ranholen, sie verrücken und so weiter. Ich konstruierte mit ihr Vorspanne von fünfundvierzig Sekunden Länge, nicht von drei Minuten, wie sie bei der RAI üblich waren. Dann arbeitete ich jede Menge mit der Computer-Graphik, versuchte mit einem irrsinnig schnellen Rhythmus der Unaufmerksamkeit vor dem Bildschirm beizukommen. Wenn sich ein Zuschauer auch nur für einen Moment abwandte, fand er nicht mehr dasselbe Bild oder die vorherige Szene vor und hatte so also den Eindruck, etwas verpaßt zu haben."[2]

Auch für seine Shows braucht Berlusconi erfahrene Leute, Stars, Showmaster. Da die aber alle bei der RAI sind, heißt es, sie von dort wegzulotsen. Große Gagen machen es möglich. Was die Regisseure und Showstars darüber hinaus aber auch an dem Senderwechsel reizt, sind die größeren Freiheiten, die Berlusconis Sender für ihre Kreativität bietet, und die unbürokratischen Entscheidungen. Jahresverträge mit Honoraren zwischen 400000 und einer Million Mark sind schon 1980 an der Tagesordnung.

Mit atemberaubenden Summen und in ebenso atemberaubender Geschwindigkeit erzielt Canale 5 von da an einen Erfolg nach dem anderen. Die finanzielle Beweglichkeit des Senders läßt Fragen nach den Geldquellen entstehen, doch seine inzwischen auf mehrere Millionen angewachsenen Zuschauer scheinen so zufrieden mit dem neuen Sender, daß es nicht wirklich interessiert, wie dies alles eigentlich zustande kommt.

Canale 5 bietet in seinem Programm hauptsächlich Spielfilme, Fernsehserien, Trickfilme und die sogenannten Fernsehnovellen und Fernsehromane an, die bis zu fünfhundert Folgen haben. Der Zuschauer muß sich daran gewöhnen, daß einzelne Sendungen nun beträchtlich länger dauern als die Filme selbst: Die eingesetzten Werbespots verlängern die Sendung bis um die Hälfte.

Den Unmut vieler Zuschauer über die Zerstückelung der Spielfilme greifen als erste die italienischen Regisseure Fellini und Zeffirelli Anfang der achtziger Jahre auf. Sie erstatten gegen Fininvest kurzerhand Anzeige wegen Mißbrauchs ihrer Filme. Der Beweis scheint ihnen auf der Hand zu liegen: Alle fünf bis sieben Minuten würden ihre Filme von Werbung unterbrochen und damit entwertet. Berlusconi verteidigt sich gegen diese Kritik mit dem schlichten Hinweis darauf, daß sein Sender keine Fernsehgebühren erhebe und auf Werbung nun mal angewiesen sei.

Fernsehkritiker prangern die Amerikanisierung des Programms an. Doch die erste Welle der Kritik versandet, die Nation findet sich viel zu sehr im neuen TV-Rausch verstrickt. Canale 5 gewinnt immer mehr Zuschauer. Wie schreibt doch ein Medienkritiker: „Die Abende mit Canale 5 sind immer voller Fröhlichkeit; sie suggerieren Glück, und es scheint bedeutungslos zu sein, daß es kein Glück aus dem Leben ist, sondern inszeniertes, zum Verkauf angebotenes."[3]

Die TV-Konkurrenten geben auf

Kein Glück haben die Verlagshäuser, die sich gleich zu Beginn der siebziger Jahre im Fernsehgeschäft engagieren. Der Verlag Rizzoli, zweitgrößter in Italien, beginnt 1976 in größerem Stil mit einem Auslandssender auf Malta. Eine vom Verlag kontrollierte Finanzierungsgesellschaft in Luxemburg hat von der maltesischen Regierung die Erlaubnis zur Gründung des Senders Tivumalta bekommen. Dieser Sender soll zunächst in den Süden, dann allmählich in das gesamte Territorium Italiens senden.

Die Idee, mit einem Auslandssender nach Italien zu senden, ist nicht neu. Drei Sender haben sie bereits vor Rizzolis Versuch realisiert; sie sitzen in Jugoslawien, in Monte Carlo und der Schweiz. Sie senden bis heute, wenn auch nicht gerade besonders erfolgreich. Die Idee der Auslandssender entstand Anfang der siebziger Jahre durch die Auflage des Gesetzgebers, Privatfernsehen nur lokal und über Kabel senden zu dürfen. Das waren nicht gerade verheißungsvolle Möglichkeiten, um aus einem Sender ein wirkliches Geschäft zu machen. Der Weg ins benachbarte Ausland zur Umgehung der Beschränkungen bot sich an. Ihre Blütezeit erlebten die Auslandssender Mitte und Ende der siebziger Jahre, als sie neben den vielen kleinen Lokalsendern die einzigen Alternativen zur RAI boten, auch wenn sie immer nur Teile des nationalen Territoriums abdeckten.

Rizzoli ist jedoch mit seinem Auslandssender wenig erfolgreich, das gesamte Projekt muß, kaum begonnen, schon wieder zurückgezogen werden. Im April 1978 kauft Rizzoli den Mailänder Sender Telealto Milanese, neben Telelibera in Florenz ein weiterer durch und durch amerikanisierter Privatsender. Mit einigen bei der RAI abgeworbenen Zugpferden des Showbusineß wird Telealto Milanese bald zu einem der bekanntesten Privatsender in Mailand und Umgebung. Rizzoli operiert sofort in großem Stil. Er findet eine Werbefirma, die dreiundzwanzig Lokalsender im Land mit Werbespots beliefert, investiert in den Aufbau eines eigenen Produktionszentrums und eines Filmarchivs.

Doch der Verleger hat sich zu weit vorgewagt. Der Werbeboom im Kommerzfernsehen hat noch nicht eingesetzt, die Entwicklung läuft langsamer als gewünscht. Italien steckt noch immer in einer tiefen Wirtschaftskrise, große Werbeinvestitionen stehen für die Firmen noch nicht auf der Tagesordnung.

Zusammen mit der Tageszeitung *Il Corriere della Sera* startet Rizzoli im Sommer 1981 eine groß angelegte Kampagne gegen das Monopol der RAI, gegen ihr alleiniges Recht, auf nationaler Ebene ausstrahlen zu dürfen, und damit gegen das RAI-Privileg einer nationalen „Tagesschau".

Doch der Traum, zum größten Mann des italienischen Kommerzfunks zu werden, ist jäh ausgeträumt. Gerade als Rizzoli seine großen Pläne realisieren will, bricht der Skandal um die Freimaurerloge P2 aus. Rizzoli steckt mittendrin, ist selbst Mitglied der Loge und mit ihm seine wichtigsten Männer und engsten Mitarbeiter – und schließlich auch seine Finanzgeber. Eine Entlassung folgt der anderen, der Verlag ist mit seinen Aktivitäten in der Öffentlichkeit derart in Mißkredit geraten, daß Rizzoli keine andere Wahl bleibt, als seine Fernsehaktivitäten aufzugeben.

Nicht viel erfolgreicher ist der Verleger Rusconi. 1976 erfolgt der Start mit einem größeren Sender in Rom, bald danach entsteht mit Antenna Nord ein weiterer Sender in der Lombardei. 1978 tut Rusconi sich mit Fiat zusammen, um gemeinsam im Fernsehgeschäft voranzukommen. Doch der Autokonzern steckt wie die gesamte italienische Wirtschaft tief in der Krise. Die Inflationsrate ist hoch, die Autokäufe stagnieren, Streiks lähmen die Produktion. Um die in der Senderkette zusammengefaßten Sender Rusconis attraktiver zu gestalten, müssen teure Programme in Amerika eingekauft werden. Rusconi gelingt es, einen Vertrag mit CBS abzuschließen, einem der drei großen amerikanischen Networks, und er erzielt mit der amerikanischen Serie „Falcon Crest" einen durchschlagenden Erfolg. Doch Rusconi müßte für Programmeinkäufe weiter, und zwar in großem Stil, Geld in den Sender investieren; noch aber lohnt sich das Geschäft nicht wie erhofft, denn die Werbe-Einnahmen bleiben hinter den Erwartungen zurück.

Als sich 1981 die Wirtschaft langsam zu erholen beginnt, will die Familie Agnelli in die Umstrukturierung des Autokonzerns investieren und zeigt nur noch wenig Interesse für den Bereich der Massenmedien. Zudem ist der Fernsehmarkt nach wie vor gesetzlich nicht geregelt, es herrscht immer noch der Wilde Westen, in dem vor allem die eher skrupellosen Unternehmer ihr Glück zu machen verstehen. Für die Agnellis ein wenig vertrauenerweckendes Feld; sie ziehen sich schließlich aus ihrem TV-Engagement mit Rusconi zurück.

Ohne den potenten Partner Fiat aber verliert Rusconi den Mut. Der Markt bleibt schwierig, zusätzlich wird der Konkurrenzdruck durch den erfolgreichen Berlusconi immer größer. Schon im Juni 1981 erwägt Rusconi, die ganze Fernsehgeschichte hinter sich zu lassen; doch er versucht es dann doch noch einmal, verpaßt dem nun Italia 1 genannten Sender ab Januar 1982 ein neues Image und wird auch recht erfolgreich damit.

Letzten Endes jedoch ist Italia 1, dessen Schwerpunkt auf leichter Unterhaltung liegt, nicht die Domäne des familiär-katholischen Verlegers Rusconi. Auch kann Rusconi dem Konkurrenten Berlusconi, der eine Strategie der hohen Verlustinvestitionen verfolgt, die auf das „Big money" in der Zukunft setzt, nicht beikommen. Er entschließt sich nach 1982 zur endgültigen Aufgabe von Italia 1.

Einen wichtigen Grund für dieses Scheitern sieht Carlo Bernasconi, späterer Verantwortlicher für Tele 5 in der Bundesrepublik, darin, daß Rusconi keine eigene Werbefirma gegründet hat: „Die Einnahmen gingen, bevor sie bei Rusconi ankamen, durch die Taschen Dritter. Die eigentliche Einnahmequelle nach außen zu verlegen war ein großer Fehler, denn die Werbefirma draußen hatte nicht die gleichen Interessen wie der Verleger. Nur wenn man bestimmen kann, was eingenommen wird, kann man entscheiden, wo Geld ausgegeben wird."[4]

Wie Dell'Utri sich erinnert, erwartete Berlusconi den

Verkauf des Senders Italia 1 schon lange vorher. „Ich sage euch, daß Rusconi es aus einer Reihe von Gründen nicht schaffen wird. Es sind hauptsächlich vier Gründe – die vier Beine, auf denen der Tisch stehen muß, auf dem Privat-TV gemacht wird: Werbung, Produktion, ein Händchen für die Programmgestaltung und die technische Ausrüstung für die Ausstrahlung im ganzen Land."[5]

In der Programmgestaltung haben die beiden Privatsender Rete 4 und Canale 5 schon zwei Trümpfe zu bieten: Canale 5 die Dauerserie „Dallas" und Rete 4 den „Denver-Clan" – beides Serien, die, wie in den USA bei den Sendern ABC und CBS, eine entscheidende Bindung des Zuschauers an den Sender garantieren.

Rusconi bietet seinen Sender Mondadori an, dem Besitzer von Rete 4 und potentesten italienischen Verlagshaus. Die ersten Verhandlungen bleiben nicht im verborgenen, Berlusconi wittert in der potentiellen Konzentration zweier Sender in den Händen des größten Verlages sofort eine Gefahr. Auch wenn den Verlegern noch das Know-how des Fernsehunternehmers fehlt – ihr Einflußnetz ist doch bereits groß, ihre Programmarchive sind ausgezeichnet sortiert, und ihr politischer Einfluß ist bedeutend.

Doch auch Berlusconi arbeitet noch im Verlustbereich, und Rusconi verlangt sechzig Millionen Mark für seinen Sender. Schon gehen Gerüchte um, daß Berlusconi sich übernommen habe und ein Zusammenbruch seiner Fininvest bevorstehe. Andere, weniger pessimistische Stimmen sprechen von „mysteriösen Finanzierungen", die Berlusconi bisher geholfen hätten und ihm auch weiter zur Verfügung stünden.

Es ist August 1982. Mario Formenton, Präsident des Mondadori-Verlages, verbringt den Sommerurlaub auf seinem Schiff, das vor dem exklusiven Hafen Portofino vor Anker liegt. Er genießt die Ruhe, denn die Verhandlungen mit Rusconi sind soweit abgeschlossen. Die nächste Begegnung ist für September angesetzt, wenn es den Kaufvertrag über sechzig Millionen Mark für Italia 1 zu unterschreiben gilt. Gezahlt werden soll in Raten über einige Jahre hinweg.

Was Mondadori mit Rusconi jedoch in zweimonatigen Verhandlungen erreicht hat, zerschlägt Berlusconi in drei Tagen. Er bietet fünfundfünfzig Millionen Mark bar und sofort – und Rusconi stimmt zu.

Daß Berlusconi es geschafft hat, diese Summe aufzubringen, wo er doch selbst tief in den roten Zahlen steckt, ist ein weiterer Beweis seines Erfindungsreichtums. Entschlossen, die TV-Konkurrenz auszuschalten, gründet Berlusconi allen finanziellen Widerständen zum Trotz eine Finanzierungsgesellschaft zum Kauf der Sendestation. Er gewinnt für seine Aktion Indro Montanelli, Chefredakteur der Tageszeitung *Il Giornale,* an der Berlusconi inzwischen mit fünfunddreißig Prozent als Hauptaktionär beteiligt ist. Die neue Gesellschaft wird mit Montanellis Einstiegskapital von 200 000 Mark gegründet. Unter den Lesern von *Il Giornale* werden nun private Sparer für die Blitzaktion geworben. Schließlich gewinnen Berlusconi und Montanelli 3500 Teilhaber, deren Kapital für fast fünfzig Prozent von Italia 1 ausreicht.

Einige Monate später wird aufgedeckt, daß diese Finanzierungsgesellschaft, nun Besitzer der Fernsehstation, ihr Kapital mittlerweile mit zweihundert Millionen Mark angibt. Die Tageszeitung *La Repubblica* empört sich, wirft Berlusconi Skrupellosigkeit vor: Er habe die Sparer hintergangen, indem er den Wert des Senders auf zweihundert Millionen anhebe, aber nur fünfundfünfzig Millionen zahle.

Die Transaktion ist noch nicht offiziell, Rusconi will den endgültigen Verkauf nicht vor dem 1. Januar 1983 bekanntgeben. Die Tagespresse ergeht sich in Polemiken, Mutmaßungen, Verdächtigungen. Das Geheimnis um die finanzielle Operation wird jedoch nie gelüftet. Welche Summe wirklich gezahlt wurde und woher die Gelder tatsächlich stammten, wird – wie so vieles – ungeklärt in die Geschichte des Aufstiegs von Silvio Berlusconi eingehen.

Bleibt die kleine Geschichte des dritten nationalen Networks. Das TV-Abenteuer des größten italienischen Verlages, der Arnoldo Mondadori Editore, dauert acht Jahre. In großem Stil, gleich nach den Anfängen 1976, werden Sendestationen im ganzen Land aufgekauft. Doch die Verlagsleitung baut zu sehr auf die immer wieder angekündigte Verabschiedung eines Mediengesetzes, das Regeln in den chaotischen TV- und Werbemarkt bringen soll, und hält sich auf dem Markt zurück.

Der Konkurrent Berlusconi zeigt mehr Agressivität und nutzt die Wildwest-Situation zu seinen Gunsten. Als in Erwägung gezogen wird zu bestimmen, daß ein Network nicht mehr als fünf Sendestationen haben darf, hält sich Mondadori an diese mögliche Linie einer zukünftigen Gesetzgebung und zögert mit dem weiteren Ausbau seines TV-Netzes. Berlusconi tut genau das Gegenteil: Er kauft im ganzen Land in Schwierigkeiten geratene kleine Sender zu niedrigen Preisen auf, ist er doch davon überzeugt, daß das angekündigte Gesetz nicht verabschiedet wird.

Mondadori nimmt 1981 einen erneuten Anlauf zur Stabilisierung seines Senders, kauft jetzt ebenfalls – aber zu sehr viel höheren Preisen – Sender auf und gründet im Januar 1982 das Network Rete 4. Neben Berlusconis Canale 5 und Italia 1, zu diesem Zeitpunkt noch im Besitz des Verlegers Rusconi, ist ein drittes Network entstanden, das fast das gesamte nationale Territorium abdeckt. In den Jahren 1982 und 1983 tobt ein heftiger Konkurrenzkampf zwischen diesen drei Sendern.

Um die harte Konkurrenz erträglich zu machen, treffen Canale 5 und Rete 4 eine Übereinkunft, die festlegt, daß die wichtigsten vierzig Werbekunden gegenseitig nicht abgeworben werden dürfen. Doch die Methoden der Werbeagenten Berlusconis sind skrupellos: Die Abmachung wird nicht eingehalten, mit Niedrigtarifen und Rabatten werden die Kunden in einer Blitzaktion geködert und von Rete 4 abgeworben.

Nach diesen Tiefschlägen versucht Rete 4 mit neuen Programmen und Filmeinkäufen in Amerika im Rennen zu bleiben und wirbt, inzwischen aggressiver geworden, Showgrößen von Canale 5 ab.

Während der Wahlen im Juni 1983 ist der Verkauf von Werbezeit an politische Parteien und ihre Kandidaten vorübergehend wichtiger als für Konsumgüter. Für eine Minute Wahlpropaganda, in „Dallas" bei Canale 5 eingesetzt, müssen 120 000 Mark gezahlt werden, 40 000 bei Italia 1, 100 000 während des „Denver Clans" bei Rete 4. Sieger der Wahlen wird Bettino Craxi mit seiner Sozialistischen Partei – ein Sieg auch für Berlusconi, der ein enger Freund des Politikers ist. Der unaufhaltsame Aufstieg Berlusconis wird nun auch noch in der Regierung Wohlwollen finden.

Berlusconis Werbefirma Publitalia beherrscht inzwischen mit ihren Rabattmethoden den Werbemarkt. Der Verkauf von Rete 4 an Berlusconi scheint vor der Tür zu stehen. Im Frühjahr 1984 beginnen die Verhandlungen, Berlusconis Gipfelfahrt zum Monopolisten des Privatfernsehens ist mit ihrem positiven Abschluß besiegelt: Er verpflichtet sich, innerhalb von vier Jahren zweihundert Millionen Mark ohne Zinsen zu zahlen, darüber hinaus für die Zeitungen und Zeitschriften des Verlagshauses Werbekunden für fünfzig Millionen Mark zu akquirieren.

Seinen Sieg und die Niederlage der Verlagshäuser Rizzoli, Rusconi und Mondadori kommentiert Berlusconi triumphierend: „Keiner hatte verstanden, daß der wirkliche Gegner die RAI war. Sie standen da wie die Truthähne, um sich gegenseitig auszustechen. Die drei großen Verleger hatten nicht verstanden, was es heißt, Fernsehen zu machen, nicht verstanden, daß es galt, sich zusammenzutun, um dem einzigen Herrn im Spiel, dem staatlichen Sender, Widerstand entgegenzusetzen. Und um dies zu schaffen, mußte man sich in den Dimensionen schnellstens den seinen anpassen. Deshalb sind die Verleger jetzt vom Markt verschwunden. Der einzige, der die Lage kapiert hat, war Rusconi, der schon sechs Monate nach der Gründung Italia 1 verkauft hat."[6]

Im August 1984 wird Berlusconi von der Presse zum „König des Äthers" ernannt. Mit seinen drei Sendern, diversen Vereinigungen und Tochtergesellschaften ist er, was Einschaltquoten und Werbeeinnahmen betrifft, bereits der RAI gleichgestellt. Doch er will keine Gleichstellung, er will die RAI besiegen. *La guerra* – der Krieg – kann beginnen. Um ihn zu gewinnen, gibt Berlusconi für sein Fernsehen jeden Tag eine Million Mark aus.

Der Tatsache, daß das Monopol der Fininvest in Italien entstehen konnte, liegen zwei wesentliche Voraussetzungen zugrunde. Zum einen beherrscht Berlusconi eine grundlegende Spielregel der Geschäftswelt, die die Amerikaner in dem Satz zusammengefaßt haben: *If you can't beat them, join them* – Wenn du sie nicht schlagen kannst, dann verbünde dich mit ihnen. Zum anderen muß die freie, durch kein Gesetz geregelte Entwicklung des Kommerzfunks in Italien zwangsläufig zu einer Konzentration bis hin zum Monopol führen. Ähnlich war die Situation in Amerika, wo allerdings ein strenges antimonopolistisches Gesetz die sich abzeichnende Monopolisierung hat verhindern können und so einen zwar künstlichen, aber doch demokratischeren Markt von drei großen Konkurrenten geschaffen hat.

Fedele Confalonieri erklärt den Sieg Berlusconis über seine Konkurrenten noch unter anderen Aspekten: „Am

Anfang gab es den Markt überhaupt nur in einer Richtung. Berlusconi hat kapiert, daß es dieses Monopol zu brechen gilt. Er hat vor allem verstanden, daß man die nationale Ausweitung wagen muß. Dann hat er kapiert, daß man Programme machen muß, sie besorgen muß, das heißt in den USA viele Filme zu niedrigen Preisen kaufen muß. Und schließlich hat er verstanden, daß man alles – Bilder, Stars, Filme oder TV-Serien – in Einnahmequellen verwandeln kann. Das hatten die anderen nicht verstanden, weder Rusconi noch Mondadori. Mondadori hatte gewisse Dinge durchschaut, Rete 4 war kein schlechter Sender. Doch mit zweihundert Millionen Mark in den roten Zahlen. Warum? Weil man beim Fernsehmachen von Anfang an die Kosten um einige Nullen höher ansetzen muß."[7]

Um Kommerzfernsehen mit Erfolg starten zu können, muß man sich in der Welt des Fernsehens bewegen können, Sänger und Tänzer auszuwählen verstehen, Hinweise für die Kostüme geben und sich auf den Massengeschmack einstellen können. Berlusconi ist hierfür der geeignete Mann, der so gesehen eher aristokratische Verlag Mondadori erfüllte diese Voraussetzungen nicht.

Berlusconi hat 1984 also den letzten entscheidenden Schritt geschafft, die Gegner im Bereich des Privatfunks sind ausgeschaltet. Auf nationaler Ebene stehen sich nur noch die drei RAI-Sender und die drei Sender Berlusconis gegenüber.

Die Operation „Kauf der Gegner" erläutert Berlusconi in einem Interview 1985: „Mit einem Sender allein kann man gegen drei nicht überleben. Praktisch sieht das so aus: Wenn wir alles auf ‚Dallas' setzen, um ein Maximum an Einschaltquoten zu erzielen, also ein Maximum an Werbeeinahmen, dann macht die RAI ein Gegenprogramm, sagen wir mit ‚La Piovra' (eine Kurzserie über die Mafia). An dem Abend halbiert sich die Zuschauerzahl für die Serien. Die

Zuschauer, die an diesen Sendungen nicht interessiert sind, werden von den anderen beiden RAI-Sendern eingefangen. Wer also drei Sender hat, kann die ganze Woche über Programme gegen mich planen. Und am Ende findet sich der Medienunternehmer, der nur einen Kanal besitzt, mit einem Maximum an Investitionen wieder und erreicht doch nie ein Maximum an Zuschauern. Hinzu kommt selbstredend, daß jemand mit drei Sendern auf dem internationalen Programmarkt im Vorteil ist, indem er dem Konkurrenten mit nur einem Sender den billigeren Ausschuß überläßt. Und schließlich kann der TV-Unternehmer mit drei Sendern auf dem Werbemarkt auch massenhaft Rabatte einräumen und damit die Kunden alle auf seine Seite ziehen. So kann er dann den mit nur einem Sender in den Selbstmord treiben. Kurz und bündig, der Herr des TV-Spiels in Italien ist die RAI. Der Privatunternehmer kann nichts anderes machen, als sich ihr anzupassen."[8]

Die RAI zeigt Berlusconi die Zähne

Es gibt kein anderes Land in der Welt, in dem ein staatliches oder öffentliches Fernsehen nach der Entstehung des Privatfernsehens in vergleichbarer Weise mit allen Mitteln um die Zuschauerzahlen kämpft. Mit ungeheuren finanziellen Aufwendungen und gleichzeitig starkem Niveauverlust ist es der italienischen RAI im Laufe der Jahre gelungen, ihre Einschaltquoten bei etwa fündundvierzig Prozent zu halten und damit mit den Berlusconi-Sendern gleichzuziehen. Der magere Rest von zehn Prozent verbleibt den neun kleinen nationalen Sendern.

Als die RAI Anfang der siebziger Jahre unter Beschuß geriet, ihr Schwerfälligkeit, Bürokratismus und Traditionalismus vorgeworfen wurden, mußte sie – das heißt die Christdemokraten, die in ihr das Sagen hatten und nach wie vor haben, – das erste Mal in den zwanzig Jahren ihres Bestehens Umstrukturierungen vornehmen und sich für Innovationen öffnen.

Die christdemokratische Dominanz wurde mit der Reform des staatlichen Fernsehens eingeschränkt, indem der zweite Sender unter sozialistische Leitung gestellt wurde. Schließlich war die Antwort der RAI an die „Hundert Blumen" der vielen privaten lokalen Sender, die aus dem Boden schossen, die Einrichtung des dritten Kanals im Jahr 1979. Er sollte andere Sendungen anbieten, die lokale und regionale Berichterstattung endlich auch im staatlichen Fernsehen realisieren.

Die christdemokratisch dominierte RAI und der christdemokratisch dominierte Gesetzgeber wollten 1976 das staatliche Fernsehen vor der Konkurrenz mit dem privaten Sektor, der vor allem von den Sozialisten, den Kommunisten und der übrigen breitgefächerten Linken favorisiert wurde, bewahren. Nicht etwa, weil die Christdemokraten gegen technischen Fortschritt an sich oder gegen den Einzug der freien Konkurrenz gewesen wären, aber dem politischen Gegner, also der parlamentarischen und damals auch starken außerparlamentarischen Linken, sollte eine Einflußnahme auf das Medium Fernsehen nicht allzu leicht gemacht werden.

Anders als das öffentlich-rechtliche Fernsehen in der Bundesrepublik ist die RAI ein viel unmittelbareres Instrument der Parteien – wegen der politischen Mehrheitsverhältnisse vor allem ein Instrument der Christdemokraten. Hinzu kommt, daß in Italien jede öffentliche Institution und jedes Unternehmen vergleichsweise stark mit der Politik und der parteipolitischen Macht verwoben sind.

Die Zulassung des privaten Kommerzfunks konnten die

Christdemokraten nicht verhindern. Als Trostpflaster reservierten sie für sich jedoch zwei Trümpfe: das alleinige Recht für die RAI, national und live auszustrahlen.

Berlusconis Vorteile liegen auf anderen Gebieten: die Internationalisierung seines Fernsehsystems und die Erschließung von Märkten, die die RAI nie interessiert haben, außerdem seine schnelle Entscheidungsfindung, wenn es um den internationalen Markt geht, und seine gegenüber der RAI größere Flexibilität. Und eine weitere Stärke von ihm ist, immer Geld bereit zu haben, wenn es schnell zu handeln gilt. Das heißt letztlich, ein besseres Filmprogramm als die RAI bieten zu können.

Berlusconis Canale 5 und zu Beginn der achtziger Jahre auch noch Italia 1 des Verlegers Rusconi und Rete 4 von Mondadori halten sich wenig an die staatliche Forderung, die Ausstrahlung auf den lokalen Bereich zu beschränken. Innerhalb weniger Monate gewinnen sie, vor allem Canale 5, mit ihrem neuen Programmtypus im ganzen Land Millionen von Zuschauern.

Als Anfang Januar 1982 neben Canale 5 auch die Networks Italia 1 und Rete 4 ihre Programme national ausstrahlen, läßt die RAI die Verantwortlichen der Sender kurzentschlossen vor Gericht laden. Die nationale Ausstrahlung sei eine Verletzung des Gerichtsbeschlusses von 1976, das nur der RAI eine nationale Fernsehausstrahlung zubillige. Die RAI verlangt und erreicht die Einschränkung der Programmausstrahlung der drei privaten Anbieter. Diese Drohgebärde bedeutet die „Verdunkelung" der Sender, ihre Abschaltung amtlicherseits.

Berlusconi reagiert unverzüglich und erreicht zunächst die Verschiebung einer endgültigen Entscheidung seitens der Amtsrichter um zehn Tage. Die Öffentlichkeit ist in Aufregung, und bei einer hastig einberufenen Pressekonferenz erklärt er: „Wir stellen uns mit Entschiedenheit gegen die Arroganz des staatlichen Fernsehens, das mit seinem ideologischen Terror ein Netz von privaten Sendern zerstören will, das von fünfundzwanzig Millionen Fernsehzuschauern eingeschaltet wird. Weiterhin ist der Vorwurf der gleichzeitigen nationalen Ausstrahlung dieser Sender lediglich ein Vorwand, denn Canale 5 sendet nun seit zwei Jahren gleichzeitig Programme in seinen über das ganze Land verteilten Sendestationen aus, ohne auch nur einmal von der RAI oder anderen darin gestört worden zu sein. Als es 1980 um die nationale Übertragung des ‚Mundialito' ging, hat die RAI sogar auf der Basis dieser Tatsache mit Canale 5 verhandelt."[9]

Im übrigen verweist Berlusconi in dieser Pressekonferenz darauf, daß doch alle Welt von einem Mediengesetz spreche und man es nun endlich auch verwirklichen solle. So zu argumentieren ist natürlich Taktik, denn schon 1982 ist längst deutlich geworden, daß Berlusconi als TV-Unternehmer nur hat groß werden können, weil dieses Mediengesetz nicht existiert. Das hatte er bereits 1980 erkannt: „Es erscheint wie ein Wunder, daß man im Bereich des Fernsehens für eine gewisse Zeit frei von Gesetzen, Reglementierungen und diversen Fesseln, die einen binden, die sich widersprechen oder die widerrufen werden, handeln kann; das heißt, man kann außerhalb des üblichen Dschungels stehen, der jeden anderen Aktionsbereich kennzeichnet. Ich weiß nicht, wie lange dieser Zustand anhalten wird. Unsere Politiker sind voll Stolz dabei, über ein neues Gesetz für die Privatsender zu meditieren. Der Postminister hat erklärt, daß er bald ‚ein gutes Gesetz' vorlegen werde. Was mich betrifft, so bin ich überzeugt davon, daß wir kein Gesetz nötig haben, denn der Markt trägt hier, wie auf jedem anderen Gebiet, alle notwendigen Antikörper in sich, um eine Selbstregulierung zu bewirken."[10]

Ein Gesetzentwurf wird – nicht nur bis 1982, bis zur

Attacke der RAI auf juristischer Ebene – immer wieder diskutiert, verschoben, neu diskutiert und erneut verschoben, ohne daß etwas Entscheidendes passiert.[11]

Da Berlusconis enge Beziehung mit dem Sozialistenführer Bettino Craxi immer offensichtlicher wird, entwickelt sich sein zunehmender Medieneinfluß auch immer mehr zu einer parteipolitischen Machtfrage zwischen den Sozialisten und den Christdemokraten. Als Kampfmittel wählen die Christdemokraten schließlich die gerichtliche Klage der RAI-Funktionäre, denn es ist ja nicht zu bestreiten, daß Berlusconi national sendet – was nach geltendem Recht nicht zulässig ist.

Doch die Klage macht weder auf den potenten Medienunternehmer Berlusconi Eindruck noch auf die Verleger Rusconi und Mondadori, die zu dieser Zeit noch im Rennen sind. Alle behaupten sie, daß sie das Recht keinesfalls verletzten, da die über das Land verteilten Sendestationen nicht miteinander verbunden seien, sondern lediglich Kassetten mit gleichem Inhalt für ihre Sendegebiete ausstrahlten. Da die Werbung oft auch noch lokal oder regional unterschiedlich in die Programme eingesetzt werde, ergebe sich bei den einzelnen Sendestationen eine Zeitverschiebung in der Programmübertragung, so daß auch in zeitlicher Hinsicht nicht von einer nationalen Ausstrahlung gesprochen werden könne.

Mit dieser Argumentation verläuft die Angelegenheit vorerst im Sande, die Presse und die Politiker haben wieder einen Anlaß, die Schaffung eines Mediengesetzes anzumahnen, zu Beschlüssen kommt es jedoch nicht.

Im Oktober 1984 – Berlusconi ist inzwischen im Besitz der drei größten nationalen Senderketten und unumstrittener König des Privatfernsehens – wird in der Region Latium, in den Abruzzen und im Piemont ein neuer Vorstoß von der christdemokratischen RAI-Führung unternommen. Beamte der Steuerfahndung beschlagnahmen, unterstützt von der Polizei, in den Sendestationen von Canale 5, Rete 4 und Italia 1 Kassetten mit vorproduzierten Programmen und setzen die technischen Anlagen außer Funktion. Das heißt: Mit richterlicher Anweisung wird die Abschaltung der Sender erwirkt.

Über die nun dunklen Bildschirme von Berlusconis Sendern läuft nur noch der Schriftzug: „Auf Anweisung des Gerichts sind die Übertragungen ausgesetzt." Und dies muß ausgerechnet an dem Abend passieren, da des Italieners liebste Serien, „Dallas" und „Denver-Clan", auf dem Programm stehen!

In den Büros der Fininvest lächelt man bitter, und Berlusconi kommentiert – wie immer schlagfertig, geistreich und strategisch: „Was sollen wir schon dazu sagen? Meine Meinung ist, daß jedes neue Unternehmen, jede neue Idee das Schicksal hat, drei Stadien zu durchlaufen. Das erste ist das der Verhöhnung: Der Start jeder Initiative, die sich außerhalb des Gewohnten entwickelt, wird mit Überheblichkeit unter die Lupe genommen, das Neue wird mit ungläubigem Mitleid abgetan. Das zweite Stadium ist das der Feindseligkeit. Das dritte schließlich das der Gemeinplätze, wenn alle den ‚Neuen' akzeptieren, der vorher verspottet worden ist. Also gut, die Maßnahmen der Amtsrichter gegen Canale 5, Rete 4 und Italia 1 zeigen, daß wir uns im zweiten Stadium befinden."[12]

Die Mehrheit der Presse stellt sich gegen die staatliche Aktion, will wie die Zuschauer wieder „Dallas" und „Denver-Clan" auf den Bildschirm zurück und spricht von Zensur. Die „Verdunkelung" der drei Privatsender wird wahrhaftig zu einer die ganze Nation aufwühlenden Angelegenheit.

Berlusconi organisiert selbst und unmittelbar seine Verteidigung, sitzt ununterbrochen Tag und Nacht mit seinen

Anwälten und seinen engsten Mitarbeitern zusammen, um die rechtlichen Aspekte der Maßnahme genau zu prüfen. Die Verantwortlichen seiner Werbefirma Publitalia untersuchen den Schaden, der ihren Werbekunden durch diese Maßnahme entsteht, und arbeiten erste Entschädigungspläne aus. Schließlich schickt Berlusconi eine Mannschaft auf die Straße, um die Meinung der Bevölkerung über die Ausschaltung seiner Sender in Erfahrung zu bringen.

Vier Tage nach der Bildschirmverdunkelung reist er nach Rom, um die Politiker und vor allem seinen sozialistischen Freund und Regierungschef Bettino Craxi zu treffen. Vier Tage nach der Anordnung der Verdunkelung, nach Versammlungen und Treffen mit Vertretern der Parteien und der Parteiströmungen schafft Berlusconi, was in keinem anderen Land möglich wäre: Schon einige Stunden nach der Begegnung mit dem Besitzer der drei stärksten Privatsender unterschreibt Craxi blitzschnell und ohne große Umschweife ein Dekret, das die richterliche Maßnahme der Senderverdunkelung außer Kraft setzt. Berlusconi darf von nun an national senden. Die Angelegenheit ist damit erledigt, die Presse und die Gemüter der Fernsehbürger sind nach hektischen Aufwallungen wieder beruhigt.

So mächtig ist Berlusconi inzwischen. Sechs Tage nach der Verdunkelung kann der frustrierte Fernsehbürger wieder seinen Canale 5 sehen. Auf dem Bildschirm erscheint eine schlichte Mitteilung des Dankes an die Regierung, die Politiker und die Zuschauer.

Die Wochenzeitung *L'Espresso* kommentiert: „Berlusconi hat das Telefon im Palazzo Chigi (dem Regierungspalast) und bei den drei ‚schuldigen' Richtern heißlaufen lassen und hat schließlich mit einer Volksabstimmung gedroht, die über die Freiheit der Sender entscheiden sollte. Und er hat gewonnen. Nicht mehr als vierundzwanzig Stunden hat er gebraucht, um die von einer massiven Welle des Volkszorns bedrohten Politiker zu überzeugen. Des Fernsehbürgers geheiligte Fernsehabende mit ‚Dallas', ‚Denver-Clan' und den beliebten Trickfilmen mit den ‚Schlümpfen' zu schützen ist zu einer wichtigen Angelegenheit der Politik geworden."[13]

Berlusconi kommentiert einige Tage nach seiner Blitzreise nach Rom seine Beziehung zu Craxi: „Man erzählt sich jetzt unentwegt: Berlusconi ist ein guter Freund von Craxi. Es ist schließlich nicht meine Schuld, daß Craxi und ich uns schon vor fünfundzwanzig Jahren stritten, wir uns also schon so lange kennen. Natürlich sind die Sozialistische Partei und die nicht-christlichen Parteien diejenigen gewesen, die die neuen Fernsehsender und die neuen ökonomischen Realitäten, die in bezug auf die RAI geschaffen worden sind, am meisten verteidigt haben. Doch das bedeutet nicht, daß wir von ihnen abhängig sind."[14]

Für Berlusconi war dieser Oktober 1984 eine heikle Phase, in der das Damoklesschwert „Gesetz" über ihm schwebte. Doch wer macht schließlich die Gesetze? Die Politiker – und mit denen kann man sich meist sehr gut arrangieren.

Die Freundschaft zwischen Berlusconi und Craxi sollte nicht nur für Berlusconi, sondern auch für Craxi in den kommenden Jahren noch sehr nützlich sein, schließlich ist ein einflußreiches Massenmedium für jeden Politiker von Vorteil. Berlusconi machte diese Episode deutlich, daß das Paktieren und Taktieren mit Politikern – vornehmlich der rechten DC-Strömung um Andreotti und der PSI – in seiner Lage, die durch kein Gesetz präzise definiert ist, von außerordentlicher Wichtigkeit ist.

Die politischen Umstände konnten für Berlusconi nicht günstiger sein. Bettino Craxi, der von 1983 bis 1987 eine Mitte-Links-Koalition regierte, war der erste sozialistische Regierungschef der Nachkriegszeit, der vier Jahre ununterbrochen in der Führung blieb, was für Italien mit seinen ständigen Regierungswechseln eine beachtliche Dauer ist. Unter der Regierung Craxi sank die jahrelang sehr hohe italienische Inflationsrate ganz erheblich, das Land erlebte einen enormen wirtschaftlichen Aufschwung, der es auf den fünften Platz in der Rangliste der Wirtschaftsmächte brachte.

Berlusconis Freundschaft mit Craxi bedeutet jedoch keineswegs, daß er den Sozialisten ideologisch nahestünde oder gar selbst Parteimitglied wäre. Er sei, so behauptete er selbst, lediglich Fernsehunternehmer, der keiner Ideologie den Vorrang gebe: „Ich hoffe, daß alle Parteien in Einklang mit dem Kommerzfernsehen stehen, das sein Medium nicht für ideologische Zwecke nutzt. Die Funktion des Kommerzfernsehens, das in der Werbung seine einzige Einnahmequelle hat, ist es, seinem Publikum rundum zu dienen. Es kann sich also nicht selbst kastrieren, indem es die Zuschauerzahl vorab reduziert. Wenn ich zum Beispiel Position gegen die Kommunistische Partei bezöge, würde ich mich ja um ihre dreißig Prozent Wähler als mögliche Zuschauer bringen."[15]

Ein christdemokratischer Abgeordneter kommentiert Berlusconis Beziehung zu den Politikern nach der Bildschirm-Verdunkelungsaffäre so: „Sicher, Berlusconi hat seine Freunde, aber eigentlich nicht in der Politik. Der Mann ist fähig, zwischenmenschliche Beziehungen entsprechend den momentanen Erfordernissen zu nutzen. Und das macht auch seine Kraft aus."[16]

Berlusconis enger Mitarbeiter Fedele Confalonieri sieht Craxi und Berlusconi als ein Paar, das sich in vielem sehr ähnlich ist: „Berlusconi und Craxi schätzen sich gegenseitig, weil sie sehr viele Berührungspunkte haben. Nicht nur das gleiche Alter und die Tatsache, daß sie beide Mailänder sind, sondern auch, daß sie beide es verstehen, die Dinge auf ihren Kern zu reduzieren. Und beide verstehen auch die

Ansprüche der Bevölkerung sehr gut, die Veränderungen, die sich in der Gesellschaft abspielen. Ein wenig idealisierend könnte man vielleicht sagen, daß Craxi das politische Gegenstück zu dem ist, was Berlusconi in der Wirtschaft darstellt."[17]

Das Tauziehen um die Superstars: Mike Bongiorno und Raffaella Carrà

Die große Zeit des italienischen Privatfernsehens beginnt genaugenommen am 13. Dezember 1982. Canale 5, einst Sender eines Mailänder Viertels, nun erstes nationales Network, präsentiert die erste Folge von „Superflash". „Superflash" ist die Verkörperung des Privat-TV-Spektakels schlechthin: das Ehepaar Rossi von nebenan im Quiz mitten auf der Fernsehbühne, drum herum Busen, Po und Tingeltangel – und schließlich Werbung, Werbung und nochmals Werbung. Das alles unter der Leitung des professionellsten aller Showmaster, Mike Bongiorno.

Mike Bongiorno ist nicht nur in Italien, sondern auch international ein einmaliges Phänomen. Seit 1954, also seit den Anfängen des italienischen Fernsehens, moderiert er Quizsendungen; aber er ist nicht nur am längsten beim Fernsehen beschäftigt, er führt seine Arbeit im Showgeschäft auch am hingebungsvollsten aus. Selbst Amerika hat ein solches Phänomen nicht vorzuweisen.

Daß Mike Bongiorno seine Quizshow 1982 bei Canale 5 eröffnet, kommt in Italien vor allem deshalb einem halben Erdbeben gleich, weil der Achtundfünfzigjährige dreißig Jahre lang das Paradepferd der leichten Muse bei der RAI war. Für Berlusconis Privat-TV prädestiniert ihn daneben auch seine solide Ausbildung: Zwölf Jahre lang hat er in

Amerika den Beruf des Showmasters von der Pike auf gelernt.

Daß es Berlusconi gelingt, dieses Einschaltquoten-As und die bekannteste Fernsehpersönlichkeit Italiens für sich unter Vertrag zu bringen, ist sein erster großer Coup gegen die RAI. Mit einer Summe von zwei Millionen Mark beginnt hiermit die Ära der Supergagen, Ausdruck des nun einsetzenden erbitterten Machtkampfes zwischen Berlusconi und der RAI.[18]

Für das staatliche Fernsehen ist der Verlust von Mike Bongiorno ein harter Schlag, der intern eine wahre Katastrophenstimmung auslöst. Der Journalist Enzo Biagi kommentiert die Aufregung bei der RAI bissig: „Die Welt hat es geschafft, auch nach dem Tod von Einstein, Chaplin, Caruso und Leonardo weiterzuleben – man kann also hoffen, daß auch dieses Mal die drohende Krise abgewendet werden kann."[19]

Mike Bongiorno soll keineswegs der einzige Fall von Abwerbung bleiben. Zwei Jahre später erschüttert der Fall der blonden Showdiva Raffaella Carrà die Fernsehwelt, doch bis dahin wird das staatliche Fernsehen noch durch den Verlust vieler mittlerer und kleiner Showgrößen zur Ader gelassen.

Der Kampf um die Stars und Superstars spielt sich italienisch-theatralisch ab, steckt voller Überraschungscoups und Intrigen. Doch im Hintergrund geht es immer um Millionen – um immer mehr Millionen.

Silvio Berlusconi erinnert sich Jahre später: „Man mußte diese Personen richtig verführen, um sie für uns zu gewinnen. Bei der RAI hatten sie schließlich alles: Ruhm, Erfolg, Geld. Um sie zu erobern, mußte man ihnen außer einer sehr hohen Gage auch Garantien für eine sehr privilegierte Arbeit und eine bevorzugte Behandlung bieten. Bei Canale 5 hatten die Stars das Gefühl, an den Entscheidungsprozessen beteiligt zu sein, während sie bei der RAI nur Abhängige waren. Hier verhandelten sie direkt mit mir, bei der RAI nur mit Bürokraten mittleren Grades. Schließlich stand bei Canale 5 die Unterhaltung im Mittelpunkt, bei der RAI war sie nur Nebensache. Bei der RAI fühlten sie sich zweitrangig, bei uns aber waren sie genau das Gegenteil."[20]

Ein wesentliches Geheimnis von Berlusconis Erfolg besteht darin, daß er sich um alles persönlich kümmert. So auch, als es darum geht, Mike Bongiorno für seinen Sender zu gewinnen.

Bereits 1980 hatte sich eine Zusammenarbeit zwischen Berlusconi und Bongiorno bei Telemilano als vielversprechend erwiesen, doch leider war Bongiorno bis 1982 fest bei der RAI unter Vertrag. Doch nun, am 3. Juni 1982, wird in den Studios der RAI, als Direktübertragung und vor Publikum, die letzte Folge der Showreihe „Flash" mit Mike Bongiorno gesendet. Ein Bombenerfolg ist garantiert: Die Quizsieger der letzten Monate kämpfen in der Endausscheidung, ausgefallene Persönlichkeiten aus allen Teilen Italiens tummeln sich auf der Bühne.

An diesem 3. Juni sitzt unter dem Publikum im Studio 2 der RAI auch Silvio Berlusconi, begleitet von seinem Sohn Pier Silvio, seiner Sekretärin von Canale 5 und seinem Fahrer. Fast unbemerkt sitzt er dort, aber doch mit einem unübersehbaren Strahlen im Gesicht, denn die Sache mit Mike ist so gut wie abgemacht. Nicht nur, daß er ihm ein Vielfaches seines Verdienstes bei der RAI bietet, er soll auch in den Verwaltungsrat kommen und freie Hand bei der Realisierung seiner Programme haben. Ein stolzer Erfolg für einen Mann wie Mike Bongiorno, der bei der RAI zwar groß und zum König des Quiz geworden ist, aber nie so ein großes Ansehen genoß wie die großen Journalisten und Intellektuellen.

Widerstand gegen einen Wechsel zu Canale 5 geht von

der Frau Bongiornos aus, schließlich verfügt „Mamma RAI" über ein geschätztes Renommee, während der leicht-lockere Privatsender noch wenig Prestige vorweist. Daniela, sechsundzwanzig Jahre jünger und dritte Frau des Showmasters, ist Modedesignerin und in vielem genau das Gegenteil ihres Mannes: Er ist der immer kühl kalkulierende, funktionierende TV-Mann, sie die kreative und lebhafte Modeschöpferin, die grelle Farben und provokative Designs liebt. Für sie kommt ein Wechsel von der RAI zu Canale 5 schlicht einem Abstieg gleich, gegen den sie sich mit ihrem ganzen Temperament zu stellen versucht. Da Mike jedoch entschlossen ist und Berlusconi sich seiner Eroberung sicher sein kann, ist es nun an Berlusconi, die Signora zu besänftigen. Er umwirbt sie mit Komplimenten und wertvollen Geschenken und bietet ihr schließlich die Leitung einer Modesendung und die Verantwortung für die Kostüme in verschiedenen Sendungen an. Und es dauert nicht lange, bis die Signora Bongiorno gewonnen ist und auch sie ihren Vertrag mit dem Sender der tausend Möglichkeiten unterschreibt.

„Superflash" wird ein Meilenstein für Canale 5. Bongiorno führt die Quizshow im wesentlichen so fort, wie er sie für die RAI begonnen und entwickelt hat. Als Anfang 1983 Mitarbeiter der Sendung streiken, beginnt Canale 5 mit der Übertragung der gerade erstandenen amerikanischen Superserie „Dallas".

Bei der RAI bricht erneut Hektik aus, zähneknirschend wird die Herausforderung des immer erfolgreicher werdenden Senders angenommen: Die fähigsten Männer machen sich Gedanken um neue Programme. Und sie lassen sich etwas einfallen: Dem Canale-5-Hit „Superflash" stellen sie zur exakt gleichen Sendezeit die Quizsendung „Test" gegenüber. Doch die RAI zögert noch, allzuviel in die teuren Unterhaltungsprogramme zu investieren, und bringt

„Test" nur für eine Stunde. In dieser Stunde wird Canale 5 tatsächlich geschlagen, doch „Superflash" dauert länger und holt sich die Zuschauer anschließend alle wieder zurück.

Als außerordentlich erfolgreich erweist sich die von Berlusconi und Mike Bongiorno gemeinsam entwickelte Werbemethode des sogenannten inneren Sponsoring. Sponsoring ist für Canale 5 vor allem das Zur-Schau-Stellen des gigantisch vergrößerten Sponsorprodukts auf der Showbühne.[21]

Im November 1983 schwärmt Mike Bongiorno über seine Erfolge: „Ich habe nun schließlich meinen langjährigen Traum verwirklichen können, das heißt, endlich kann ich ganz konkrete Resultate vorweisen. Wenn ein Programm funktioniert, dann passiert bei den Privatsendern in Italien genau das gleiche wie in Amerika: Am laufenden Band kommt Werbung rein. Alle wollen ihre Werbespots in meinem Programm unterbringen, und sie zahlen das Doppelte des Normaltarifs. Auch die Nachfragen für das Sponsoring sind unendlich. Alles in allem kann ich nach einem Jahr sagen, daß ich Canale 5 etwa zwei Millionen Mark für jede Folge von ‚Superflash' einbringe."[22]

Überflüssig zu erwähnen, daß Mike Bongiorno mit Leib und Seele dabei ist; das italienische Privatfernsehen hat in ihm „seinen Mann" gefunden. Es war seine Idee, während der Sendung von Werbung zu sprechen. Ohne mit der Wimper zu zucken, kann er Moralpredigten über die Wohltaten von Werbung von sich geben. „Liebe Zuschauer, fangt nicht an zu schnauben, jetzt wird gleich die Werbung gesendet, eine für unser Fernsehen lebensnotwendige Angelegenheit. Ihr müßt für Canale 5 keinerlei Gebühr zahlen, hört deshalb also auf unsere Ratschläge, und kauft diese Produkte, die es uns schließlich ermöglichen, für euch weitere wunderschöne Sendungen vorzubereiten."[23]

Ein eigenartiger Mann, dieser Mike Bongiorno. Auf die

Siebzig zusteuernd, ist er auch zu Beginn der neunziger Jahre für Berlusconi immer noch eine Goldgrube, niemand versteht es, Werbung und Show so genial zu verbinden wie er. Die Journalistin Camilla Cederna zählt ihn zur Spitze der in der Öffentlichkeit Italiens agierenden Persönlichkeiten; ihrer Meinung nach gehört er wie die Sänger Adriano Celentano und Claudio Villa und die Democrazia Cristiana zum Beständigsten, was die italienische Gesellschaft zu bieten hat.

In der Tat ist Mike Bongiorno seit den fünfziger Jahren unverändert geblieben und hat mit aller Regelmäßigkeit die Spalten der Boulevardpresse gefüllt. Wie dramatisch verlief die Ehe mit seiner ersten Frau, der er, das ging durch die ganze Presse, beleuchtete Pantoffeln mit Batterien entworfen hatte, damit sie nachts nicht lange danach suchen mußte! Die aber schließlich, obwohl sie mit so viel Aufmerksamkeit bedacht wurde, nach zwei Jahren ihrem Fernsehstar davonlief, weil er kalt, ohne Witz und nur auf den Erfolg aus sei und unbedingt der Liebling aller Schwiegermütter sein wolle.

Sein Äußeres scheint die Ex-Frau in ihrem Urteil zu bestätigen: Kalte Augen hat er, auch wenn sie immer ein wenig verschleiert scheinen, weil er mit minus sieben Dioptrien außerordentlich kurzsichtig ist. Auffallend ist, daß er stets vermeidet, seine blond gefärbten Haare mit den Händen zu berühren. Er pflegt sie geradezu mit Besessenheit: Sorgfältig werden die Haarsträhnen vom Nacken her über die Kahlstellen gelegt und mit Haarlack in Form gehalten. Er ist immer braungebrannt und versichert, auf seine ewige Jugendlichkeit angesprochen, daß er sich nicht habe liften lassen und auch ungeschminkt in die Sendungen gehe. Er gerät nie aus der Fassung, findet in jeder unvorhergesehenen Situation eine galante Reaktion und ist äußerst stolz darauf, mit seinen Sendungen vierzig Prozent der Zuschauer zu erreichen.

Doch nicht nur, daß er Werbung für die Werbung macht, er versteht es auch bestens, die Vorteile von Canale 5 gegenüber der RAI in seinen Sendungen hervorzuheben. „‚Superflash' ist vielleicht weniger lebendig als bei der RAI, da uns in der Tat keine Live-Sendungen gestattet sind. Doch mit der Einführung von Meinungsumfragen in mein Programm ist es mehr eine öffentliche Dienstleistung geworden als ein Spiel. Und ich habe bei den Meinungsumfragen hier freie Hand, bei der RAI war die Leitung derart in die Politik involviert, daß ich daran gehindert wurde, heiße Themen des täglichen Lebens in unserem Land zu behandeln."[24]

Ob er bei Canale 5 aber wohl ungestraft die skandalumwitterte Freimaurerloge P2 und Berlusconis Mitgliedschaft dort behandeln dürfte? Oder die Frage, ob die Werbung in den Privatsendern inzwischen nicht zu aufdringlich sei?

Das Geheimnis des Mike Bongiorno liegt in seiner gleichzeitigen Verkörperung von Amerikanismus und italienischem Provinzialismus. Der Fernsehkritiker des Wochenmagazins *L'Espresso* beschreibt ihn im April 1984 so: „Mike Bongiorno ist es gelungen, eine so enge Symbiose mit dem Durchschnittsitaliener einzugehen, daß er kein um Glanzleistungen bemühter Showmaster mehr ist, sondern ein gegen jede Verlockung der Phantasie unempfindlicher Quizbeamter, ein automatisch funktionierender Trottel. Doch gerade indem er Geist, Ironie oder Phantasie durch dumme Sprüche, Gemeinplätze, Taktlosigkeiten, kleine Bosheiten oder Charakterlosigkeiten, durch Ticks, Manien, Untertänigkeit gegenüber Vorgesetzten, Angst vor Verlust des Arbeitsplatzes und überzogene Vaterlandsliebe – also die den Durchschnittsitaliener kennzeichnenden Eigenschaften – ersetzt hat, schafft es der aus Amerika importierte Nationalquizmaster, seine endlosen und entnervenden Sendungen zu füllen ..."[25]

Für seine unschätzbaren Dienste für den Aufstieg von Canale 5 belohnt Berlusconi ihn 1986 mit dem Titel des Vizedirektors des Senders. Mike Bongiorno gibt diese Beförderung in seiner Sendung bekannt: „Im Zuge eines neuerlichen Aufschwungs von Canale 5 wurde ich zum Vizedirektor ernannt. So wird offiziell das abgesegnet, was ich bei Canale 5 immer schon war. Es war in Amerika, wo ich etwas ganz Entscheidendes für meine Karriere kapiert habe: Ich habe gelernt, was Rhythmus ist und wie man etwas ankündigt. Was dieser Rhythmus bedeutet, ist nicht einfach zu erklären. Man kann Dinge in drei Minuten, aber auch in einer halben Stunde sagen. Viele meiner Kollegen sind mit ihrer Art, sich auszudrücken, auf dem Stand von früher stehengeblieben, sie haben den veränderten Rhythmus von heute nicht begriffen. Das Wichtigste ist zu verstehen, daß es im modernen Fernsehen keine toten Zeiten geben darf."[26]

Time is money – allemal im Kommerzfernsehen. Ein Showmaster, der zu ernsthaft und zu lange redet, könnte den Zuschauer animieren, auf einen anderen Sender umzuschalten, und das bedeutet, das Rennen um die Einschaltquoten zu verlieren.

Mitte der achtziger Jahre ist das italienische Fernsehen – einschließlich der sich unter der Konkurrenz wandelnden RAI – voll von Quizsendungen, „game-shows", wie sie im Ursprungsland Amerika heißen. Das Quiz am Morgen, das Quiz am Mittag, am Nachmittag und am Abend – und das bei jedem großen und kleinen, staatlichen oder privaten Sender.

Die erfolgreichste Quizshow nach „Superflash" wird „Pronto, Raffaella" mit der blonden Showfrau Raffaella Carrà bei der RAI. In ganz Europa macht ihr Vertrag mit dem Staatsfernsehen Schlagzeilen: zehn Millionen Mark für drei Jahre. Die Summe wird nur dafür gezahlt, daß die erfolgreiche Showdiva nicht zu Berlusconi abwandert. Eine selbst im TV-Geschäft unglaublich hohe Summe!

Es ist Mike Bongiorno, der die Millionen-Gage als erster rechtfertigt: „Die RAI zahlt der Carrà das, was sie ihr einbringt. Die Polemiken sind ungerechtfertigt. Endlich werden die Fernsehstars entsprechend ihrem wahren Wert bezahlt – wie die Schauspieler oder die Fußballstars. Und diese Veränderung hat nur dank des Privatfernsehens stattfinden können."[27]

1984 wird Mike Bongiornos Vertrag erneuert: Er findet seine Worte bestätigt, denn Berlusconi zahlt ihm für drei Jahre fünfundzwanzig Millionen Mark und schafft damit einen erneuten Rekord.

Raffaella Carrà jedoch schlägt alle Rekorde, nicht nur was ihre Gage anbelangt, sondern auch hinsichtlich der Art und Weise, wie sie von Berlusconi umworben wird.

Während des Jahres 1984 erhöht Berlusconi sein Gagenangebot im Werben um die Showfrau Nummer eins erst von zwölf auf sechzehn, dann auf zwanzig und schließlich auf achtundzwanzig Millionen Mark. Er verspricht dem auf die Vierzig zusteuernden Star: „Bei mir kannst du tun, was du willst. Du wirst die Diva und Verantwortliche für den Programmablauf am Vormittag und am Nachmittag sein. Heute bist du ein Star, morgen wirst du eine Managerin sein." Die Gagensumme stockt er noch durch das Angebot auf, auch ihren Showregisseur Boncompagni und ihren Choreographen und gegenwärtigen Freund Japino mit zu übernehmen.

Doch die Carrà scheint ihren Vertrag lieber mit der RAI erneuern zu wollen. Berlusconi muß also weitere Geschütze auffahren: Vom vornehmsten Juwelier Italiens, Bulgari, läßt er ihr ein goldenes Collier mit wertvollen Perlen, eine Woche später sechzig Blumentöpfe mit Azaleen ins Haus schicken. Die italienische Presse berichtet in allen Einzelheiten über diese Schmeichelmanöver: Wird die Carrà schwach werden?

Als sie aber am 1. März endgültig den Vertrag mit der RAI unterschreibt, steht die gesamte Presse in Europa kopf: Welche Summen ist ein staatliches Fernsehen für einen Showstar zu zahlen bereit! Italienische Journalisten mokieren sich über die Taktik der Carrà, die nie ernsthaft an einen Wechsel zu Berlusconi gedacht habe, sondern lediglich die Vertragssumme der RAI durch ihr Hin und Her habe hochschnellen lassen wollen.

Für den großen Erfolg der Einschaltquotenkönigin Carrà gleich nach Abschluß des Vertrags 1984 ist der Sendetermin der RAI verantwortlich: die Mittagszeit. Die Italiener haben sich schnell daran gewöhnt, zu jeder Tages- und Nachtzeit fernsehen zu können. Da sich die Familie wegen der mehrstündigen Mittagspause in Italien weitaus häufiger am Mittagstisch versammelt als in Mitteleuropa, hat eine Mittagsshow ideale Chancen für hohe Einschaltquoten.

Bei „Pronto, Raffaella" wird gesungen und getanzt und über Telefon mit den Zuschauern um beachtliche Gewinne gespielt. Daneben lädt die Carrà sich – wie in einer Talkshow – berühmte Gäste zum Plausch ins Studio. Der Erfolg dieses Programmes liegt in der gelungenen Mischung von Aktualitätsshow nach amerikanischem und Varieté nach italienischem Muster.

Der Carrà gelingt alles gleichermaßen: schwierigste Interviews mit Wissenschaftlern, Politikern und Persönlichkeiten aus dem kulturellen Leben, ihre Tänze mit dem Fernsehballett, ihre Schlager live zwischendurch und die Telefongespräche mit Frau Rossi zu Hause am Bildschirm, die zwar auch raten und gewinnen will, doch vor allem den Wunsch hat, der von der Nation so geliebten Raffaella Grüße zu schicken.

Plötzlich schalten sich neun Millionen Zuschauer ein,

und das zu einer Zeit, in der vorher nur das Fernsehtestbild gesendet wurde: ein voller Erfolg der christdemokratisch dominierten RAI im Kampf gegen den mit den Sozialisten sympathisierenden Silvio Berlusconi.

Als der Exklusiv-Vertrag mit der Carrà 1985 erneuert wird, verschärfen sich jedoch die Polemiken. Craxi persönlich telefoniert mit dem Präsidenten der RAI, die Journalisten schreiben tonnenweise bitterböse Artikel, kurz: Die Affäre um die Carrà und ihren Supervertrag beschäftigt die Nation ganz außerordentlich. Ein Medienkritiker kommentiert: „Dieser Teil der Carrà-Geschichte ist vor allem politische Geschichte. Unter gewissen Aspekten war Raffaella nur ein Instrument im Kampf für oder gegen die RAI, und dies auch in der RAI selbst. Es ist keineswegs mehr eine Geschichte vom netten Lächeln und den vielen Millionen, sondern eine Geschichte von Macht und Kampf am politischen Himmel Italiens."[28]

Die Fernsehnation ist immer auf der Seite der Carrà, nach dem 29. Februar 1984 wird sie gar zur „Übermama" stilisiert. An diesem Tag ruft gegen dreizehn Uhr eine äußerst aufgeregte Frau die Carrà in ihrer Sendung an und erzählt, daß ihre Tochter, von Geburt an unfähig, sich verständlich zu artikulieren, seit einigen Tagen mittags vor dem Fernseher sitzt und in deutlich verständlichen Worten sagt: „Ich liebe dich, Raffaella!" Die Carrà bricht vor aller Welt in Tränen aus, und wer weiß, wie viele Zuschauer mit ihr . . .

Schließlich steigt die Popularität der Sendung dermaßen, daß es schier niemanden mehr gibt, der eine Einladung bei „Pronto, Raffaella" ausschlägt. Im Gegenteil, die Politiker drängen sich um die Gunst, in dieser des Fernsehbürgers beliebtesten Sendung auftreten zu können. Doch nicht etwa, um Propaganda für ihre Partei zu betreiben, sondern um über dies und das zu plaudern, zu scherzen, sich zu zeigen und dabeigewesen zu sein.

Die Carrà bringt der RAI natürlich Geld ins Haus. Während ihrer neunzig Minuten dauernden Mittagssendung werden vierundvierzig Werbespots ausgestrahlt, das sind achtundzwanzig Minuten, also fast ein Drittel der Sendezeit. Hinzu kommt die Werbung direkt aus dem Studio. Spiele werden beispielsweise an Maggi oder die Kaffeemarke Lavazza gebunden, der Sponsor zahlt und darf dafür mit seiner in Riesenform dargestellten Verpackung oder dem Markenzeichen ständig auf der Bühne präsent sein. Auch die RAI setzt in der Werbung auf das im italienischen Fernsehen immer beliebter werdende Sponsoring.

Die Carrà beklagt sich bitter über die Kürzung ihrer Sendezeit durch die Zwischenschaltung der Spots, droht gar mit Streik. Da die RAI sich inzwischen durch die Konkurrenz mit Berlusconi in eine finanziell immer kritischere Situation manövriert hat, ist sie auf die Einnahmen aus der Werbung zu allen Tageszeiten und in jeder Sendung angewiesen, räumt aber schließlich zehn Minuten mehr für die Carrà ein – nicht durch Kürzung der Werbespots, sondern durch Verlängerung der Sendezeit. So etwas kann in Italien von heute auf morgen möglich werden, obwohl der RAI immer Bürokratismus und Schwerfälligkeit vorgeworfen werden.

Das Monopol formiert sich

Als Berlusconi im August 1984 zu Canale 5 und Italia 1 auch noch Rete 4 übernimmt, tönt es laut in der Öffentlichkeit: Schluß mit dieser Medienkonzentration! Noch nie in der Geschichte Italiens gab es eine derartige Monopolisierung im Informationsbereich (abgesehen von der Faschismus-Periode)! Die Presse wird erdrückt! Wir brauchen endlich ein Mediengesetz!

Berlusconi jedoch triumphiert und kommentiert die Übernahme der beiden Sender mit dem Verweis darauf, daß Zeitungs- und Buchverlegern die Mentalität fehle, Kommerzfunk zu betreiben, denn das „ist eine Wissenschaft, die genaue Kenntnis von den Zusammenhängen zwischen elektronischen Medien, Programmen und den Erfordernissen der Werbewirtschaft verlangt".[29]

Der Wirtschaftsjournalist Giuseppe Turani fordert, daß Berlusconi nun aber auch zeigen müsse, daß er wirklich ein Fernsehunternehmer sei und nicht nur ein Meister im Kriegführen gegen die RAI. Um einen Platz am großen Tisch des kapitalistischen Establishments zu erhalten, müsse er den Schatten der P2 loswerden, der sein Image verschleiere. Aufhören müsse er auch damit, bei diversen Leuten um Geld anzuklopfen. Schließlich und endlich müsse er auch sein Imperium ein wenig ausleuchten, die Namen seiner Teilhaber und seine Finanzierungsquellen offenlegen. Tue er dies alles nicht, so bleibe er trotz aller seiner Anstrengungen ein zwar genialer und geheimnisvoller Unternehmer, aber eben doch nur ein Aufsteiger, der vielleicht in der Lage sei, einen Umsatz von fünf Milliarden Mark zu machen, dem aber jegliche Identität fehle.[30]

Ein besonderer Schachzug gelingt Berlusconi im Juni 1983 mit dem Kauf der Fernsehzeitschrift *TV sorrisi e canzoni* („Lächeln und Lieder"), mit 1,2 Millionen Exemplaren die auflagenstärkste Zeitschrift Italiens. Die Möglichkeit des Erwerbs ergibt sich aus dem Zusammenbruch der Bank des korrupten Bankiers Roberto Calvi, der später erhängt in London aufgefunden wird. *Sorrisi e canzoni* wird zusammen mit der übrigen Liquidationsmasse auf einer Auktion angeboten, Basispreis zwanzig Millionen Mark. Konkurrenten sind die großen Verlagshäuser und die RAI, die mit ihrem Angebot bei sechsundzwanzig Millionen stehenbleiben. Berlusconi bietet sechsunddreißig Millionen und macht das Rennen.

Mit dem übernommenen Chefredakteur herrscht Einvernehmen darüber, das Wochenblatt nicht nur als Fernsehzeitschrift, sondern auch als Familienblatt weiterzuentwikkeln. Der Erfolg zeigt sich schon sehr bald, nachdem in Berlusconis Fernsehsendern massiv Werbung für die Zeitschrift betrieben wird – und dieser Erfolg ist gewaltig: 1,9 Millionen aufgelegte Exemplare Ende 1983, drei Millionen 1986.

Berlusconi besitzt im Medienbereich nun drei Fernsehsender, die auflagenstärkste Wochenzeitschrift und entscheidende Anteile an einer Tageszeitung. Mit den Programmen seiner Sender erreicht er bis zu fünfunddreißig Millionen Zuschauer und hat damit vorübergehend die RAI überholt. Er wird zum meistdiskutierten Mann in Italien. Man ist fasziniert von diesem Unternehmer, der sich in wenigen Jahren, aus dem Nichts kommend, ein derartiges Imperium aufgebaut hat. Der italienische Kapitalismus kennt wenige solcher Männer, eher schon scheint er als Prototyp des Selfmademans dem amerikanischen Kapitalismus entstiegen zu sein.

Wie arbeiten seine Networks? Da den national organisierten Privatsendern die gleichzeitige landesweite Ausstrahlung der Sendungen vom Produktionszentrum aus nicht erlaubt ist, werden die vorproduzierten Filmkassetten an die siebzehn regionalen Sendestationen verteilt. Dort werden von sieben Uhr morgens bis nachts um zwei die vier Tage zuvor in Mailand produzierten Kassetten dann zur selben Zeit abgespult.

Doch es gibt auch Ausnahmen. Soll auf Italia 1 ein großer Boxwettkampf aus Amerika übertragen werden, dann läuft alles sehr viel schneller ab. Die Sendung aus Amerika wird um sechs Uhr morgens über Satellit aufgenommen und für die Übertragung am Abend vorbereitet: Die Kassette wird siebzehnmal vervielfältigt und dann mit dem Flugzeug oder mit dem Auto zu den Sendern gebracht, die die Übertragung schließlich gleichzeitig ausstrahlen. Platzt ein Autoreifen oder kann ein Flugzeug nicht starten, so schickt die Regionalstation für diese Notfälle reservierte Spielfilmkassetten in den Äther. Daß Berlusconi Sendungen über Satellit empfangen und für seine Sender nutzen kann, verdankt er einem Vertrag mit dem Postminister.

Kaum Zeit zum Heiraten

Nach fünfzehn Jahren Ehe trennt Berlusconi sich 1980 von seiner Frau. Der Grund ist die Schauspielerin Miriam Bartolini. Berlusconi lernt sie bei einer Aufführung im Theater Manzoni in Mailand kennen. Sie gefällt ihm so, daß er nach der Vorstellung in ihre Garderobe geht und sie zu ihrem schauspielerischen Talent beglückwünscht. Miriam, die sich als Schauspielerin Veronica Lario nennt, stammt aus Bologna, wo sie 1956 geboren wurde. Die Eltern wollten, daß sie Sekretärin würde, doch Miriam, die ein Gymnasium mit künstlerischem Schwerpunkt besuchte, setzte ihren Willen durch und begann eine Ausbildung als Schauspielerin. Schon bald erhielt sie Engagements an Theatern in Triest und in Turin sowie bei der RAI.

In einem der wenigen Interviews, die sie gegeben hat, wird sie darauf angesprochen, daß sie auch „oben ohne" auf der Bühne gestanden hat. „Hüllenlos auf der Bühne zu erscheinen, das ist für mich kein Problem, wenn es die Theateraufführung erforderlich macht. Doch ansonsten interessiert es mich nicht, mich auf der Bühne auszuziehen. Ich habe andere Interessen, ich lese viel, bin an den Dingen, die in unserer Gesellschaft passieren, interessiert, beobachte die Verhaltensweisen anderer. Und um das Bild von mir zu vervollständigen: Mein größter Fehler ist sicherlich, voller Zweifel zu stecken, und meine beste Waffe, einen eisernen Willen zu haben."[31]

Berlusconi hält die Beziehung am Anfang geheim, zumal es ihm noch nie gefallen hat, sein Privatleben der Öffentlichkeit preiszugeben. Schließlich ist er noch verheiratet, seine Frau lebt mit den beiden Kindern auf dem Landgut in Arcore bei Mailand, das seit 1974 die Residenz der Berlusconis ist. Doch Miriam zieht bald in Berlusconis Mailänder Villa in der Via Rovani ein, wo auch sein Büro untergebracht ist. Dort bleibt das Doppelleben nicht lange verborgen. Berlusconis Frau verläßt schließlich Italien und geht mit der Tochter nach England. Als Miriam 1984 schwanger wird, siedelt sie nach Arcore über und nimmt nach italienischer Art ihre verwitwete Mutter aus Bologna mit.

Das Landgut in Arcore hat Berlusconi 1974 erworben. Das alte Gebäude, vor Jahrhunderten als Mönchskloster erbaut, ist von einem mehrere Hektar umfassenden Park umgeben, hat einen privaten Fußballplatz, eine Manege und eine Pferdekoppel für die neun Pferde, einen Landeplatz für den Hubschrauber, einen Swimmingpool, eine Orangerie und ein Vogelhaus. Das Gebäude beherbergt stattliche siebzig Räume, eine Privatkapelle, ein Speisezimmer für fünfzig Personen, einen Filmvorführraum mit hundert Plätzen, ein Schwimmbassin, eine Sauna, ein türkisches Bad, Massageräume und einen riesigen Fernsehraum mit neun Bildschirmen, auf denen gleichzeitig alle Sender Berlusconis, seien es die im Inland oder im Ausland, empfangen werden können. Die Korridore sind voll behangen mit wertvollen Bildern von alten Meistern. Um dieses Reich zu betreuen, sind neunzehn Hausangestellte auf dem Anwesen tätig.

Die Villa Arcore ist der Stammsitz Berlusconis und seiner

Familie, darüber hinaus besitzt er zehn weitere Häuser: in Rom, in Paris, in Brüssel, in London, auf den Bermudas, am Lago Maggiore, in Portofino, auf Sardinien, in St. Moritz, wo der Vorbesitzer seines Hauses der ehemalige Schah von Persien war, und in Mailand die zu seinem Büro umgebaute Villa in der Via Rovani.

Im Juli 1984 bringt Miriam in einer Schweizer Klinik Tochter Barbara zur Welt. Taufpate ist einige Wochen später Berlusconis Freund Ministerpräsident Bettino Craxi, der nicht nur zu besonderen Anlässen Gast in der Villa Arcore ist.

Berlusconi fliegt derweil zwischen Paris, wo er den Sender La Cinq aufbaut, Rom, wo ihn die Klärung rechtlicher Probleme um seine Sender beschäftigt, und Mailand, wo er die täglichen Arbeiten zu erledigen hat, hin und her. Zeit für seine Familie nimmt er sich in kurzen Winterferien in St. Moritz oder an Wochenenden in seiner Villa im mondänen Seebad Portofino, immer begleitet von einer starken Bodyguard, die er angeheuert hat, nachdem ihm Anfang der achtziger Jahre eine Entführung angedroht worden war.

Im Oktober 1985 wird nach Einhaltung der obligaten Trennungszeit die vor zwanzig Jahren mit Carla Elvira geschlossene Ehe im gegenseitigen Einverständnis als geschieden erklärt. Neben der Vermögensregelung wird festgelegt, daß der sechzehnjährige Sohn Pier Silvio beim Vater bleibt. Im Mai 1986 wird die zweite Tochter, im September 1988 ein Sohn aus der Verbindung mit Miriam geboren, die inzwischen Frau Berlusconi geworden ist.

Zeit für die Familie? Kaum, wie Berlusconi 1989 einem Journalisten gegenüber erklärt: „Ich versuche die fehlende Zeit für die Familie mit der Intensität der familiären Beziehungen zu kompensieren. Wie gerne hätte ich mehr Zeit für meine Familie! Mein kleinster Sohn ist jetzt sieben Monate alt und ist ganz verrückt nach einigen Spielen, die ich für ihn erfunden habe. Wenn ich heute abend nach Hause komme, dann wird er auf mich warten, und ich rufe dann von weitem schon: Ich kooooomme! Dann breite ich meine Arme aus und gehe auf ihn zu, während ich den Brummton eines Flugzeuges nachahme. Alles in allem bin ich als Vater recht wenig präsent, doch wenn ich da bin, dann bin ich zu jeder Menge Spaß mit meinen Kindern bereit."[32]

Sechstes Kapitel

Werbung, Werbung über alles!

Das Herzstück des Unternehmens: Publitalia

Kern des immer gigantischere Ausmaße annehmenden Unternehmens Fininvest wird selbstredend die Werbung. Schließlich sind vor allem ihr die immer größer werdenden Einnahmen zu verdanken, und die Programme, die in aller Welt eingekauft werden, dienen einzig und allein dazu, die Zeit zwischen den Werbespots auszufüllen.

Daß Publitalia schon 1979 aufgebaut wird, zeigt Berlusconis Stil, mit dem er sein Unternehmen strukturiert. Mit der Gewinnung von Werbekunden, das heißt mit dem Verkauf von Werbezeit bei Telemilano, hat er schon 1978 eine Fremdfirma beauftragt, die jedoch nur sehr langsam Aufträge einbringt. Die Antwort auf diesen ausbleibenden Erfolg ist die Gründung einer eigenen Werbefirma – auf dem turbulenten und instabilen Markt der Privatsender beileibe kein risikoloses Unterfangen. Aber schließlich ist dies der einzige Weg, an den ertragreichen Kern des Fernsehgeschäfts, die Werbeaufträge, heranzukommen.

Berlusconi erinnert sich an seine damaligen Überlegungen: „Ich war überzeugt davon, daß das grundlegende Ziel des Kommerzfernsehens nur der Verkauf von Werbezeit sein kann: Würde man den Raum für Werbung erweitern, könnte die Zuschauerzahl steigen; steigt die Zuschauerzahl, nehmen wiederum auch die Werbeinserenten zu. Dies war und ist der Unterschied zwischen den gedruckten Medien und dem Privatfernsehen: Erstere betrachten die Werbung als Nebengeschäft, so gut wie losgelöst vom Informationsgehalt ihres Produkts. Ich war jedoch davon überzeugt, daß für den Kommerzfunk die Werbung Teil des Produkts sei. Eine Angelegenheit also, die viel zu wichtig war, um eine fremde Firma damit zu beauftragen. So entstand Publitalia."[1]

In der italienischen Werbebranche beginnt es sofort zu rumoren. Umgekrempelt wird durch die Gründung von Publitalia vor allem die Arbeit der Werbeagenturen, die bisher neben der Erstellung der Werbung sich auch um deren Einsatz in den Medien kümmerten. Berlusconi hält sie für zu langsam, viel zu vorsichtig und zuwenig risikofreudig, um in das neue Medium der Privatsender, das sie ja auch kaum kennen, zu investieren. „Sie kannten schließlich nur das staatliche Fernsehen. Zuerst verstanden sie gar nicht, was ich wollte, und setzten mir Widerstand entgegen."[2]

Innerhalb von drei Monaten organisiert Berlusconi 160 Arbeitsessen mit potentiellen Werbekunden, um ihnen zu erklären, was Kommerzfernsehen bedeutet und wie sie es zum besseren Absatz ihrer Produkte nutzen können. Der zum Publitalia-Chef ernannte Marcello Dell'Utri erinnert sich genau: „Er sagte mir zum Beispiel: Wir sollten den Verantwortlichen von Michelin in Italien mal zum Mittagessen einladen, ich will mit ihm sprechen. Also wurde in unserem Hauptquartier in der Via Rovani ein Essen ausgerichtet. Am Abend desselben Tages kam dann ein anderer Industrieller, und Berlusconi erzählte ihm dasselbe. Er war wie eine Maschine. Ich habe seine Lektionen über das Kommerzfernsehen allein zweihundertmal mit angehört. Aber auch er lernte in diesen Gesprächen. Er hörte den Werbeexperten der Firmen sehr genau zu. Man kann sagen, daß es niemanden gab, der nein gesagt hätte. Die Werbeagenturen wurden von den Industriekunden von da an einfach nicht mehr in Anspruch genommen."[3]

Berlusconi erzählt über seinen Eifer bei der Gewinnung neuer Kunden: „Ich traf mich persönlich mit den führenden Leuten aller wichtigen Firmen: von Procter & Gamble bis zu Unilever, von Fiat bis zu Ford, von Ferrero bis Barilla und von L'Oreal bis Nestlé. Danach kam die Reihe an die kleineren Produzenten, die inzwischen dank des Fernsehens größere Anteile auf dem Markt haben erreichen können."[4]

Dell'Utri ist bis heute der verantwortliche Leiter der Publitalia. Der Sohn eines Industriemanagers in einem Pharmakonzern in Palermo bringt für seine Aufgabe die passenden Eigenschaften mit: Vorurteilslosigkeit, Erfindungsgeist und Organisationstalent. Er ist ein eher ruhiger Typ, von mittlerer Statur, und macht mehr den Eindruck eines Politikers als den eines Chefs in der Werbebranche.

1987 wird Dell'Utri in dem Buch *Berlusconi: Inchiesta sul signor TV* von Giovanni Ruggeri und Mario Guarino mit den Mafia-Aktivitäten seines Bruders Alberto in Zusammenhang gebracht. Den Autoren des Buches zufolge sollen von seiten Berlusconis indirekte und von seiten der beiden Brüder über eine Immobiliengesellschaft direkte Kontakte zu dem Mafiaboß Vito Ciancimino bestanden haben. Wegen dieser und anderer Behauptungen läßt Berlusconi einen Prozeß gegen die Autoren anstrengen. Deren Verteidigung fordert eine Befragung der in Haft befindlichen Mafiosi, wogegen sich wiederum die Anwälte Berlusconis heftig wehren. Italienische Prozesse gehen im allgemeinen einen sehr langsamen Gang, eine Entscheidung in diesem Verleumdungsverfahren wird auf sich warten lassen. Da in den achtziger Jahren die Zeitungen täglich über Mafia-Umtriebe und -Verbrechen berichten, ist der Nachweis von lediglich mafiosen Kontakten noch nicht skandalträchtig. Die Öffentlichkeit zeigt sich nicht sonderlich interessiert an dieser Frage.

Daß die Zusammenarbeit zwischen Marcello Dell'Utri und Berlusconi schon seit Mitte der siebziger Jahre mit den besten Resultaten funktioniert, zeigt, daß Dell'Utri der richtige Mann für den Ausbau von Publitalia ist. „Richtig" heißt für Berlusconi, der alles Wichtige gern selbst regelt und entscheidet, auch, daß er nicht die Nummer eins sein will und nicht vorhat, sei es auch nur in seinem Spezialbereich, seinem Chef zu zeigen, wo es langgeht.

Verantwortliche Positionen hat Berlusconi immer nach ähnlichen Kriterien besetzt. Ab Ende der siebziger Jahre wirbt er zum Aufbau seiner Fernsehsender die besten Leute bei der Konkurrenz ab, indem er ihnen das doppelte Einkommen anbietet. Die Mitglieder seines heutigen Führungsstabs kennt er alle schon sehr lange: Entweder sind es Schul- oder Studienfreunde – wie Marcello Dell'Utri und Fedele Confalonieri, seine rechte Hand, oder Bernasconi, der später der Verantwortliche für Tele 5 in der Bundesrepublik wird – oder Verwandte – wie Vetter Foscale und Berlusconis jüngerer Bruder Paolo. Alle ohne Ausnahme sind sie ihm treu ergeben und außerordentlich einsatzbereit, und sie verstehen es, sich dort zurückzuhalten, wo der Chef persönlich die Dinge in die Hand nehmen will.

Publitalia arbeitet schon im ersten Jahr sehr erfolgreich. Mit großen Schritten geht es voran, als der regionale Sender Telemilano in den nationalen Sender Canale 5 umgewandelt wird. Macht Publitalia 1980 noch einen Umsatz von 25 Millionen Mark, so sind es 1984 schon 1,5 Milliarden!

Seine ersten Werbeagenten holt Dell'Utri sich aus anderen Werbefirmen, viele wirbt er auch von der RAI ab. Schon nach einem Jahr allerdings werden fast alle ausgetauscht.

Berlusconi hat entschieden: „Ich will Leute, die von der Werbung nicht infiziert sind, neue Leute. Die Werbeleute, auf die man stößt, sind zu lange im Geschäft, haben veraltete Vorstellungen."[5]

Bis zum heutigen Zeitpunkt ist die Werbeagenten-Mannschaft der Publitalia von zwölf Mitarbeitern im ersten Jahr auf dreihundert angewachsen. Die ersten von ihnen schwärmen Anfang der achtziger Jahre in ganz Italien auf Kundenjagd aus. Heute stehen die Werbeagenten mit den Auftraggebern in engster Beziehung und agieren als allseitige Berater und Verhandlungspartner von Fininvest/Publitalia. In speziellen Kursen werden ihnen Verkaufstechniken für ihre Arbeit bei Publitalia, aber auch die Entwicklung und Struktur des gesamten Fininvest-Unternehmens nahegebracht. Die Ausbildung umfaßt die Bereiche Betriebswirtschaft und Marketing, Werbewirtschaft sowie Nationalökonomie. Berlusconi ist auch hier sooft wie möglich ganz persönlich dabei: In einem Jahr bringt er es immerhin auf rund vierzig Tage, an denen er Vorträge vor seinen Werbeagenten hält.

Berlusconi will Repräsentanten der Fininvest heranziehen, die in der Lage sind, mit dem Kunden vielseitig umzugehen. Sie sollen lernen, daß man beispielsweise während der Verhandlungen mit einem Kunden gleichzeitig auch an dessen Ehefrau und Kinder denkt und diesen etwa Eintrittskarten für eine Theatervorstellung zukommen läßt. So schafft man eine gute Stimmung auch in der Familie des Kunden.

Das Ziel der Mitarbeiter von Publitalia ist es natürlich, von ihren Reisen Verträge mit neuen Kunden zurückzubringen. Da es im Privatsenderbereich weder für die Art der Produkte, die beworben werden können, noch für die Häufigkeit oder den Inhalt der Werbung irgendwelche Auflagen und Beschränkungen gibt, schnellen Anfang der achtziger

Jahre die Kundenzahl und damit die Werbezeit in Canale 5 im Nu in die Höhe. Für Berlusconi erweist es sich als immenser Vorteil, daß es für die staatliche RAI hingegen sehr wohl Beschränkungen gibt, sei es, was den Charakter der Produkte betrifft (keine Pharmaka, keine Zigaretten und so weiter), sei es, was die Werbezeit angeht (die nicht mehr als zehn Prozent der Sendezeit in Anspruch nehmen darf). Nach einem Jahr hat Publitalia der RAI von ihren dreihundert angestammten Werbekunden einen Großteil abgeworben; insgesamt kann die junge Firma schon mit tausend festen Kunden rechnen.

Berlusconi trifft sich anfangs jeden Montagmorgen mit den Publitalia-Agenten, um anstehende Aufgaben und neue Möglichkeiten zu besprechen. Diese Treffen haben eher Diskussions- als Anweisungscharakter. Es werden die jüngsten Ergebnisse vorgestellt, für die Arbeit notwendige Informationen gegeben, die Ziele für die kommende Woche festgelegt, neueste wirtschaftliche Entwicklungen gemeinsam analysiert. Berlusconi nutzt die Sitzungen auch, um mit den einzelnen Agenten persönlich ins Gespräch zu kommen. Sein Führungsstil vermittelt jedem, der diese Versammlungen verläßt, die Überzeugung, ein unverzichtbares und wichtiges Schräubchen im Getriebe nicht etwa nur des Unternehmens, sondern der gesamten nationalen Wirtschaft zu sein.

Berlusconi und Marcello Dell'Utri haben im Arbeitsfeld der Publitalia vor allen Dingen drei Neuerungen eingeführt, die für den Erfolg stehen: neue Organisationskriterien, neue Verkaufstechniken und ein neuer Umgang mit den Kunden. Bei Publitalia arbeiten nicht mehr einzelne Agenten mit einer Prozentbeteiligung, sondern kleine Gruppen von Agenten. Alle diese Agenten haben in der Regel einen Universitätsabschluß und sind zusätzlich in Marketing ausgebildet. Außerdem sind sie nicht mehr auf nur ein Produkt spezialisiert, wie es bis dahin bei anderen Werbefirmen üblich ist.

Entscheidend für den Erfolg dieser Divisionen ist, daß sie dem Kunden eine umfassende Dienstleistung anbieten können. Der entsprechende Slogan bei der Publitalia lautet: „Wir verkaufen Verkauf." Dem Kunden soll klargemacht werden, daß er nicht nur Werbezeit kauft, sondern seine Produkte mit Hilfe der Werbung auch tatsächlich besser verkauft.

So ernst hat bisher keine Werbeagentur ihre Arbeit genommen. Berlusconi erklärt in einem Interview, was an der Arbeit der Agenten von Publitalia so neu ist: „Wir verkaufen keine Werbezeit, wir verkaufen Verkauf: Das ist unsere Wirtschaftsphilosophie. Wir haben für den Sender ein Programmschema aufgebaut, das ganz gezielt wirtschaftlichen Forderungen entspricht. Wir versuchen die höchstmögliche Zahl von Zuschauern einer bestimmten Zielgruppe zu erreichen. Wir helfen dem Kunden nicht nur in der Planung, sondern auch in der Durchführung der Werbekampagnen. Wir bewerten in Abständen die Verkaufsresultate, modifizieren, wenn es nötig sein sollte, die Werbemitteilungen. Wir haben eine grundsätzliche Überzeugung: Werbung nützt gar nichts, wenn sie den Verkauf nicht anregt. Das scheint eine Banalität, doch die Mehrheit der Verleger sieht es nicht so. Für sie ist Werbung nichts als Sendezeit oder Anzeigenraum, den sie den Werbekunden zur Verfügung stellen; für den Verkauf des Produktes selbst fühlen sie sich dann gar nicht verantwortlich. Und dies ist genau unser Erfolg: Wir verhelfen unseren Kunden wirklich zu mehr Verkauf!"[6]

Was wie übertriebene Versprechungen und leere Propaganda erscheinen mag, verhilft jedoch der Publitalia zum Erfolg. So bezahlen am Anfang Publitalia-Kunden, deren Produkte über die Werbung bekannt gemacht werden sollen, erst, wenn ihre Verkaufszahlen eine Steigerung aufweisen. Eine bis dahin in der Werbebranche völlig unbekannte Methode, die aber bei den Firmen sehr viel Vertrauen schafft.

Menschliche Beziehungen und Vertrauen fördernde Kontakte zum Kunden sollen darüber hinaus zu einem weiteren Erfolgskennzeichen der Firma werden. Dazu gehört auch, daß das Abschließen eines schriftlichen Vertrages bei Publitalia als bürokratisch verpönt ist und deshalb darauf verzichtet wird.

Die wesentlichen Methoden zur Gewinnung der Kunden sind schnell gelernt: Man bietet Pakete für die Positionierung von Werbung an, zum Beispiel drei Spotübertragungen für den Preis von zweien und diverse Kombinationsmöglichkeiten innerhalb der drei Sender, die zur Fininvest gehören.

Anfang der achtziger Jahre sind die Instrumente, mit denen die Privatsender die voraussichtlichen Zuschauerzahlen für bestimmte Sendungen ermitteln können, noch nicht so genau wie bei der RAI; also wird der Preis für einen Spot nach der voraussichtlich zu erwartenden Zuschauerzahl festgelegt. Wird die geschätzte Zuschaueranzahl dann nicht erreicht, hat die inserierende Firma das Recht auf Ersatz: neue Spots, die dann gratis übertragen werden. Ein Spot von dreißig Sekunden, am frühen Morgen, bei einer geschätzten Zuschauerzahl von hunderttausend ausgestrahlt, kostet den Werbekunden laut Listenpreis bei Canale 5 im Jahr 1990 tausend Mark. Der Preis für denselben Spot steigt in der *prime time* am Abend auf 120 000 Mark, weil die Zuschauerzahl sich hier vervielfacht.

Doch dies sind Listenpreise, die in den Absprachen mit Kunden auf bis zu siebzig Prozent gedrückt werden können. Solche Dumpingpreise unterlaufen die Werbetarife der Konkurrenz und garantieren, daß Berlusconi sich mit seiner

Publitalia zu Beginn der achtziger Jahre in kürzester Zeit schon den bedeutendsten Anteil am Aufschwung des Werbemarktes sichern kann. Bereits 1983 überholt Publitalia die Werbefirma des staatlichen Fernsehens und wird zum Marktführer.

Publitalia stellt den Werbemarkt auf den Kopf

Jeder neue Erfolg für Berlusconi und seine Agenten bedeutet mehr Werbespots in seinen Sendern. Der Rausch der Anfangsjahre führt dazu, daß die Programme alle fünf Minuten durch Werbung unterbrochen werden. Den gesetzesfreien Raum schöpft Berlusconi voll aus, und zwar nicht nur was die Häufigkeit der Spotausstrahlung betrifft, sondern auch in Hinsicht auf die beworbenen Produkte.

1983 wird ein Spot für Särge ausgestrahlt, zunächst einmal um Mitternacht, um die Zuschauer allmählich an ein derart neues Werbeprodukt zu gewöhnen. Nun werden die Programme der Berlusconi-Sender zwar von Leuten aus dem Norden gemacht, doch sie werden in ganz Italien gesehen, auch in Neapel. Und die Neapolitaner sind nicht nur bekannt für ihre Pizza und ihre Kunst des Sich-Arrangierens, sondern auch für ihre Abergläubigkeit. Die Ausstrahlung des Sargspots löst bei den Neapolitanern sofort einen Sturm des Protests aus. Schon am ersten Tag ist unter den vielen empörten Telefonaten in der neapolitanischen Station von Canale 5 auch eines, das androht: „Wir werden eure Sendestation in die Luft jagen, wenn ein solcher Spot auch nur noch einmal gesendet wird!" Da man weiß, daß Neapolitaner in ihren Drohungen keineswegs zu scherzen pflegen, wird nach Rücksprache mit Berlusconi die Übertragung des Spots für ganz Italien abgesetzt.

Im katholischen und sinnenfreudigen Italien wird in Berlusconis Privatfernsehen Mitte der achtziger Jahre, noch vor den Anti-Aids-Kampagnen, auch noch ein anderes Tabu gebrochen. Den abendlichen Krimi unterbricht eine verschämte junge Dame, die, sich langsam dem Zuschauer zuwendend, mit gedämpfter Stimme erklärt, daß sie eben gerade *amore* mit *control* gemacht habe. Weniger Eingeweihte rätseln interessiert, Profis wissen längst, daß auf diese dezente Weise für Präservative geworben wird.

Ab Mai 1990 macht zum erstenmal auch die Katholische Kirche mit einem TV-Spot Werbung für sich. Der italienische Fernsehbürger wird gebeten, mit seiner Steuer doch bitte auch einen Obolus an die Kirche zu zahlen, die in Italien ihre Einnahmen nur über Kollekten und nicht über eine Kirchensteuer bezieht.

Italien entwickelt sich in Sachen Fernsehwerbung zu einem außergewöhnlichen Fall. 1986 ziehen 540 000 TV-Spots über die italienischen Mattscheiben, 1988 sind es 820 000, und 1989 mit 958 000 fast eine Million! Das sind etwa 80 000 Spots im Monat und über 2600 pro Tag, wovon achtundsechzig Prozent auf die drei Sender Berlusconis und die beiden nationalen Sender Italia 7 und Capodistria kommen, die ebenfalls von Publitalia mit Werbung beliefert werden. Zweiundneunzig Prozent aller Spotübertragungen fallen auf die privaten Sender, der RAI verbleiben magere acht Prozent.

Fast eine Million Spots – das ist mehr, als alle anderen europäischen Fernsehsender zusammen ausstrahlen. Und diese Zahlen beziehen sich auf die nationalen Sender, die Spots der neunhundert regionalen und lokalen Sendestationen sind hier noch nicht einmal mitgerechnet.

Bis 1985 ist es durchaus nicht ungewöhnlich, daß die Filme bei Canale 5, Italia 1 und Rete 4 in der abendlichen Hauptsendezeit um ein Drittel durch Werbung verlängert werden. Doch die Zuschauer äußern bald schon ihren Unmut, und eine Publikumsuntersuchung bringt das nicht sonderlich überraschende Ergebnis, daß zu viele Spots entweder zum geistigen Abschalten oder aber zum Ausschalten des Geräts beziehungsweise zum Umschalten auf einen anderen Sender führen. Zwischen den Fernsehwerbung betreibenden Firmen, den Agenturen und der Publitalia wird daraufhin eine Regelung beschlossen: Pro Sendestunde dürfen abends höchstens neun Minuten, am Tag zehn Minuten Werbung geschaltet werden.

Spotfreie Sendezeiten oder Feiertage gibt es in Italien nicht – das gilt sowohl für die RAI als auch für die Privaten. Und das Frühstücksfernsehen sorgt schon seit 1985 dafür, daß auch am Morgen die Werbung zielgruppenorientiert an den Mann beziehungsweise an die Hausfrau gebracht wird.

Bei einer solchen Unmenge von Spotausstrahlungen sollte man auf üppige Einnahmen der nationalen TV-Branche schließen. Doch das ist keineswegs der Fall. 1983 zum Beispiel hatte Italien nur halb so hohe Einnahmen vorzuweisen wie die öffentlich-rechtlichen Sender in der Bundesrepublik.

Die RAI, die sich wie die großen deutschen Fernsehanstalten nicht nur aus den vom Parlament beschränkten Werbeeinnahmen, sondern auch aus Gebühren finanziert, kommt nur auf zwei Drittel der tatsächlich möglichen Gebühreneinnahmen (die Deutschen auf fünfundneunzig Prozent). Sechs Millionen italienische Fernsehbürger schalten sich also schwarz ein. Wer die Privaten und vor allem die beliebten Sender Berlusconis gratis ins Haus bekommt, der sieht nicht so recht ein, warum er für die RAI jährlich 180 Mark bezahlen soll. Viele stellen die Staatssender nur für die Nachrichten ein, wo die RAI nach wie vor eine Monopolstellung hat, da Berlusconi keine Nachrichtensendungen ausstrahlen darf.

Ein gewichtiger Grund aber für die im internationalen Vergleich und im Verhältnis zu der hohen Zahl von Spotausstrahlungen niedrigen TV-Einnahmen der RAI ist die Rabattpolitik mit Dumpingpreisen, die Berlusconi seinen Kunden gegenüber verfolgt und die die RAI und andere Sender zwingt, ähnliche Methoden zu praktizieren.

Der Boom der Fernsehwerbung in den vergangenen fünfzehn Jahren hat den Werbemarkt und die klassischen Werbemedien gänzlich durcheinandergebracht. Zwischen 1974 und 1984 nehmen die Werbeinvestitionen im TV-Bereich um das Sechsundzwanzigfache zu, das Fernsehen wird absolut führend vor Presse, Radio und Außenwerbung. Gleichzeitig entwickelt sich das Privatfernsehen durch seine immensen Werbeeinnahmen auch zum potentesten Anbieter für Unterhaltung auf Kosten der Buch- und Zeitschriftenlektüre sowie von Kino- und Theaterbesuchen.

Daß das Fernsehen zum führenden Werbeträger wird, hat Auswirkungen auf die ökonomische Ordnung im allgemeinen. Viele Firmen, vorrangig kleine bis mittlere, haben aufgrund der massiven Nutzung der durch keine Gesetze limitierten Werbung und die Dumpingpreise bei den Berlusconi-Sendern sehr positive Entwicklungen durchgemacht. Sind es 1979, dem Jahr der Gründung von Publitalia, 3,5 Milliarden Mark, die italienische Firmen, große und kleine, für Werbung ausgeben, so ist dieser Betrag zehn Jahre später schon auf satte fünfzehn Milliarden Mark gestiegen.

Daß der Spot im Zuge seiner Erfolge und künstlerischen Entwicklung nicht nur inhaltliche Elemente des Spielfilms übernimmt, sondern auch in seinen Kosten einem Spielfilm in nichts nachsteht, beweist die durchschnittliche Summe von 150 000 Mark, die die Auftraggeber für die Herstellung eines Dreißig-Sekunden-Spots Anfang der neunziger Jahre ausgeben.

Spotfieber

Die Italiener begeistern sich außerordentlich schnell für das zu Anfang der achtziger Jahre in neuem Gewand sich präsentierende Medium Spot. Die Zeiten, in denen Werbung von Intellektuellen naserümpfend kritisiert wurde, sind vorbei, der Spot wird gesellschaftsfähig, gar als die modernste aller Künste hofiert. Aussprüche wie „Hast du schon den letzten Spot von Fellini gesehen?" oder „Ich muß wirklich den neuen Barilla-Streifen aufnehmen!" – Barilla ist eine Nudelsorte – gehören Mitte der achtziger Jahre zum Alltag. Die Namen der großen Spotregisseure erlangen einen Bekanntheitsgrad, der denen der Spielfilmregisseure gleichkommt.

Längst schon gibt es auch in Italien keine kritischen Stimmen mehr, die die Werbung als „geheimen Verführer im Dienste des Kapitalismus" kritisieren. Kritisiert wird zwar immer mehr das Zuviel in den Programmen und Spielfilmen, doch man freut sich allgemein, der explosionsartigen Ausbreitung einer neuen Kunst beiwohnen zu können.

Spotneuerscheinungen werden bei der linksgerichteten Tageszeitung *Il Manifesto* regelmäßig in der Rubrik „Spotparade" besprochen, herausragende neue Spots in den großen Wochenmagazinen *Panorama* und *Espresso* eingehend und mit Foto gewürdigt und jährliche Spotfestivals in der Öffentlichkeit aufmerksam verfolgt. Trendanalysen werden erstellt, und Spot-Non-Stop-Nächte entwickeln sich im dritten RAI-Sender, dem Bildungsprogramm, oder bei Canale 5 zum großen Fernsehereignis, in dem man nun „endlich, endlich einmal Spots ohne die leidige Programmunterbrechung" sehen kann. Schließlich widmen sich sogar wöchentliche Magazinsendungen dem Spot, stellen führende Werbefachleute und Spotprotagonisten vor – oft genug berühmte Schauspieler – und gehen der Entstehung eines Spotstreifens nach. Dies alles sind Indikatoren dafür, daß die Spotkultur inzwischen zum festen Bestandteil im italienischen Alltagsleben geworden ist.

Ende der achtziger Jahre erinnern die italienischen Massenmedien in Lobeshymnen an die ersten, „Carosello" genannten italienischen Werbesendungen, die zwanzig Jahre lang bei der RAI zu sehen waren. Diese Werbesendungen wurden zur selben Zeit ausgestrahlt, nämlich Ende der fünfziger Jahre, als der Spot, ein Werbestreifen von etwa zwanzig Sekunden Länge, in den anglo-amerikanischen TVs seinen Siegeszug antrat. Jeweils etwa zwei Minuten lang wurden in den „Carosello"-Sendungen märchenhafte Minigeschichten erzählt, die in der Propagierung eines Produktes endeten. Der berühmte „Carosello"-Vorhang öffnete und schloß sich als Rahmen jeder kleinen Geschichte. Jean-Luc Godard rühmte diese werbenden Minigeschichten als „das beste Produkt des italienischen Films", und in den Würdigungen der italienischen Zeitungen wird immer wieder hervorgehoben, daß hier noch eine wirklich italienische, in der Tradition der Commedia dell'arte stehende Kunst der Werbung praktiziert wurde und nicht wie heute eine stark von den Amerikanern beeinflußte.

Diese sehr originelle Werbeform wurde jeden Abend nach den Nachrichten gesendet. Jeder zwanzig- bis vierzigjährige Italiener von heute erinnert sich noch an diese Minigeschichten aus seiner Jugend, mit deren letztem Vorhang auch allabendlich das „Jetzt aber ab ins Bett, Kinder!" kam.

„Carosello" war aufgrund der damals noch recht rigiden Vorschriften für Werbung im italienischen Fernsehen entstanden. Werbung, so schrieben sie vor, sollte eine formal wie inhaltlich vom normalen Fernsehprogramm völlig unabhängige Gestaltung haben und durfte erst nach einer zweiminütigen werbefreien szenischen Gestaltung in einer Länge von zwanzig Sekunden pro Produkt gesendet werden.

Berlusconi vor seinem Stammsitz, der Villa in Arcore

Vor dem Firmengebäude der Fininvest

Im eigenen Hubschrauber

Die heimische Bildschirmwand, auf der gleichzeitig alle neun Berlusconi-Programme zu sehen sind

Berlusconi vor seiner Kunstsammlung in der Villa Arcore

Mike Bongiorno in einer seiner beliebten Werbeshows

Von Berlusconi heiß umworben: Raffaella Carrà

Die Berlusconi-Sender. Jeweils von links nach rechts: Canale Cinque, Rete Quattro, Italia Uno, La Cinq in Frankreich, Tele Cinco in Spanien. Tele Fünf in der Bundesrepublik Deutschland

Jubel beim AC Mailand. In der Mitte Präsident Silvio Berlusconi

Auf einer Versammlung der neuerworbenen Warenhauskette Standa

Mit Gianni Agnelli, einem anderen Wirtschaftsgiganten

Mit Carlo De Benedetti, dem Gegenspieler im Kampf um Mondadori

Panorama vom 2. 10. 88 (Berlusconi mit seiner Frau Veronica Lario): „Der Superpadrone: Wird es Zeit, ihn aufzuhalten?“

Panorama vom 26. 2. 89: „Der Film
mörder: Ruiniert der Mann mit dem
Spot die Meisterwerke des Kinofilms?

L'Espresso vom 28. 1. 90: „Nein, Signore! Was Berlusconi bei Mondadori ändern will“

L'Espresso vom 15. 7. 90: „Rückwär
marsch! Berlusconis 153 Tage bei
Mondadori“

Die Zulassung des kommerziellen Funks 1976 und die beginnende Konkurrenz zwischen den Privaten und der RAI ließen diese komödiantische und phantasievolle, so ganz italienische Form der Werbepräsentation nicht mehr zeitgemäß erscheinen, und für „Carosello" fiel 1977 das letzte Mal der Vorhang. Ab da trat dann die reine Fernsehwerbung ohne Drumherum ihren Siegeszug an.

Mit dem in Amerika kreierten Spot kamen auch die großen amerikanischen Werbeagenturen nach Italien. Noch heute ist unter den ersten zehn großen Agenturen nur eine rein italienische, die ihrerseits – rasant aufgestiegen – es geschafft hat, ein Büro im Werbeparadies New York zu eröffnen.

Der Spot ist in Mode, und einschlägige Kreise wollen ihn gar als die modernste aller Künste respektiert sehen. Fellini, bekannt als Verächter der kommerziellen Fernsehwelt, die er als vulgär, antiintellektuell und antikünstlerisch kritisiert und in seinem Film „Ginger und Fred" gründlich ironisiert, hat nichtsdestoweniger selbst Werbespots gedreht, deren ästhetische Mittel dann eine ganze Richtung von Spots beeinflußten. Von ihm stammt zum Beispiel die gigantische Vergrößerung der Produkte und einzelner Details, die nicht nur eine bestimmte Ironie und Komik in die Spots bringt, sondern auch dem Ziel der Werbung entspricht, das Produkt in Superlativen darzustellen.

Neben dem Gigantismus ist auch Fellinis Idee des Doppelgängers spotprägend geworden. So bekommt der Spotstreifen daheim vor dem Fernsehschirm eine ganz neue Note, wenn man gemeinsam darüber rätseln kann, ob der Mann am Fiat-Steuer wohl der bekannte Schauspieler XY ist oder nicht. Oder man amüsiert sich über dieses komische Paar, das sich so kindlich um den Yomo-Joghurt streitet und Lady Di und ihrem Charles wirklich dermaßen ähnlich sieht . . .

Andere hervorragende Regisseure wie Pupi Avati und die

Brüder Taviani haben Spots für Renault gedreht, Franco Zeffirelli für Annabella-Pelze, Michelangelo Antonioni für Facis-Anzüge, um nur einige der Großen des italienischen Spielfilms zu nennen. Derartige Namen haben qualitative Maßstäbe gesetzt, mit denen die bundesrepublikanische Spotlandschaft, die noch weit bis in die achtziger Jahre die Hausfrauen mit ihrem schlechten Putz-Gewissen gequält hat, nicht konkurrieren kann.

Harte Schnitte, ausdrucksvolle Stimmung durch Lichtarrangements, Protagonisten, die wie Schauspieler agieren – diese dem Film verwandten Elemente zu koppeln mit der eigentlichen Werbemitteilung, das scheint für die großen Spielfilmregisseure, die Spots drehen, eine reizvolle Herausforderung zu sein.

Zu dieser Modeerscheinung gehört auch die dem Medium Werbung eher fernstehende und in der übrigen Welt unbekannte Länge der italienischen Spots. Geht in Amerika der Trend eher zum sehr kurzen Spot von fünf Sekunden, so drehen die Italiener, an ihre „Carosello"-Tradition anknüpfend, auch Werbestreifen von Zwei-Minuten-Länge.

Als 1989 in Brüssel die Minister der EG-Staaten eine Reglementierung für die Spotausstrahlung in den Satellitenprogrammen ausarbeiten, entbrennt in Italien eine längst schon überfällige Debatte: Von Fellini über Lina Wertmüller, den Brüdern Taviani zu Sergio Leone und Francesco Rosi wollen die italienischen Spielfilmregisseure den permanenten Werbespotunterbrechungen ihrer Filme im Fernsehen ein Ende setzen.[7]

Der Entrüstetste von ihnen ist Federico Fellini: „Die ständigen Filmunterbrechungen bei den privaten Fernsehanstalten sind eine wahrhaftige Willkür nicht nur gegenüber dem Autor und seinem Werk, sondern auch gegenüber dem Zuschauer. Dieser gewöhnt sich an eine stotternde und stammelnde Sprache, an den Ausschluß geistiger Aktivität, an viele kleine Vernebelungen der Aufmerksamkeit, die den Zuschauer schließlich zu einem unruhigen Kretin machen, der unfähig ist, sich zu konzentrieren, nachzudenken, geistige Verknüpfungen oder Vorausschauen vorzunehmen. Den Zuschauer mit Werbung zu überschwemmen ist ein Akt der Unehrlichkeit, der Pflichtverletzung, der Gewalt, und dies inmitten einer Gesellschaft, die davon überzeugt ist, auf der Basis gegenseitiger Achtung zusammenzuleben."[8]

Berlusconi antwortet auf derlei Angriffe nüchtern und ohne Umschweife: „Die Privatsender sind eine Dienstleistung für die Industrie. Gibt es keine Spots mehr während der Filme, dann bricht diese Dienstleistung – und mit ihm also das Privatfernsehen – zusammen." Und wer kann das schon wollen? Weder der Fernsehzuschauer, der die Hälfte seiner Fernsehstunden mit den Sendern Berlusconis verbringt, noch eigentlich die Filmregisseure selbst. Denn deren (Kino-)Spielfilme werden inzwischen fast ausschließlich vom Fernsehen – sei es von der RAI, sei es von Berlusconis Privatsendern – produziert. Eine schöne Zwickmühle also; finanzieren die TV-Sender die Kinofilme doch deshalb, um mit ihnen dann in der späteren Fernsehausstrahlung durch das Einsetzen von Werbespots wieder ordentlich zu verdienen.

Die Regisseure, Schauspieler, Intellektuellen, Linkspolitiker und Kulturkritiker, die Ende der achtziger Jahre in einer Kampagne der zweitstärksten Partei im Lande, der KPI, ihr Wort erheben, haben es also schwer mit ihrer Forderung: „Weg mit den Spots!" Realistisch muß man schon sein. Am Anfang und am Ende des Films ja, gestehen die Kritiker zu, doch Unterbrechungen im unerbittlichen Zwölf-Minuten-Takt, das sei ja noch schlimmer als in Amerika!

Die RAI, die sich zwar nicht mehr durch sehr viel, aber

durch einige kleine Dinge doch noch vom Kommerzfunk unterscheidet, läßt ihre Werbespots am Anfang, am Ende und in der „Halbzeit" der Spielfilme einsetzen. Das, so die Rechtfertigung, sei doch gar nicht so schlecht, denn wer die Spots nicht sehen wolle, der könne dann ja telefonieren, ins Bad gehen oder sich ein neues Bier holen.

Aber selbst diese moderate Halbzeit-Unterbrechung wollen die Regisseure abgeschafft sehen. „Auch das", so Francesco Rosi, „gibt es nur in Italien und sollte nicht akzeptiert werden. Ein Film baut Gefühle auf, eine Filmunterbrechung macht es dem Zuschauer unmöglich, den Zusammenhang zu bewahren."

Bei Berlusconi ist man da anderer Meinung. Der „Hyperrealismus" der Spots schaffe Distanz zu den Inhalten der Filme, „Rambo" sei ohne Unterbrechungen durch Werbespots ein Gewaltfilm, mit ihnen jedoch werde er zu einem gewöhnlichen Familienfilm, meint Carlo Freccero, Chefideologe Berlusconis.[9]

Bei so viel Gewitzheit kann Lina Wertmüller nur resigniert feststellen: „Fernsehen und Werbung sind inzwischen zu einer Maschinerie geworden, vor der der Kinofilm nicht mehr flüchten kann. Mit dem Fernsehen haben unsere Filme ein längeres Leben, werden von einem viel größeren Publikum gesehen – und das ist eine wunderbare Sache. Doch die absolut negative Seite ist, daß keiner mehr unsere Kunstwerke als solche respektiert, sie werden nur noch als Ware benutzt, an der diverse Kreise verdienen können!"[10]

Nach neuesten Umfragen wollen inzwischen achtzig Prozent der Zuschauer lieber einen unzerstückelten Spielfilm sehen; an die Spots in Quizsendungen und Telefilmserien haben sie sich allerdings bereits gewöhnt.

Berlusconi zeigt Zähne und spielt seine Macht aus: Schließlich finanziere *er* doch mehrheitlich den italienischen Spielfilm, schließlich sei *er* der größte Käufer für

Fernsehrechte in halb Europa, auch habe *er* das größte Filmarchiv und besitze ein Drittel aller Kinosäle in Italien. Und überhaupt, sein Fernsehreich, auf das ja wohl kein Italiener mehr verzichten wolle, sei doch entstanden auf dem System der unentwegten Filmausstrahlung. Und nicht nur die Italiener vor dem Fernsehschirm freuten sich über die vielen Filme, sondern auch die Industrie, die billige Werbezeit für ihre Produkte in den Filmen kaufen kann.

Da Berlusconi hart, stark und mächtig sei, so fordern seine Gegner aus dem Lager der Filmregisseure, müsse endlich ein Gesetz her, das die Spots in den Filmen verbietet und noch in vielen anderen Fragen dem Expansionsdrang des Fernsehbosses Grenzen setzt.

1990 scheint sich ein Erfolg für die Anti-Spot-Streiter der linken Opposition im Parlament abzuzeichnen. Im Senat stimmen eine Reihe von Abgeordneten der linken Strömung innerhalb der Christdemokraten mit den Linken der KPI, der Democrazia Proletaria, den Grünen, der Unabhängigen Linken für das gesetzliche Verbot der Unterbrechungen durch Werbespots. Giulio Andreotti, Regierungschef und Vertreter der rechten Christdemokraten, der eher zu einer Allianz mit Berlusconi bereit ist, droht seinen Parteigenossen wegen dieser Abtrünnigkeit mit einer Regierungskrise. Eine Regierungskrise wegen Werbespots? In Italien ist das möglich.

Im Oktober 1989 spricht sich auch das italienische Verfassungsgericht für ein solches Gesetz mit der Begründung aus, daß die Spots die Identität des Films verändern und dem beruflichen Ansehen der Regisseure schaden. Die gesetzlich vorgesehenen Grenzen für die TV-Werbung sollen zehn Prozent Werbung pro Sendestunde für die RAI, fünfzehn Prozent für die privaten Networks, achtzehn Prozent für die Lokalsender nicht überschreiten; Werbeeinschübe sollen nur zwischen dem ersten und dem zweiten Teil eines Spielfilms, bei Opern, Konzerten oder ähnlichem nur in den Pausen möglich sein.

Von seiten der Fininvest gibt es scharfe Reaktionen: Durch die Werbebegrenzung zeichne sich ein Verlust von 400 Millionen, durch das Unterbrechungsverbot von weiteren 140 Millionen Mark im Jahr ab. Berlusconi versucht, sich mit immer neuen Argumenten gegen die Durchsetzung des Gesetzes zu wehren: „Eine harte Schlappe für den italienischen Film, der durch uns zum großen Teil finanziert wird. Wer sich einen Film im Fernsehen ansieht, weiß doch von vornherein, daß er wahrscheinlich gestört wird: Das Telefon klingelt, das Kind weint, andere Familienmitglieder reden oder klappern mit dem Geschirr. Die in den Film eingesetzten Einkaufstips sind nur das kleinere Übel."[11]

Zeitgeist und Spot-Boom

Es drängt sich natürlich die Frage nach dem Erfolg des Werbespots auf: Kaufen die Zuschauer wirklich vermehrt die Produkte, für die Werbung gemacht wird? Diese Frage interessiert den Werbekunden, also die jeweilige Firma mit ihrem Produkt, und auch die Werbefirmen wie die Publitalia Berlusconis. Ohne Zweifel ist der Verkaufserfolg eines Produkts, für das Werbung gemacht wird, größer, weil es bekannter ist. Fernsehwerbung ist eindringlicher und letztlich auch aufdringlicher, hat mehr Erfolg als die anderen Werbemedien. Ob es nun aber die Werbung in der Zeitschrift, auf den Plakaten oder im Fernsehen ist, die den Ausschlag gibt für den richtigen Griff der Hausfrau ins Warenregal, das wird ein auf ewig unerforschbares Geheimnis bleiben.

Die italienische Öffentlichkeit ist an diesem Kriterium für den Erfolg eines Spots jedoch nicht sonderlich interessiert.

Was zählt und die Aufmerksamkeit auf sich zieht, ist die Ästhetik. Beurteilt wird, welche Einfälle neu, gelungen, witzig sind, welcher Spotregisseur denn wieder einmal außerordentlich gut war.

Luciano Benetton, Besitzer der Benetton-Moden, läßt zum Beispiel von den gefragtesten Mailänder Werbeagenturen ästhetisch sehr gelungene und beim Publikum sehr beliebte Spots für sich drehen, um dann zu sagen: „An die Fernsehwerbung glaube ich nun wirklich nicht." Doch was ist es dann, was die Italiener einen solchen Spotkult betreiben läßt? Woher die Ästhetisierung dieses Mediums?

Für Jean Baudrillard, den französischen Zeitgeistphilosophen, ist es die gegenwärtige „Ästhetisierung der Gesellschaft", die den Werbespot in Italien und ähnlich in Frankreich hat Mode werden lassen.[12] Die Gesellschaft sei derzeit, Mitte der achtziger Jahre, von keiner grundlegenden Energie bewegt, die ihrer eigenen Reichhaltigkeit entspringe, sondern sei vor allem von der Notwendigkeit gedrängt, sich selbst zu kompensieren, indem sie sich ein euphorisches und euphemistisches Aussehen gebe. Je tiefer eine Gesellschaft sich in einer Krise befinde, desto mehr suche sie von sich selbst ein Bild in Superlativen zu zeichnen. Und hierbei sei die Werbung in ihrer anspruchsvollsten Form, dem Spot, ein entscheidender Gehilfe.

Der italienische Komiker Roberto Benigni bemerkte zum Spotboom ebenso geistreich wie paradox: „Es ist immer noch besser, Werbespots zu sehen, als nicht den Film."

Werbung und Werbespots im konkreten werden in Italien als Medium der Mitteilung nicht mehr kritisiert. Auch in der Bundesrepublik sind die Zeiten linker Kritik vorüber, doch hier besteht auch mehr als zwanzig Jahre nach 1968 unter Intellektuellen und Künstlern noch eine reservierte Haltung der Werbung gegenüber. Die Italiener aber feiern nicht nur die Ästhetik des Spots, sondern sehen seine gesellschaftliche Rolle in der Zeit des Wirtschaftsbooms der Achtziger als durch und durch positiv an: als Quelle der Information für den Konsumenten, als Garantie für die Unabhängigkeit der Medien vor politischem Einfluß und als Instrument der wirtschaftlichen Entwicklung.

Die Show mit Dash und Dixan

Ende der achtziger Jahre wird das italienische Fernsehen, sei es das private oder das staatliche, vom Sponsoring okkupiert. Keine Show, kein Fernsehereignis, in denen die Produkte des jeweiligen Finanziers der Sendung sich nicht breitmachen. Die dezente Ankündigung des großzügigen Geldgebers vor und nach einer Sendung gehört längst in die Kinderzeit des Sponsorings. Italien ist nicht nur mit dem Spot, sondern auch mit dieser Form der Werbung internationaler Vorreiter. Kein Land in der Welt sponsert soviel wie Italien, zehn Prozent der Werbeausgaben gehen in diese Werbeform; in Amerika ist es, zum Vergleich, lediglich ein Prozent.

Höhepunkt der Sponsoring-Euphorie im italienischen Fernsehen ist Mitte der achtziger Jahre eine über drei Monate laufende sehr erfolgreiche Show, die italienische Fernsehkritiker mit dem Ausruf „Endlich wieder einmal eine intelligente Fernsehshow!" loben.

Jeden Abend zwischen halb elf und halb zwölf wird in dieser Sendung unter der Leitung des geistreichen und nonkonformistischen Renzo Arbore bei der RAI die italienische Spot- und Sponsoringwelt auf die Schippe genommen. Als Sponsor der Sendung fungiert der Cacao Meravigliao, eine brasilianische Kakaomarke, die sich fortan einer außerordentlichen Nachfrage in Bars und Geschäften erfreut. Nur –

es gibt den Cacao Meravigliao gar nicht, er wurde, Ironie der Ironie, schlicht als Sponsor für die Show erfunden.

Die Ironie mit dem vermeintlichen Sponsor kommt bei einem sonst eher Show-skeptisch gewordenen Publikum auch deshalb so glänzend an, weil es im italienischen Fernsehen zu einem immer aufdringlicheren Over-Sponsoring gekommen ist, das schließlich allseits unter starken Beschuß genommen wird. Das betrifft Berlusconis Sender gleichermaßen wie die staatliche RAI. Nicht nur die zahlreichen Quizsendungen, sondern auch die beliebten Wochenendshows werden mit Werbung überladen. Aufsehen erregt in den Hochzeiten des Sponsorings ein bei der RAI übertragener Gala-Abend zu Ehren des neuen Alfa-Romeo 164 aus dem Hause Agnelli/Fiat. Auf der Bühne als Star des Abends ins rechte Licht gerückt, unter Mitwirkung Agnellis und diverser Größen aus Wirtschaft und Politik, steht der neue Alfa-Romeo drei Stunden lang im Mittelpunkt eines kulturellen Programms. In jedem anderen europäischen Land, zudem noch beim staatlichen Fernsehen, eine unvorstellbare Sache!

War es bei der RAI zuletzt das von Procter & Gamble geförderte Waschmittel Dash, so bei Berlusconis Canale 5 das Henkel-Produkt Dixan, das in Riesenpaketen überall auf der Bühne präsent ist. Über dem Bühnengeschehen die Leuchtschrift Dixan, Ballettmädchen mit Dixan-Hemden, dic Tänzc nach der Linienführung der fünf Buchstaben aufführen und Songs mit einem Hoch auf das Henkelpulver schmettern. Im Mittelpunkt des Ganzen schließlich die Dixan-Lotterie. Und genau die ist es, die den Erfolg der Waschmittelinszenierung garantiert. Wer nämlich mitspielen und gewinnen will, kann nicht umhin, sich ein großes Paket dieses Waschmittels zu kaufen: Nur in ihm findet sich die Postkarte für die Teilnahme an der Lotterie. Für Henkel ist der Gewinn gesichert, denn mit der gesponserten Sendung verdreifacht sich der Verkauf dieses Waschmittels. Da lassen sich die sechzehn Millionen Mark, die das Unternehmen gezahlt hat, um als Sponsor an vierzehn Samstagen die Show auszurichten, offensichtlich leicht verkraften.

Lange schon sind die Zeiten vorbei, in denen dem Sponsor nur ein Eckchen auf der Bühne, nur ein Bruchteil der Showsendung zur Werbegestaltung zur Verfügung gestellt wurden. Heute sind es die Medienprofis der Waschmittelhersteller – oder anderer Sponsoren –, die die Show kreieren und produzieren. Um die Einschaltquoten konkurrieren im Endeffekt nicht mehr Canale 5 und die RAI, sondern Dash und Dixan.

In der Hochsaison 1987/88 macht Dash das Rennen im Sponsoring-Wettkampf, denn die RAI präsentiert einen umschwärmten Anbieter für ihr Produkt: Adriano Celentano, beliebtester Schlagersänger der Italiener.

Adriano Celentano sorgt für Aufregung in den Verwaltungsetagen der RAI. Er ist nämlich der wohl unprofessionellste Showmaster, der je im italienischen Fernsehen – das Unsummen in gekonnte Unterhaltung steckt – zu ertragen war: Nicht nur, daß er minutenlange Schweigepausen einlegt, nach denen er, sich an die gerunzelte Stirn fassend, schließlich eingesteht, den Faden verloren zu haben. Celentano leistet sich noch ganz anderes.

In seiner dreistündigen Samstagabendshow ist er nur scheinbar der Mittelpunkt des Geschehens. Viel entscheidender ist das Waschmittel Dash, um das sich hier alles dreht. Doch Celentano, der von den Dash-Profis ganz offensichtlich zuwenig für seine Aufgabe präpariert worden ist, gibt sich als überzeugter Ökologe. Er ist so frei und rät seinen elf Millionen Zuschauern, am besten überhaupt kein Waschmittel zu benutzen, denn die seien nur schädlich für Mensch und Natur. Eine mehr als kecke Äußerung in diesem Rahmen. Der Skandal ist perfekt. Keine Zeitung, die am nächsten Tag nicht auf der ersten Seite über diese Angelegenheit berichtet.

Doch die Dash-Show geht weiter. Die Medienprofis des Waschmittelkonzerns haben sich noch etwas Neues einfallen lassen. So soll jeder geneigte Zuschauer einen Tausend-Lire-Schein (rund 1,35 Mark) an die RAI schicken, damit Dash in Kenia ein Schul- und Bildungszentrum aufbauen kann. Den Überweisungsschein dafür findet man – selbstredend – nur im großen Dash-Paket. Eine derartige Koppelung der Unterstützung einer sozialen Sache mit dem Kauf eines Produktes – das ist neu, allemal in einem staatlichen Fernsehen.

Für den Zuschauer vor dem Bildschirm gibt es bei diesen Shows kein Entweichen, der Sponsor präsentiert sein Produkt aufdringlich in allem und jedem; der Inhalt der Sendung wird überstrahlt von dem bunt und gigantisch in Szene gesetzten Waschmittel. Geradezu entspannend sind für den Fernsehzuschauer die üblichen, auch hier nicht ausbleibenden Programmunterbrechungen durch Werbespots, bringen sie doch wenigstens Abwechslung in das Produktangebot des gemütlichen Samstagabends.

Doch die Zuschauer lassen mit ihrer Reaktion auf diese Aufdringlichkeit nicht lange auf sich warten: Die Einschaltquoten bei den Shows gehen ganz bedenklich zurück, was zur Folge hat, daß in beiden Sendeanstalten die Wochenendshows – und nur diese – vorerst nicht mehr gesponsert werden. Man will, wie der Präsident der Organisation der Werbetreibenden verkündet, eine Pause für „Überlegungen" und „mehr Professionalität" einlegen. Das kann nur heißen, daß der Sponsor etwas mehr in den Hintergrund verwiesen werden soll und eine Sponsoring-Form entwikkelt werden muß, die effizient bleibt und sich nicht selbst ad absurdum führt, weil ihr die Zielgruppe davonläuft.

Welche Ergebnisse das Sponsoring jedoch hervorzubringen vermag, zeigt paradoxerweise die Show um den Cacao Meravigliao: Der Kakaokonsum in Italien stieg nach der Sendung um dreißig Prozent! Um das Phänomen des Sponsoring-Spektakels bei den Berlusconi-Sendern wie bei der RAI verstehen zu können, muß man sich seine Entstehungsbedingungen genauer ansehen.

„Big Brother" Amerika

Italien kann sich rühmen, *das* TV-Land in Europa zu sein – doch der Einfluß der USA ist unübersehbar und allgegenwärtig. Die oben beschriebene Art des sogenannten inneren Sponsoring, in denen das Produkt selbst als Protagonist auf der Bühne mitwirkt – und dies nicht etwa nur in Unterhaltungs-, sondern genauso auch in Informationssendungen –, stammt, wen wundert's, aus Amerika. Doch erstaunlicherweise gibt es diese Werbeform in den USA schon seit Ende der fünfziger Jahre nicht mehr.

Der erste amerikanische Kommerzsender – er war der erste private Sender in der Welt überhaupt – hatte schon Anfang der vierziger Jahre mit der Übertragung von gesponserten Sendungen begonnen, noch bevor sich der Spot als TV-Werbeform institutionalisierte.

Diese Koppelung von Produktwerbung und Finanzierung von Fernsehprogrammen trug dann in der Nachkriegszeit zu einer sehr schnellen Entwicklung des Kommerzfunks in den Vereinigten Staaten bei. Eine oder zwei Firmen finanzierten komplette Sendungen und erhielten dafür freie Hand, ihre Produktwerbung einzubringen. Gleichzeitig hatte der Sponsor auch alle Freiheiten, den Inhalt des Programms zu beeinflussen. Das führte nicht selten zu Zensurskandalen und Zusammenstößen zwischen den Fernsehproduzenten und den Finanziers aus der Industrie. Führend in der Einflußnahme war damals schon der internationale Multi Procter & Gamble, der in schriftlich fixierten Richtlinien anordnete, daß zum Beispiel in von ihm gesponserten Spielfilmserien Schwarze nie erscheinen dürften und daß die Wirtschaftswelt immer nur als positiv darzustellen sei.

Der letzte große Skandal im Jahr 1959 beendete dann abrupt die frühe Ära des TV-Sponsorings. Man hatte entdeckt, daß der Kosmetikhersteller Revlon, Sponsor des Telequiz „Die 64 000-Dollar-Frage", den Wettkampf der Quizteilnehmer unterlief, indem die Quizfragen schon vorher an diejenigen Teilnehmer preisgegeben wurden, die sich als am „ergiebigsten" für das Zuschauerverhalten erwiesen, also die hohe Einnahmen garantierenden Einschaltquoten steigerten.

Absoluter Spitzenreiter der TV-Werbung wird nach diesem Sponsoring-Skandal der Dreißig-Sekunden-Spot. Erst seit Anfang der siebziger Jahre hat man in Amerika wieder mit dem TV-Sponsoring begonnen, doch in der sehr dezenten Form der Namenseinblendung des Sponsors am Anfang und am Ende einer Sendung, eine Form des passiven Sponsorings, wie sie seit Mitte der Achtziger auch im öffentlich-rechtlichen Rundfunk der Bundesrepublik bei der Übertragung von Sportereignissen im Fernsehen zugelassen ist.

Aktuellere Anleihen macht das italienische Fernsehen also weniger beim „großen Bruder" in Amerika als vielmehr beim brasilianischen Rede Globo. Dieser Sender des Medienmagnaten Roberto Marinho produziert und exportiert sogenannte Telenovellen, in denen der Sponsor sein Produkt plaziert und in die Handlung integriert. So finanziert zum Beispiel ein Fahrradhersteller eine Serie von solchen Telenovellen und erhält als Gegenleistung im Verlauf des Films die Möglichkeit, seine Fahrräder zu bewerben, indem die Protagonisten in der Szene auffallend häufig auf ihnen fahren und die Markenzeichen immer wieder mehr oder weniger unauffällig vor die Kameralinse rücken.

1984 hat die brasilianische Bankvereinigung eine Hunderte von Folgen umfassende Telenovelle-Serie finanziert, die ausschließlich im Bankmilieu spielt und das Image der durch Finanzskandale in Verruf geratenen Banken aufwerten will.

In Brasilien werden Drehbücher heute nicht mehr danach ausgesucht, ob sie sich dazu eignen, hier und da ein wenig Werbung oder Product placement einzubringen. Drehbücher für Telenovellen werden vielmehr gleich im Auftrag der Industrie geschrieben, ihre Spielhandlung wird von Anfang an um das Produkt herum entworfen.

Italien hat die brasilianische Form des Product placement nicht einfach übernommen. Erst seit Anfang 1990 denkt man hier überhaupt über einen möglichen Einsatz des Product placement nach; entsprechende Fernsehserien werden in Italien bisher auch wenig produziert. Übernommen hat man von den Brasilianern also nicht die Integration des Produktes in die Spielhandlung. Übernommen hat man aber, und da spielten die Berlusconi-Sender eine Vorreiterrolle, die Plazierung des Produktes in den Sendungen: entweder als häufig auftauchender und konkret benutzter Konsumgegenstand oder in seiner leicht wiedererkennbaren handelsüblichen Verpackungsform.

Zeitgeist und Sponsoring

Daß diese Promotion-Form in den letzten Jahren in Italien so an Bedeutung hat gewinnen können, hängt natürlich nicht nur mit den Einflüssen aus den USA oder Brasilien zusammen, sondern auch mit der TV- und Werbeentwicklung im Lande selbst.

Nachdem im ersten Drittel der achtziger Jahre die nationalen Networks wegen der Anhäufung von Werbespots vor allem *in* den Sendungen über sich eine Welle der Kritik ergehen lassen mußten, galt es, neue Wege in der Werbung zu gehen. Untersuchungen über die Aufnahmefähigkeit des Fernsehzuschauers für Werbung wurden angestellt. Heraus kam, daß eine Person am Tag über Radio, Fernsehen, Presse, Plakate und Kino durchschnittlich zwischen dreihundert und sechshundert Werbemitteilungen ausgesetzt ist. Davon kann sie nur zwischen dreißig und achtzig wahrnehmen. Und nicht mehr als zehn dieser Mitteilungen haben überhaupt die Möglichkeit, unser Verhalten konkret zu beeinflussen. Das heißt, die Träume der Agenten von Publitalia von einem permanenten Mehr an Werbung sind ausgeträumt; ab einer bestimmten Quantität erhöht dies keineswegs mehr die Effektivität von Werbung.

Diese desillusionierenden Resultate holten die Werbe-Euphoriker auf die Erde zurück. Es mußten neue Formen her, um den Zuschauer beziehungsweise Konsumenten zu animieren und vor allen Dingen daran zu hindern, bei den Programmunterbrechungen für die Werbung durch das sogenannte Zapping mit der Fernbedienung den Kanal zu wechseln, um so „mal kurz zu sehen, was es auf den anderen Kanälen gibt". In den gesponserten Shows nun steckt die Werbemitteilung in der Sendung selbst, die Fernbedienung, Hauptfeind der Werbung, ist ausgetrickst.

Das innere Sponsoring nutzt ganz einfach die Möglichkeit, dann zum Zuschauer zu sprechen, wenn er auch aufnahmebereit ist für die Mitteilungen aus dem Fernseher. Schließlich stellt keiner das Fernsehgerät allein für die Werbung an; er will vielmehr von Shows, Telespielen oder Spielfilmen unterhalten werden. Und da diese Shows in

Italien drei oder vier Stunden dauern, hat der Sponsor ausgiebig Zeit, seine Produktwerbung an den Mann und an die Frau zu bringen.

Wie das zu machen ist, dafür sind sehr genaue Richtlinien ausgearbeitet worden. Eine Regel des erfolgreichen Sponsorings ist es, nicht mehr die Vorzüge des einen Produkts vor einem anderen in den Mittelpunkt zu rücken. Zwischen Dash und Dixan besteht heute kein Unterschied mehr. Der Slogan, daß das eine Waschmittel noch weißer als das andere wäscht, verfängt bei keiner Hausfrau mehr.

Der italienischen Hausfrau sind statt dessen neue Auswahlkriterien an die Hand gegeben worden. Sie fragt sich nämlich nun bei ihrer Wahl im Supermarkt, welches Waschmittel ihr den größeren Gewinn bei der Lotterie verspricht oder das reizvollere Zusatzgeschenk im Waschmittelkarton bietet oder welcher Showmaster ihr sympathischer ist. Diese Beigaben oder Gewinnversprechen sind zum notwendigen Mittel des Sponsoring-Erfolges geworden. Und wer läßt sich zum gekauften Waschmittelpaket nicht gern ein T-Shirt oder eine Uhr gratis dazugeben!

So praktiziert das innere Sponsoring eine Form der Überredungskunst, die nicht versteckt bleibt oder manipuliert, sondern sich offen zeigt. Sponsoring-Experte Paolo Girone nennt dies die „sichtbare Falle", in die sich der Konsument gern einfangen lasse. Am gelungensten freilich ist die Falle im Sinne der Werbeabsichten – so Girone –, wenn die Beigabe zum Waschmittelkauf oder der Lotteriegewinn nicht irgendwas ist, sondern einen Bezug zum Image des Produktes selbst hat.[13]

Doch es ist nicht nur das Zusatzgeschenk, das die Sponsoring-Shows so erfolgreich macht. Die erste große, sehr erfolgreiche, 1984 von Procter & Gamble ausgerichtete Show „Premiatissima" bot dem Fernsehzuschauer mit der berühmten Postkarte im Waschmittelkarton auch noch die

Möglichkeit, die Sieger bei einem Schlagerwettbewerb selbst mit auszuwählen. Diese Aktivierung und Verwicklung des Zuschauers in das Show- und Werbespektakel ließ Einschaltquoten und Waschmittelverkaufsziffern rapide in die Höhe schnellen. Die Werbung wurde zur Show, die Show zur Werbung.

Für diese Form des Fernsehens bedarf es geeigneter Leute. Ein Showmaster, der es gewohnt ist, dem Publikum Filmdivas und internationale Größen des Showbusineß vorzustellen, geistreich zu plaudern oder schlechtestenfalls den Samstagabend mit langweiligen Plattitüden zu füllen, der ist für italienische Supershows ungeeignet.

Berlusconis Star Mike Bongiorno schafft es glänzend, trotz Mayonnaise oder Windeln, Waschmittel oder Kaffee vor sich, hinter sich und neben sich, die Einschaltquoten immer wieder zum Hochschnellen zu bringen. Die Sponsoring-Einfälle seiner Kollegen für Dash und Dixan kommentiert er als der Erfahrenste auf diesem Gebiet: „Ich habe ihnen immer gesagt, ihr habt hier im Privat-TV bei Berlusconi nur Erfolg, wenn ihr so etwas wie Marktschreier zu sein versteht, ein Produkt ordentlich verkaufen könnt. Meine Quizsendungen, meine Lobpreisungen der Waren sind wie eine Heilige Messe, an die die Leute glauben."[14]

Und in der Tat bringt es keiner in Italien so perfekt fertig, zwischen dem Umgang mit Quizteilnehmern und großen Stars auch noch marktschreierisch die Vorzüge von Ketchup zu preisen, so als wäre es das Natürlichste der Welt.

Daß diese gigantischen Formen des Sponsorings, gekoppelt an Quizsendungen und in moderaterer Form auch an Shows, so erfolgreich sein konnten, hat eine weitere Ursache, die den gesamtgesellschaftlichen Zusammenhang betrifft. Die achtziger Jahre haben die Privatsphäre, den Bereich des privaten Glücks, neu aufleben lassen: Genuß, Abenteuerlust, Spiel und Glück sind neu bewertet worden.

Die Glücksindustrie mit Lotto, Toto, Lotterien, Bingo und verbotenen Geldspielen erfreut sich eines nicht nachlassenden Booms. Die TV-Promotion hat sich dies zunutze gemacht, hat das Element des Spiels unverzichtbar und zentral in ihrer Strategie eingewoben. Eine Tendenz, auf die man in allen großen westlichen Ländern stößt: In Amerika sind es die Game-Shows, in Italien und immer mehr auch in der Bundesrepublik das variantenreich inszenierte Telequiz.

Das Telequiz hat für die Werbung ein besonderes Potential, da es nicht nur sehr leicht zu verstehen ist, sondern auch noch weitläufige emotionale Befriedigungen verspricht. Soll im Fernsehen verkauft werden, so das Erfolgsrezept der italienischen Sponsoring-Fachleute, dann dürfen vor allem das Sich-Wohl-Fühlen und die Unterhaltung nicht vergessen werden.

Italien ist führend, was den Einfallsreichtum, die massive Präsentation und die Höhe der Investitionen in diese auch Kultur-Sponsoring genannte Werbeform betrifft. Die Voraussagen für die neunziger Jahre sprechen von einer sprunghaften Zunahme dieser Werbung in allen europäischen Ländern.

Siebtes Kapitel

Über Italiens Grenzen hinaus

Erste Station: La Cinq in Frankreich

Der italienische Markt scheint mit dem Kauf von Rete 4 und Italia 1 vorerst ausgeschöpft, also wendet sich Silvio Berlusconi dem Ausland zu. Erste Etappe: Frankreich. Die Sterne dort stehen für ihn zunächst sehr günstig: Der Sozialist François Mitterrand fördert nicht nur generell die Entwicklung des Kommerzfunks in seinem Land, sondern hat auch eine außerordentliche Vorliebe für Berlusconi persönlich. Die Sozialistenführer Bettino Craxi, François Mitterrand und Felippe Gonzales sind sich einig, die Schaffung einer Kette von europäischen Fernsehstationen voranzutreiben, um die weitere Amerikanisierung auf dem Kultursektor einzudämmen.

Erste Schritte in diese Richtung werden bald unternommen. Die französische Fernsehszene ist Ende 1984 noch einfach zu überschauen. Neben den beiden staatlichen Sendern TF 1 und Antenne 2 gibt es Canal Plus, das erste private Pay-TV in Europa, das sein Programm auf Basis eines Abonnements ausstrahlt und das wegen seiner Erfolge für die europäischen Medienunternehmer bald zum nachahmenswerten Modell wird. Der Sender weist schon nach kurzer Zeit einen recht beachtlichen Erfolg auf: 200 000

Abonnenten nach drei Monaten, nach einem Jahr, also Ende 1985, schon 700 000, 1988 sind es zwei und 1990 drei Millionen Abonnenten. Canal Plus produziert anfangs keine eigenen Sendungen, sondern überträgt am Tag zwanzig Stunden Sport, Information und Spielfilme. Dank eines Vertrages mit der Filmindustrie dürfen Kinospielfilme bereits ein Jahr nach dem Kinostart übertragen werden, was die besondere Attraktivität des Senders ausmacht.

Die Operation Frankreich beginnt für Berlusconi 1984. In seinem Privatflugzeug fliegt er wochenlang zwischen Mailand und Paris hin und her, um – wie immer – alles persönlich zu regeln. Im August 1985 verkündet die Regierung Mitterrand die Freigabe des Kommerzfunks und die Lizenz für vier private Kanäle. Kurz darauf gibt Berlusconi bekannt, daß er mit Jerôme Seydoux, einem den Sozialisten nahestehenden Finanzier, eine Fernsehstation aufbauen will; seine Anteile an dem Sender sollen vierzig Prozent betragen.

Nach vielem Hin und Her, Absprachen, Treffen und Rätselraten über die Startmodalitäten wird die Öffentlichkeit schließlich im November über die Errichtung von La Cinq informiert. Nach bewährtem Erfolgsmuster bleibt Berlusconi auch in anderen Ländern seinem Markenzeichen „Fünf" treu.

La Cinq formiert sich in Frankreich jedoch unter starker Kritik. Wahlen stehen bevor, und die Rechten unter Giscard d'Estaing und Jacques Chirac machen sich berechtigte Hoffnungen auf einen Wahlsieg und darauf, dann ihre eigenen Vorstellungen über die Ordnung im Äther durchsetzen zu können. Chirac kündigt bereits vor der ersten Sendung von La Cinq und vor den Wahlen an, daß er Berlusconi auf keinen Fall akzeptiere – nicht etwa, weil er seine professionelle Kompetenz in Frage stelle, sondern weil die Sozialisten ihm ungerechtfertigterweise zu viele Vorteile eingeräumt hätten.

Der Vertrag zwischen der Regierung und La Cinq räumt dem Sender in der Tat gute Startmöglichkeiten ein und zieht eine deutliche Grenze zwischen privatem und öffentlichem Fernsehen: Werbeunterbrechungen, dem staatlichen Fernsehen in Frankreich untersagt, sind La Cinq sehr wohl erlaubt, Kinofilme dürfen vom neuen Privatsender bereits zwei Jahre, im staatlichen TV aber erst drei Jahre nach der Uraufführung gezeigt werden. Was die Anteile der Eigenproduktionen der Sender betrifft, so liegt der vorgeschriebene Anteil beim staatlichen Fernsehen bei einundvierzig Prozent. La Cinq ist hier an keine Vorschriften gebunden, kann also auch nur Fremdproduktionen, die weniger kosten, übertragen, hat aber die Auflage, daß die gesendeten Spielfilme zu fünfundzwanzig Prozent aus französischer Produktion stammen müssen.

Für das Programmschema gibt es einige präzise Vorschriften, die die Konkurrenz zwischen staatlichem und privatem Fernsehen wenn auch nicht ganz ausschließen, so aber doch im Rahmen halten sollen. Das betrifft zum Beispiel die Übertragung von Spielfilmen. An den Abenden, an denen das staatliche Fernsehen Spielfilme sendet, ist dies den Privaten nicht erlaubt, und umgekehrt. All das sind Regelungen für den Kommerzfunk, von denen es in Italien nicht eine gibt.

Als Berlusconi Ende 1985 den Programmablauf von La Cinq als erstem privatem Sender in Frankreich vorstellt, erheben sich lautstark kritische Stimmen, die entschieden zu viele Ähnlichkeiten mit den Programmen von Canale 5, Italia 1 und Rete 4 sehen: „Wir haben kein Interesse an einem Coca-Cola- und Spaghetti-Fernsehen, wir wollen Fernsehen von Franzosen für Franzosen!" tönt es aufgebracht. Kulturminister Jack Lang erklärt geringschätzig:

„Das Fernsehen Berlusconis ist das Trojanische Pferd amerikanischer Subkultur!" Geradezu rassistische Töne werden laut. Frei nach dem Motto: „Wollen wir uns etwa von den Italienern kolonialisieren lassen?" gewinnen die Gegner erheblich an Boden und erschweren den Start von La Cinq.

Seit den Zeiten Mussolinis wurde in französischen Zeitungen und in der politischen Welt in Paris nicht mehr so viel über einen Italiener diskutiert. Nach Reagan und Gorbatschow ist Berlusconi die Persönlichkeit Nummer drei, die in jenen Tagen die Nachrichten in Frankreich beherrscht.

Mitterrand wird wegen seiner Berlusconi-freundlichen Linie unter Beschuß genommen: „Scheint es Ihnen gerecht, den fünften privaten Kanal gerade einem Ausländer zu überlassen?" bohrt die Presse und hakt nach: „Beunruhigt Sie das niedrige kulturelle Niveau des Berlusconi-Fernsehens nicht?"

Berlusconi sieht sich gezwungen, auf einer Pressekonferenz vor fünfhundert Journalisten eine Erklärung zu dieser Kritik abzugeben: „Ich bin nach Frankreich gekommen, um hier meine unternehmerischen Fähigkeiten und die Ernsthaftigkeit unseres Unternehmens unter Beweis zu stellen. Nach einigen Monaten der Verhandlungen mit der französischen Regierung ist ein Vertrag geschlossen worden, dessen Bedingungen und Beschränkungen wir im Interesse eines ökonomisch-politischen Gleichgewichts akzeptiert haben. Die Franzosen kritisieren nun, ohne überhaupt eine Ahnung zu haben. Ich frage die französischen Journalisten, welche italienischen Sendungen sie denn überhaupt kennen? Keine. Sie kritisieren unser Fernsehen, als ob es billig, ohne jeden Geschmack und ohne jede Professionalität sei. Es ist also Geduld erforderlich, um uns hier richtig bekannt zu machen."[1]

Doch es gibt auch Beifall für La Cinq. So kündigt Jean-Luc Godard, einer der renommiertesten Spielfilmregisseure des

Landes, in der vielgepriesenen Kultursendung „Apostrophes" auf Antenne 2 an, daß er durchaus die Absicht habe, für La Cinq einen Fernsehfilm zu drehen. Schließlich sei das doch weitaus besser, als für das staatliche Fernsehen zu arbeiten, das von Bürokraten dominiert sei.

Für Berlusconi und seinen La-Cinq-Verantwortlichen Carlo Freccero gilt es nun, bekannte Namen für den auf Ende Januar 1986 geplanten Start des Senders zu gewinnen. Unter den ersten sind Alain Delon für eine Sendung mit und über Frauen, Jean-Paul Belmondo für die Sendung „Jonathan" – eine französische Version des gleichnamigen Programms von Canale 5 über Sport und Abenteuer – und schließlich Brigitte Bardot, die über die Welt der Tiere informieren will. Die Prominenz der Fernsehwelt zögert anfangs, mit Berlusconi einen Vertrag abzuschließen, doch La Cinq gelingt es nach kurzer Zeit auch hier in bewährter Manier, die Großen aus dem staatlichen französischen Fernsehen abzuwerben und sich dadurch einiges Ansehen zu verschaffen.

Berlusconi erinnert sich Jahre später an die Wochen vor der ersten La-Cinq-Sendung: „Ich glaube, nur selten soviel Befriedigung in meiner Arbeit erfahren zu haben wie mit dem Start von La Cinq am 20. Februar 1986. Die Sendungen sollten am Abend um halb neun Uhr beginnen. Ich hatte nach der Startfreigabe durch die Regierung gerade zwanzig Tage Zeit, um ein Programm auf die Beine zu stellen. Keiner glaubte, daß wir das schaffen könnten.

Wir mußten in dieser Zeit die technischen Anlagen installieren, die Vorspanne der Sendungen, die Ankündigungen und die Grafik bereitstellen, Stars finden und, da uns keine Studios in Paris zur Verfügung gestellt wurden, die Aufnahmen für vierzehn verschiedene Programme in unseren Mailänder Studios realisieren – wobei sowohl die französischen Stars als auch das französische Publikum dorthin und danach wieder zurück transportiert werden mußten.

Wir hatten ja alle gegen uns: von der Pariser Stadtverwaltung bis zum Zoll, von der Presse bis zum beharrlichen Chauvinismus der Franzosen, die sich uns gegenüber einfach nur arrogant verhielten – was ja keineswegs neu ist bei unseren Vettern jenseits der Alpen."[2]

Man hört noch nach Jahren aus Berlusconis Worten die Entrüstung über die Probleme heraus, die er mit dem Start von La Cinq in Paris zu überwinden hatte. Nicht viel anders klingt Fedele Confalonieri: „La Cinq war wirklich ein unglaubliches Unternehmen. Nur ein so dirigistisches und chauvinistisches Land wie Frankreich konnte Vergnügen daran haben, ein großes Unternehmen wie uns abzulehnen. Ich erinnere mich, daß Berlusconi die letzten sieben Tage und Nächte vor dem Start ununterbrochen auf den Beinen war. Er kümmerte sich um alles, wie in alten Zeiten, von den Verträgen mit den Stars bis zur Werbung."[3]

Für die Werbung immerhin ist der französische Boden außerordentlich günstig. Eine kleine Mannschaft von Publitalia aus Mailand wirkt schon seit einiger Zeit in Paris und bereitet das große Geschäft vor.

Am 20. Februar ist es dann schließlich soweit. La Cinq überträgt seine ersten vier Stunden: eine große Quizshow, eine Fernsehserie aus Südamerika und einen Trickfilm aus der Serie „Die Schlümpfe". Vorbereitet sind „Dallas", „Denver Clan", „Derrick" und ein „Superflash" mit einer französischen Ausgabe von Mike Bongiorno. Nachrichten werden zunächst noch nicht gesendet.

„Als es dann am 20. Februar endlich losging", erinnert sich Berlusconi, „hat unsere große Show alle in Erstaunen versetzt. Wir waren am Ende. Doch die Befriedigung, es geschafft zu haben, war so groß, daß ich mir sagte: Jetzt kannst du auch sterben. Dann mußte ich schrecklich lachen und habe für diesen Gedanken Abbitte geleistet. Und ich lebe immer noch, wie man sieht."[4]

La Cinq beginnt also tatsächlich Fuß zu fassen. Von achtundzwanzig Millionen Franzosen, die sein Programm einschalten können, gewinnt der Sender bis Ende 1987 beachtliche zehn Prozent gegenüber vierzig Prozent des inzwischen privatisierten TF 1 und vierunddreißig Prozent, die Antenne 2 vorweisen kann.

Berlusconis Freude über seine erste Fernsehstation im Ausland hält an; nach dem 20. Februar zeigt er sich in der Öffentlichkeit strahlender und jugendlicher denn je. „Es ist mir klargeworden, daß ich Italien mit dieser Fernsehinitiative in Frankreich sehr bekannt mache. Besonders in der französischen Provinz hat man von Italien nicht gerade das beste Bild. Man kennt die Mafia, die Camorra, die politischen Streitereien. Mit La Cinq illustrieren wir jedoch das wirkliche Italien, das arbeitet und produziert, das Italien der Kultur, der spektakulären Aufführungen, des Sports. Und mit der Werbung machen wir die italienischen Produkte auf dem französischen Markt bekannt."[5]

Daß Berlusconi das Rennen in Frankreich als erster privater Sender gegenüber den inländischen Konkurrenten hat machen können, liegt nicht nur an seiner Freundschaft mit Craxi und der daraus resultierenden Förderung durch Mitterrand. Ohne seine technischen und unternehmerischen Fähigkeiten hätte La Cinq bei all den Schwierigkeiten, die es gab, nicht aufgebaut und so schnell gestartet werden können.

Doch die Dinge in Frankreich ähneln, was die mangelnde Autonomie des Medienbereiches gegenüber der Politik betrifft, nur allzusehr denen in Italien. Jeder politische Wechsel in der Regierung bedroht die Kontinuität zuvor getroffener Vereinbarungen zwischen Regierung und Medienunternehmer.

Wie das streng geregelte Monopol des einstigen staatlichen Fernsehens ORTF den Erfordernissen des damaligen

Präsidenten Charles de Gaulle entsprach, so ist auch die Zulassung des Privatfunks weniger dem demokratischen Willen Mitterrands zuzuschreiben als vielmehr dem Bestreben, seinen politischen Einfluß innerhalb der Medien zu sichern. Vor der Wahl wird wegen des zu befürchtenden Regierungswechsels zwischen der Regierung Mitterrand und Berlusconi noch in aller Eile der Zugang zum Satellitenhimmel geregelt, drei von vier Kanälen sollen an Berlusconi gehen.

Mit den Wahlen im März 1986 tritt dann ein, was man erwartet hatte und was die Hektik um den Start von La Cinq erklärt: Die Rechten siegen mit Jacques Chirac. Bereits im Juni kündigt die neue Regierung die Ausarbeitung neuer Regelungen für die Massenmedien an. Über die Stoßrichtung gibt es keine Zweifel: Die als ungerechtfertigt bezeichneten Vorteile für La Cinq sollen abgebaut werden. Chirac droht sogar, den Vertrag der Regierung Mitterrand mit Berlusconi zu annullieren, sieht dann jedoch davon ab, da das den Staat eine Schadensersatzsumme von vierhundert Millionen Mark kosten würde. Chirac hat andere Ideen, um Berlusconi in Schach zu halten. Im Oktober 1986 wird La Cinq die Übertragung von Spielfilmen untersagt – ein schwerer Schlag für die Attraktivität des Senders, für die Werbekunden und damit für die Einnahmen.

Wenige Wochen nach dem Start der ersten Sendungen ist La Cinq also schon wieder amputiert, ohne Spielfilme hat der Sender recht wenig zu bieten. „Berluland" nennen ihn die Franzosen bald: eine Sprachschöpfung aus Berlusconi und Disneyland – wegen der übermäßig vielen Trickfilme, die zur Übertragung verbleiben.

Die andere Anti-Berlusconi-Maßnahme Chiracs ist die Ankündigung Ende 1987, den staatlichen Sender TF 1 zu privatisieren. Hauptaktionäre werden der englische Medienzar Robert Maxwell (mit 12,5 Prozent) und der potente französische Bauunternehmer François Bouygues (mit fünfundzwanzig Prozent), die beide politisch Chirac nahestehen.

Berlusconi ist klar, daß er sich nach einem neuen, der Regierung genehmen Partner umsehen muß. Das wird Robert Hersant, größter Zeitungsverleger Frankreichs und Anhänger Chiracs. Beide verfügen nun mit jeweils fünfundzwanzig Prozent über die entscheidenden Anteile an La Cinq.

Doch wie es die politische Entwicklung in Frankreich so will – die nächsten Wahlen gewinnen erneut die Sozialisten. Die Allianz Hersant/Berlusconi aber ist nun einmal geschlossen, und sie wird immer schwieriger. Da das Gesetz beiden nur den Anteil von fünfundzwanzig Prozent erlaubt, gestaltet sich die Beseitigung der Differenzen als äußerst kompliziert. Man spricht von einem „seltsamen Paar", das nicht nur unterschiedlicher politischer Auffassung ist, sondern auch kontroverse Positionen über die Gestaltung des Programms für La Cinq vertritt. Hersant bevorzugt ein informatives Programm, Berlusconi leichte Unterhaltung – bei der es auch bleibt, da die Programmgestaltung gemäß der abgesprochenen Arbeitsteilung mit Hersant in Berlusconis Verantwortungsbereich fällt.

Berlusconi erklärt seinerseits immer wieder, daß Hersant, der für die strategische Leitung des Senders und damit für die Werbung zuständig ist, die Schuld an den finanziellen Verlusten des Senders trage. Die Negativbilanzen ändern sich auch in den folgenden Jahren nicht: 1989 macht der Verlust immerhin 1,4 Milliarden Mark aus, das heißt La Cinq gibt nach vier Jahren seines Bestehens immer noch doppelt soviel aus, wie er einnimmt. Erst Anfang 1990, nach drei Jahren Uneinigkeit, scheint Friede in die Leitung von La Cinq einzukehren: Fininvest übernimmt die Regie über die Werbung und die Vizepräsidentschaft. Mitte des Jahres erwirbt der Verlag Hachette, nach Bertelsmann der zweitgrößte in Europa, zweiundzwanzig Prozent von La Cinq, was eine Konsolidierung des Senders mit sich bringt. 1990 kann La Cinq einen Zuschaueranteil von vierzehn Prozent vorweisen und liegt damit nach TF 1 (zweiundvierzig Prozent) und Antenne 2 (fünfundzwanzig Prozent) an dritter Stelle.

Und so ganz nebenbei ist Berlusconi mittlerweile für eine Summe von achtzig Millionen Mark und damit zu vier Prozent beim privatisierten TF 1 eingestiegen.

Frankreich bleibt für Berlusconi insgesamt ein äußerst interessantes Feld, von dem aus aufgrund seiner Experimentierfreudigkeit innerhalb der Funkmedien Innovationen nach ganz Europa ausstrahlen. Auch formieren sich hier die ersten großen multimedialen Gruppen mit internationaler Zusammensetzung.

Tele 5 in der Bundesrepublik Deutschland

Nach Frankreich scheint sich für Berlusconi ein neuer Markt in der Bundesrepublik aufzutun. Deutschland ist für den in Italien groß gewordenen Medienunternehmer kein oder zumindest noch kein Traumland, denn bevor hier der Kommerzfunk überhaupt an den Start gehen kann, hat er eine Menge gesetzlicher Hürden zu überwinden.

Der kleine Sender musicbox in München, der sich seit 1986 auf Videoclips spezialisiert hat und rund um die Uhr sendet, kann nicht gerade als erfolgreich angesehen werden. Die Verkabelung der bundesdeutschen Haushalte schreitet viel zu langsam voran, auch hat ein reines Spartenprogramm, das sich auf die Zielgruppe Jugendliche konzentriert, in der Startphase des Privatfernsehens offensichtlich keine großen Chancen. Mit Berlusconis Eintritt in die den Sender musicbox tragende KMP (Kabel Media Programmgesellschaft) soll ab Januar 1988 ein „jugendliches Vollprogramm" gesendet werden. Musicbox wird – wie könnte es anders sein? – in Tele 5 umgetauft und das Gesellschaftskapital um fünfzig Millionen Mark aufgestockt. Die Beteiligungen an dem neuen Projekt werden wie folgt verteilt: fünfundvierzig Prozent an Berlusconi, zehn Prozent an den Geschäftsführer Wolfgang Fischer und weitere fünfundvierzig Prozent an TeleMünchen.

Berlusconis Interesse beim Eintritt in den bundesrepublikanischen Markt gilt der Werbung, die er über Tele 5 ausstrahlen kann. Um sie in ein lohnendes Geschäft zu verwandeln, veranlaßt er einige Umstrukturierungen in der Organisation des Senders. Gleichzeitig sorgt er auch dafür, daß die geplanten sechs Nachrichtensendungen am Tag möglichst bald realisiert werden können. Da Tele 5 nur über Kabel oder Satellit zu empfangen ist, also vorerst nur von wenigen gesehen werden kann, gibt Berlusconi im September 1987 vierundzwanzig Prozent seiner Anteile an Springer und einundzwanzig Prozent an die luxemburgische Gesellschaft CLT ab.[6] Das sei kein Rückzug, wird von seiten der Fininvest kommentiert, sondern die Stärkung einer Koalition, die noch mehr auf Europa ausgerichtet sei. Seither hat Tele 5 auch in Norddeutschland Frequenzen für das Senden über den Äther erhalten und ist damit nicht mehr nur an das zähe Vorankommen über die Verkabelung der bundesdeutschen Haushalte gebunden. Was freilich nichts Entscheidendes daran ändert, daß Tele 5 bis voraussichtlich 1993 in den roten Zahlen bleiben wird.

Für Berlusconi bleibt die Bundesrepublik jedoch aus mindestens zwei Gründen interessant: Hier befindet sich der Markt mit den größten Werbeausgaben in Europa, jedoch ist hier das Kommerzfernsehen nur spärlich entwickelt – es ist also ein Land, das für einen Pionier wie Berlusconi unerschöpfliche Möglichkeiten im Geschäft mit dem Werbespot bietet.

Im Februar 1990 plant Berlusconi die gemeinsame Herstellung und Verbreitung von Fernsehprogrammen mit dem Münchner Medienunternehmer Leo Kirch und dem größten französischen Privatsender TF 1: ein weiterer Schritt hin zu einer europäischen Autonomie gegenüber der amerikanischen Filmdominanz.

Spanien: natürlich Tele Cinco

„Kaum, daß ich in Spanien mit Verhandlungen begonnen hatte, rief der italienische Lebensmittelhersteller Star bei mir an und sagte: Wenn du in Spanien was machst, dann hast du sofort ein Budget von zwanzig Millionen Mark im Jahr von mir für Werbung. Wir brauchen gerade dort mehr Werbezeit für unsere Produkte."[7]

Während in Frankreich eine Enttäuschung der anderen folgt, in der Bundesrepublik die Dinge nur sehr zäh vorangehen, scheint Spanien, zumal unter der Regierung des Sozialisten Felippe Gonzales, ermutigendere Möglichkeiten zu bieten. Schon 1986 erwirbt Berlusconi in Madrid die zwei größten spanischen Produktionsstudios, die Studios Roma. 1988 wird der erste Vertrag über Werbespot- und Programmlieferungen (darunter auch „Dallas") mit dem staatlichen Fernsehen in der Region Katalonien abgeschlossen. Ein kleiner Schritt vorerst, mehr ist aufgrund der gesetzlichen Lage noch nicht drin.

Am 3. März 1990 schließlich startet Tele Cinco, die spanische Ausgabe von Canale 5, in den Regionen Madrid und Barcelona, um sich dann in den folgenden Monaten weiter nach Süden, nach Valencia und Sevilla, und nach Norden, Richtung Bilbao, auszubreiten. Die ersten Monate in Spanien sind bereits außerordentlich erfolgreich. Professionelles Unterhaltungsfernsehen mit Spielfilmen erster Wahl und Showspektakel ist in dieser Breite in Spanien bisher unbekannt gewesen.

Bis 1993 soll das gesamte Landesterritorium mit dem Sender erreicht werden. Das ehrgeizige Ziel, fünfzehn bis zwanzig Prozent der Zuschauer zu gewinnen, erscheint nicht gerade einfach zu erreichen, betrachtet man die spanische Fernsehszene. Es existieren immerhin zwei weitere Privatsender, außerdem zwei staatliche nationale mit sechs regionalen Sendern (ähnlich wie in der Bundesrepublik) und die erfolgreichen „Autonomen", die beispielsweise das Exklusivrecht für die Übertragung von Fußballspielen haben. Doch der Kommerzfunk ist in Spanien erst seit 1989 freigegeben, die Grenzen sind noch nicht abgesteckt, und der Werbemarkt befindet sich in einer außerordentlichen Expansion – ein vielversprechendes Medienland also.

Da die spanischen Gesetze ausländische Beteiligungen nur bis zu fünfundzwanzig Prozent zulassen, ist Berlusconis Einflußnahme von vornherein begrenzt; doch er macht Valerio Lazarov, der sich als langjähriger Mitarbeiter bei Canale 5 unschlagbares Know-how angeeignet hat, zum Direktor von Tele Cinco und sichert sich damit den entscheidenden Einfluß auf den Sender.

Partner bei Tele Cinco sind mit jeweils fünfundzwanzig Prozent Miguel Duran, Generaldirektor der mächtigen Blindenlotterie, und das Verlagshaus Anaya. Die restlichen fünfundzwanzig Prozent verteilen sich auf Unternehmen aus der Tourismus- und Nahrungsmittelindustrie.

Mit der Perestroika Gorbatschows, den revolutionären Ereignissen in den Ländern Osteuropas im Lauf des Jahres 1989 und der damit einhergehenden Öffnung des osteuropäischen Marktes bieten sich Berlusconi unvermutet völlig neue Möglichkeiten.

Doch bestehen seine Ostkontakte nicht erst seit der großen revolutionären Wende. Seit November 1988 bereits liefert Fininvest Werbespots für das staatliche Fernsehen in die Sowjetunion, und zwar als Alleinvertreter für Werbung von Unternehmen aus dreizehn westeuropäischen Ländern, darunter Italien, die Bundesrepublik, Frankreich, England und Spanien. Es handelt sich um sogenannte Industriewerbung, die den sowjetischen Managern westliche Technologie – etwa Maschinen zur Herstellung von Schuhen – vorstellen soll. Diese Werbung wird auf allen drei Sendern des sowjetischen Fernsehens einmal pro Woche in einer halbstündigen Sendung übertragen. Die Spots werden in den Mailänder Studios von Publitalia ins Russische übersetzt. Geplant sind Ausbildungskurse für russische Techniker und Fernsehspezialisten, die in Mailand stattfinden sollen. Seit 1990 gibt es mit der Sowjetunion auch Verträge für erste Programmlieferungen. 1989 hatte Publitalia in der Sowjetunion einen Umsatz von fünf Millionen Mark, 1990 soll diese Summe verdoppelt werden. Das ist zwar nicht sehr viel, doch Berlusconi ist zufrieden: „Uns reicht es vorerst, überhaupt dort zu sein.“ Die Profite werden mit der Zeit schon kommen.

Schon seit 1988 arbeitet ein Team der Fininvest an der Erforschung des osteuropäischen Marktes. Vom bundesdeutschen Tele 5 werden gleichzeitig sorgfältige Untersuchungen über den Markt in der DDR durchgeführt. Berlusconi kommentiert: „Wir sind sehr wachsam in Hinsicht auf

Osteuropa, denn wir halten den Markt dort für äußerst zukunftsträchtig."[8]

Eine Delegation der Fininvest arbeitet auch in Warschau, wo die Genehmigung zur Übernahme der Leitung einer der staatlichen Kanäle erwartet wird. Verträge über die Lieferung von Programmen und Werbespots sind bereits mit der Regierung Polens abgeschlossen, und ab Januar 1990 strahlt das polnische Fernsehen italienische Fernsehfilme mit polnischen Untertiteln aus; die Spots werden synchronisiert über den Bildschirm der polnischen Zuschauer geschickt.

Auch zu Ungarn bestehen bereits Kontakte. Sechzig Millionen Dollar hat Berlusconi der ungarischen Regierung über ihren Verhandlungspartner, die Ungarische Nationalbank, für eine private Fernsehstation, eine Zeitschrift und einen ähnlichen Vertrag für Werbung wie mit der Sowjetunion geboten. Das Anfang 1990 in Budapest eröffnete Büro der Fininvest will vor allem die Koproduktion von Kino- und Fernsehfilmen fördern und Ungarn mit italienischen Produktionen beliefern. Auch zwei andere auf dem internationalen Markt sich ausbreitende Medienmoguln – Rupert Murdoch und Robert Maxwell – sind nach dem Kauf eines Verlages und einer Zeitschrift (Murdoch) beziehungsweise einer Tageszeitung (Maxwell) bereits in Ungarn präsent.

Im Mai 1990 kündigt Berlusconi die bevorstehende Übernahme des vormals staatlichen zweiten Fernsehkanals in Bulgarien an.

Die europäische Strategie

Als Berlusconi Mitte der achtziger Jahre über die italienischen Grenzen hinaus nach Europa zieht, stehen die Dinge nicht schlecht für ihn, schließlich ist in den meisten europäischen Ländern die Entwicklung des Kommerzfunks entweder schon in vollem Gange, oder sie steht kurz bevor.

Allerdings läßt sich Berlusconis ursprüngliche Idee, in jedem Land mit einem Sender vertreten zu sein, aufgrund der jeweiligen nationalen Mediengesetze mit ihren Beschränkungen für ausländische Beteiligungen nicht verwirklichen. Also sucht Berlusconi Allianzen auf den verschiedensten Gebieten – von der Programmproduktion über den Programmverleih oder -austausch bis zu Beteiligungen an Fernsehgesellschaften, Zeitungen und Werbespotbelieferungen. „Wir wollen eine multimediale und multinationale Unternehmensgruppe sein, die auf den verschiedenen Sektoren des Fernsehens, des Kinofilms, der Fernsehfilmproduktion, der Werbung und in der Presse entweder präsent oder der Hauptakteur ist"[9], läßt Berlusconi 1987 verlauten.

Italien ist inzwischen zu einer starken Wirtschaftsmacht aufgestiegen, das Know-how Berlusconis ist in ganz Europa anerkannt – Faktoren, die seinen Siegeszug begünstigen. „Die Zeiten, in denen *Der Spiegel* auf seiner Titelseite Italien symbolisieren konnte durch eine Pistole auf einem Teller Spaghetti sind vorbei, auch wenn dies erst zehn Jahre her ist. Das Klima hat sich verändert, und die italienischen Unternehmer und Finanziers haben inzwischen erheblich an Gewicht und Ansehen nicht nur in Europa, sondern auch in den USA gewonnen."[10]

Berlusconis siegesgewisses Lachen auf den Fotos von seinen Besuchen bei europäischen Regierungen und Unternehmern Mitte und Ende der achtziger Jahre unterstreicht seine Worte: „Ich muß gestehen, daß es mir schmeichelt, die Rolle eines Missionars des Privatfernsehens in Europa übernommen zu haben. Eines Missionars, der durch Europa reist und Staatsoberhäupter, Regierungsmitglieder und Unternehmer trifft, um ihnen die Vorteile der Einführung des privaten Fernsehens in ihrem Land klarzumachen."[11]

Berlusconi weiß in seinem Auftreten geschickt diejenigen Argumente ins Feld zu führen, die der Phantasie und den Wünschen seiner Gesprächspartner gemäß sind. „Ich glaube, daß ich nicht gerade wenig dazu beigetragen habe, daß eine wahre Leidenschaft für das kommerzielle Fernsehen in Europa ausgebrochen ist. Ich bin in alle Länder gereist und habe mit allen gesprochen. Ich habe den Politikern erklärt, daß sie uns keineswegs zu fürchten brauchen. Wir haben keinerlei Interesse daran, uns auf die eine oder andere Seite zu stellen. Wir wollen mit niemandem Krieg führen. Doch wir können sehr viel geben, das heißt wenigstens drei Dinge: erstens ein Anheben der Lebensqualität, weil es mehr Werbung gibt, mehr Information zu den Produkten; viele kleine und mittlere Unternehmen können sich so auf den großen Märkten blicken lassen und sich bekannt machen; zweitens eine Zunahme der Unterhaltung und des Freizeitangebots; drittens eine Steigerung der Qualität der Sendungen im öffentlichen Fernsehen, weil es sich durch unsere Konkurrenz angeregt sieht. Schließlich steigt auch der Grad der Demokratie. Während der Wahlkampagnen erscheinen in den öffentlichen Fernsehanstalten nur einige wenige herausragende Politiker. In Italien sind jedoch bei den letzten Wahlen mehr als tausend Kandidaten auf den Bildschirmen präsent gewesen."[12]

Die Eroberung von 350 Millionen möglicher Fernsehzuschauer in Europa sieht Berlusconi durch die Konkurrenz mit den anderen Großen des Mediengeschäfts Mitte der achtziger Jahre keineswegs bedroht: „François Bouygues bewegt sich nur in Frankreich, wo er fünfundzwanzig Prozent des größten privaten Senders TF 1 besitzt. Murdoch besitzt im Baskenland einen kleinen Sender, der nicht gerade als erfolgreich zu bezeichnen ist. Maxwell ist stiller Teilhaber mit zwölf Prozent bei TF 1. Und der Brasilianer Roberto Marinho erreicht mit seinem TeleMontecarlo in Italien nicht mehr als ein Prozent der Zuschauer. Allerdings sind das französische Verlagshaus Hachette und Bertelsmann, vielleicht auch der italienische Verlag Rizzoli im Kommen. Mit diesen haben wir uns in Zukunft eher zu messen als mit den Erstgenannten. Im großen und ganzen gibt es in Europa zwei Kategorien von Leuten, die TV machen wollen. Das sind die Verleger, die es ja auch in Italien gab, und dann die Industriellen. Ich muß gestehen, daß ich lieber mit den Industriellen verhandle. Die Verleger sind überzeugt, vom Fach zu sein; sie meinen, daß es nur gilt, die Druckmaschine mit der Fernsehkamera zu vertauschen. Doch so einfach ist das eben keineswegs. Alle, die Fernsehen machen wollen, gehen nach Amerika, um dort mit den Leuten der großen Networks zu sprechen. Die hören ihnen zu, schicken sie aber dann zu mir. Und hier sehen sie, daß man Wissen und Erfahrung braucht, daß man in diesem Beruf nicht improvisieren kann."[13]

Doch diese Ausführungen Berlusconis stammen von 1986. Seither hat sich im schnellebigen Medienmarkt viel getan, und mit der Öffnung der Grenzen nach Osteuropa wird sich weiterhin viel verändern. Berlusconi verfügt zwar in Europa über das entscheidende Know-how für die Entwicklung des Kommerzfernsehens, doch die Konkurrenz durch die großen Magnaten aus dem Bereich der Presse nimmt zu.

Die für Berlusconis ausländische Aktivitäten zuständige Firma Silvio Berlusconi International hat ihren Sitz in Luxemburg und plant, neben den osteuropäischen Initiativen als nächstes in England, Griechenland, Portugal und Algerien einzusteigen. In England scheint es nur eine Frage der Zeit, daß die Regierung ausländische Beteiligungen im

Fernsehgeschäft zuläßt. Vorbereitet ist die Zusammenarbeit mit dem Australier Bond an dem Sender Tus.

Alles in allem haben sich Berlusconis Vorstöße im Ausland und seine Investitionen von fast zwei Milliarden Mark bis 1990 weitaus schwieriger angelassen, als er Mitte der achtziger Jahre angenommen hatte. Zu diesem Zeitpunkt sah seine Planung noch ein ganzes Netz von Sendern in europäischen Ländern vor, mit Mailand als Zentrale. Politische Gründe in Frankreich, wo seine Beteiligung an La Cinq auf fünfundzwanzig Prozent begrenzt wurde, Konkurrenzgründe, gesetzliche Limitierungen in anderen Ländern, die er aus Italien nicht kannte, lassen diese Pläne in weite Zukunft rücken.

Ende der achtziger Jahre verändert Berlusconi seine Linie im Auslandsgeschäft. „Ich dachte, daß es im Ausland zu einem lohnenden Geschäft kommen würde, statt dessen hat sich mein Engagement dort zu einer Geldfreßmaschine entwickelt. Wir haben unsere anfänglichen Pläne zur Entwicklung eines großen europäischen Sendenetzes in der Tat modifiziert. Unsere Präsenz in Europa wird sich mehr in der Filmproduktion, im Filmverleih mit Hilfe unseres großen Filmarchivs und in der Zulieferung von Werbung abspielen."[14]

Die hauptsächliche Aktivität im Ausland wird also auf den Programmarkt verlagert, schließlich hat sich die Silvio Berlusconi Distribuzioni zum größten Filmproduzenten und -verteiler in Europa entwickelt. Da rund fünfundvierzig Prozent der europäischen TV-Programme und sechzig Prozent der Kinofilme aus den USA stammen, ist das Ziel klar: so stark zu werden, daß die Amerikaner auf dem internationalen und europäischen Markt zurückgedrängt werden. Eine erfolgversprechende Zielsetzung angesichts der Tatsache, daß kaum ein anderer Wirtschaftszweig in den kommenden Jahren höhere Wachstumsraten verspricht als die

Film-, Fernseh- und Video-Industrie. Die Nachfrage nach mehr Programmen geht mit dem sprunghaften Anwachsen der TV-Sender Hand in Hand: Zählte man 1980 noch siebenundzwanzig nationale Sender in ganz Westeuropa, so sind es 1990 schon dreiundsiebzig. Der Zuwachs in Osteuropa dürfte ebenfalls nicht lange auf sich warten lassen.

Um den Amerikanern auf dem internationalen Filmmarkt jedoch nennenswert Konkurrenz machen zu können, muß eine mit Hollywood vergleichbare Filmindustrie aufgebaut werden – was im Europa der frühen neunziger Jahre noch Probleme aufwirft.

Im Frühjahr 1990 beklagt sich Berlusconi darüber, daß sich die Fininvest als multinationale Gruppe möglicherweise den Anti-Trust-Normen der EG unterstellen muß. „Wie wollen wir in Europa eigentlich gegenüber den großen amerikanischen Medienunternehmen wettbewerbsfähig sein, wenn es uns nicht gelingt, in verschiedenen Ländern präsent zu sein und damit an amerikanische Dimensionen heranzureichen? Wenn wir dies nicht schaffen, wird Europa, was die Produktion der Programme angeht, vollständig von den USA kolonialisiert werden. Sei es der Presse- oder Fernsehbereich, die Globalisierung ist längst im Gange, die großen Unternehmensgruppen werden immer größer und weiten sich auf ganz Europa aus. Sollte Italien diesen Weg nicht gehen können, besteht die Gefahr, daß es sich von anderen großen Unternehmensgruppen vereinnahmen lassen muß und es nicht schafft, auch nur mit einer einzigen Unternehmensgruppe auf dem internationalen Medienmarkt präsent zu sein."[15]

Berlusconis Strategie in Europa setzt auf die gezielte Kooperation mit Partnern aus anderen Ländern, insbesondere zur Sicherung des Absatzes seiner Filmproduktionen. Sechs in ganz Europa verteilte Filmstudios und zweitausend Kinosäle sind ihm Hilfsmittel hierfür.

In jüngster Zeit ist Berlusconi in Osteuropa erfolgreicher als im Westen. Doch auch hier ist es bereits zu zukunftsträchtigen Kooperationen gekommen – mit dem Münchner Filmhändler und -produzenten Leo Kirch, den Franzosen François Bouygues und Jerôme Seydoux sowie dem britischen Medienzar Robert Maxwell.

Achtes Kapitel

Das Geschäft mit dem Sport: Präsident des AC Mailand

In Italien zum unumstrittenen König des Äthers ernannt, in Frankreich La Cinq installiert – das TV-Geschäft Berlusconis läuft. Doch seinen expansionistischen Bestrebungen sind Grenzen durch die gesetzlichen Beschränkungen in den einzelnen Ländern gesetzt. Warum sich also nicht nach etwas völlig anderem umsehen?

Die Möglichkeit für eine Investition in einem gänzlich neuen Bereich bietet sich 1986 mit dem zum Verkauf anstehenden maroden Mailänder Fußballverein AC Mailand, der dringend einiger Finanzspritzen bedarf. Die Übernahme des AC Mailand erfolgt nicht aus heiterem Himmel. Bereits seit Jahren steht ein Präsidentenwechsel an, braucht der Verein eine finanzkräftige Hilfe, um aus seiner Dauerkrise herauszukommen. Die kurze Geschichte der Präsidentschaften dieses Fußballvereins ist gleichzeitig ein Stück nicht ganz alltäglicher Kriminalgeschichte.

Der sichere Niedergang des AC Mailand beginnt mit der Mißwirtschaft in den siebziger Jahren unter der Präsidentschaft des in die Affäre um die Freimaurerloge P2 verwickelten Verlegers Andrea Rizzoli. Rizzoli übergibt an einen Baumwollfabrikanten, der nach dem Bankrott seiner Firma Hals über Kopf in den Libanon flieht. Es übernimmt der Metallindustrielle Vittorio Duina, doch auch er ist völlig verschuldet, geht schließlich pleite und kommt Mitte der achtziger Jahre bei einem tragischen Unfall in Südamerika ums Leben. Die Leitung des AC Mailand geht an den Ölindustriellen Albino Buticchi über, der sich unter mysteriösen Umständen in seiner ligurischen Villa in den Kopf schießt, am Leben bleibt, aber erblindet. Unter seinem Nachfolger Felice Colombo steigt der AC Mailand zum erstenmal in seiner Geschichte in die B-Liga ab. Schließlich muß Colombo wegen einer Reihe von Vergehen im Sportgeschäft ins Gefängnis. Der letzte in dieser noblen Serie von Präsidenten, Giuseppe Farina, macht keine wesentlich bessere Figur. Nach einer chaotischen und auf den Konkurs zusteuernden Geschäftsführung setzt er sich nach Kenia ab.

So sieht die Lage im Jahr 1985 aus, als mit Berlusconi Verhandlungen über die Präsidentschaft dieses Fußballvereins aufgenommen werden. Berlusconi ist offensichtlich sehr interessiert, will jedoch vor dem Kauf eine Reihe von Dingen prüfen: etwa die Verfügbarkeit der einflußreichsten Mitglieder des Verwaltungsrats und des Aushängeschildes der Gesellschaft, des Ex-Fußballers Gianni Rivera. Weiterhin müssen Erkundigungen über die Schulden der Gesellschaft und über das Vermögen der Spieler eingezogen werden, dann muß das Netz von Gesellschaften aufgedeckt werden, das der letzte Präsident Farina konstruiert hat, und schließlich müssen die internationalen sportlichen Perspektiven des Vereins bewertet werden.

Das Ergebnis dieser Überprüfungen bringt die Sportwelt in Aufruhr. Ein Journalist kommentiert die heiße Ware, die Berlusconi zu übernehmen beabsichtigt: „Zwischen leichtsinnigem Management, überhöhten Gehältern und ungerechtfertigten Zahlungen für Anwerbungen, Wiederverpflichtungen und Spielprämien, zwischen frisierten Wettkämpfen und der Inhaftierung berühmter Spieler ist der Fußball eine Welt des unentwegten Erdrutsches, ein aktiver

Vulkan, der periodisch ausbricht und dann jede mögliche Form schmutzigen Materials entlädt. Doch für Berlusconi ist der ökonomisch völlig bankrotte und in seinen verzweigten Gesellschaften verwickelt strukturierte AC Mailand ein viel zu interessanter Leckerbissen, als daß er ihn anderen Industriellen zur Rettung überlassen könnte."[1]

Nach monatelangen Verhandlungen kauft Berlusconi den AC Mailand im März 1986 für umgerechnet sechzig Millionen Mark. Sein Einzug in die Welt des Fußballs wird fanatisch bejubelt, schließlich scheint sich hier nun endlich einer zu engagieren, der nicht nur auf schnellen Gewinn aus ist, sondern den Verein von Grund auf renovieren und ihm so wieder auf die Beine helfen kann.

Die erste Begegnung mit den Spielern arrangiert Berlusconi dementsprechend in großem Stil. Zusammen mit seinem Sohn und seinem engen Mitarbeiter Adriano Galliani landet er im Hubschrauber auf dem Spielfeld Milanello des Fußballvereins. In der ihm eigenen familiär-amerikanischen Manier, mit der er persönliche Beziehungen pflegt, gibt Berlusconi sich vor seinen Fußballspielern genauso, wie er auch seinen siebentausend Mitarbeitern gegenübertritt. Dem Hubschrauber entstiegen, schüttelt er jedem einzelnen Spieler die Hand und überreicht jedem einen Silberkelch von Cartier, zeigt sich wie immer strahlend und gut gelaunt, verspricht eine neuerliche Glanzzeit des Vereins und kündigt den Einkauf neuer Spieler an.

Den Fußballern gibt er zu verstehen, daß jetzt intern ein anderer Wind wehen wird: „Wir werden Schluß machen mit den Spielprämien, die völlig absurd sind, wenn man sich einmal ansieht, was unsere Spieler verdienen. Der AC Mailand wird eine Abschlußprämie zahlen, wenn ein bestimmtes gesetztes Ziel erreicht ist. Wir haben eine Liste aufgestellt für die Prämien – eine für den Gewinn der Landesmeisterschaften, eine für den zweiten Platz und so weiter."[2] Da sie nun alle zu einer großen Familie gehören, gibt Berlusconi sich auch als der um die Zukunft der Spieler Besorgte: Eines Tages stehe für jeden ein Posten in seiner großen Fininvest zur Verfügung.

Mittelstürmer Daniele Massaro ist wie auch die anderen Spieler sehr angetan von der neuen Führung: „Berlusconi interessiert sich ganz persönlich für uns. Es hat mich zum Beispiel überhaupt nicht erstaunt, daß er, als er uns Apfelkuchen essen sah, mit den Verantwortlichen gleich über unsere Diät gesprochen hat. Das will doch heißen, daß ihm die Mannschaft wirklich am Herzen liegt und daß er alles tun will, um uns in die Lage zu versetzen, ein zu hundert Prozent einträgliches Geschäft zu sein."[3]

Eine weitere Neuerung ist die Einrichtung eines mit hochmodernen medizinischen Apparaturen ausgerüsteten Medizinzentrums, in dem ein Mediziner und ein Psychologe nur für die Betreuung der Spieler zuständig sind.

Torwart Giovanni Galli, für sechs Millionen Mark dem Fußballverein von Florenz abgekauft, erzählt über ein Treffen in Berlusconis Villa Arcore im Sommer 1986: „Es lag ihm sehr daran klarzumachen, daß es in seinen Unternehmen keine Mittelsmänner gibt. Wenn wir etwas zu besprechen hätten, sollten wir uns direkt an ihn wenden. Er hat uns seine Telefonnummer gegeben und uns garantiert, daß wir mit ihr direkt bei ihm landen. Ich brauchte ihn bisher allerdings noch nicht anzurufen, weil er beim Training und bei allen Spielen immer selbst da war und ich Probleme mit ihm dort klären konnte."[4]

Berlusconi kommentiert seinen Eintritt in die Kommerzwelt des Fußballs so: „Der AC Mailand gehört zur Welt der Gefühle. Für mich ist er nicht nur ein Unternehmen, im Gegenteil, in der Strategie der Gruppe Fininvest stellt er mit Sicherheit eine Besonderheit dar. Ich habe diese Mannschaft gekauft, weil sie mir gefällt, nicht, wie einige Zeitungen schreiben, um mehr Popularität zu suchen. Ich habe ja schon drei Fernsehkanäle, die sechsundneunzig Prozent der italienischen Familien erreichen, und eine tägliche Zuschauerschaft, die siebzig Millionen Stunden unsere Programme einschaltet, das heißt, daß durchschnittlich fünfunddreißig Millionen Zuschauer für zwei Stunden pro Tag unsere Programme sehen. Und alle wissen ja, wer der Besitzer dieser Sender ist. Ich habe lange darüber nachgedacht, ob ich den AC Mailand kaufen soll, denn ich hatte anfangs die Befürchtung, daß es zu parteilich sein könnte, wenn ich mich derart klar auf die Seite eines Fußballvereins stelle. Ich habe befürchtet, daß die Sympathie, die mir von überallher entgegenkommt, plötzlich in Rivalität umschlagen könnte: die Fans des AC Mailand auf der einen Seite, alle anderen auf der anderen. Dann habe ich natürlich daran gedacht, daß mir so ein Verein wie der AC Mailand sehr viel zu tun gibt, mir Zeit stiehlt, die ich womöglich nicht habe. Doch es ist natürlich klar, daß mir die ganze Sache auch Vergnügen bereitet, und schließlich hat das Gefühl eben die Oberhand gewonnen."[5]

Eine der ersten erfolgreichen Aktionen Berlusconis ist es, die Fußballfans über Werbespots in seinen Sendern aufzurufen, Abonnements für die kommende Fußballsaison zu kaufen. Eine neue Idee in der Welt des Sports, die einen Rekord bewirkt: 65 000 Personen garantieren der Mannschaft des AC Mailand pro Saison mit ihren Abonnements eine saftige Einnahmequelle im voraus. Darüber hinaus ermöglicht ein Bankkredit von über dreißig Millionen Mark den Einkauf von sechs neuen Spielern aus dem Ausland, was seit Anfang der achtziger Jahre bei den italienischen Fußballclubs Mode geworden ist. Bei einem Journalistentreffen in Villa Arcore erklärt Berlusconi, daß dies alles Investitionen für die Zukunft seien, der er mit großem Optimismus entgegenblicke.

Wie das erste Zusammentreffen mit der Mannschaft wird auch die erste Begegnung im Fußballstadion mit den Fans zum triumphalen Ereignis. An einem Sonntag im Juli 1986 landen vor zehntausend Zuschauern mitten im Stadion, das für 1,6 Millionen Mark neu hergerichtet worden ist, drei Hubschrauber, denen die schwarz-rot gekleideten Spieler, der Vereinsvorstand und Berlusconi selbst entsteigen. Berlusconi wird euphorisch beklatscht und umjubelt, auf einer vierzig Quadratmeter großen Flagge steht ein ebenso schlichtes wie inniges: „Danke, Silvio."

Die spektakulären Inszenierungen rund um den AC Mailand bleiben in der Öffentlichkeit nicht ohne Kritik und ironische Kommentare. Die Tageszeitung *La Stampa*, die zum Imperium des Fiat-Chefs Agnelli gehört, mokiert sich: „Ist es möglich, daß Berlusconi, der doch immer Spürsinn und Unternehmungsgeist gezeigt hat, sich jetzt so leichtfertig auf ein Unternehmen einläßt und offensichtlich meint, daß man mit Geld alles machen könne, daß die Hubschrauberlandungen auf der Wiese, die Paraden mit schwarz-roten Hosen und Fußballerschuhen schon eine wirkliche Fußballmannschaft ausmachen?"[6]

Und Gianni Agnelli, Besitzer des Turiner Fußballvereins Juventus, läßt es sich nicht nehmen, Berlusconis Hubschrauberflüge ins Stadion mit stichelnden Bemerkungen auch ganz persönlich zu kommentieren: „Die Meisterschaften gewinnt man nicht mit dem Hubschrauber, sondern indem man Tore schießt."[7]

Berlusconi kontert gelassen, erläutert die Notwendigkeit seiner Strategie: „Ich wußte sehr wohl, daß die Leute lächeln oder sogar ironische Bemerkungen machen würden. Doch es war einfach notwendig, vor jedermann deutlich zu machen, daß sich die Philosophie des AC Mailand geändert hatte. Und wir mußten vor allem das rot-schwarze Umfeld ein wenig aufrütteln, denn das war, um die Wahrheit zu sagen, zu der Zeit recht schlaff. Deshalb also hatte ich die Theaterszene mit den Hubschraubern inszeniert."[8]

Berlusconi schafft es mit seiner Spektakellinie, nicht nur die Aufmerksamkeit der Mailänder auf den neu ausgerichteten Verein zu lenken. Schließlich verfügt er über drei potente Fernsehsender und Millionen von Zuschauern, darunter viele, viele Fußballfans, die sehr begierig nach aufsehenerregenden und neuen Sportinszenierungen sind. Seine Unternehmensstrategie, auf synergetische Effekte zu setzen, kommt auch hier voll zum Tragen: Das Fernsehen und der Sport leben schließlich voneinander.

Torwart Galli ist begeistert über seinen neuen Chef: „Seine Ideen scheinen vielleicht seltsam, abwegig oder versponnen. Doch früher oder später werden seine Ideen neue Regeln schaffen, und alle anderen Präsidenten werden Berlusconi nacheifern."[9]

Seine engsten Mitarbeiter erzählen, daß Berlusconi seinen eh schon langen Arbeitstag noch weiter ausdehnt, um alles daranzusetzen, den AC Mailand wieder auf die Beine zu stellen. „Es ist immer so, wenn er was Neues anfängt", meint Galliani. „Am Anfang stürzt er sich kopfüber in die Arbeit, um alles zu verstehen, will alles ganz genau wissen, auch die letzten Einzelheiten. Doch trotzdem bleibt er für alles andere verfügbar." Er sei kein Chef auf dem Hügel, der sich die Dinge aus der Ferne ansehe, er sei immer an der vordersten Front, fügt Fedele Confalonieri hinzu.[10]

Die Ferien in diesem Sommer reduziert Berlusconi auf ein Minimum: eine Woche auf den Bermudas mit den beiden Kindern aus erster Ehe, drei Tage in der Villa in Portofino mit der neuen Familie.

In einem Interview im Spätsommer 1986 berichtet Berlusconi einem Journalisten von den ersten sechs Monaten mit dem AC Mailand:

Sie haben gesagt, daß der Fußball ein Prozent des Umsatzes der Fininvest-Gruppe ausmacht. Aber wieviel Energie wird von Herrn Berlusconi in das Abenteuer AC Mailand gesteckt? Ist der AC Mailand alles in allem wichtiger als Canale 5 geworden?
Canale 5? Nie davon gehört. Der AC Mailand ist meine einzige Sorge und Beschäftigung, von morgens bis abends. Bitte, lassen Sie das doch auch die RAI wissen.

Wie hat sich Ihr Tagesablauf geändert, seitdem Ihre Leidenschaft für den AC Mailand ausgebrochen ist? Vorher, so erzählt man, schafften Sie zwei Arbeitsessen am Tag. Sind es heute drei?
Jetzt gibt es nicht mal mehr eines. Ich lebe von Leidenschaft. Der rot-schwarzen natürlich.

In einem Wort, was bedeutet für Sie der AC Mailand?
Es ist die Fußballmannschaft, für die ich immer schon gelitten habe und begeistert war.

Der Fußball ist ein schwieriger Brocken. Er kann viel Popularität einbringen, aber ein Image auch ruinieren, meinen Sie nicht?
Wenn jemand noch kein Image hat, ist es vielleicht riskant. Was mein Image betrifft, so war es gegenüber allem Bösen und Falschen, was in diesen Jahren über mich geschrieben wurde, resistent. Leute mit gesundem Menschenverstand haben einen genauen Instinkt für die Beurteilung einer Person: Ihr Urteil über mich haben sie schon vor langer Zeit abgegeben.[11]

Trotz aller Unkenrufe gelingt es Berlusconi – wirklich daran gezweifelt hat bei dem Geschick des immer erfolgreicheren Unternehmers eigentlich keiner –, den AC Mailand bald wieder zu einem effizienten Unternehmen aufzubauen. Seine Arbeit konzentriert sich auch auf die Fußballfans, die sich bei vergangenen Spielen nicht gerade als die sanftesten im Umgang mit den Anhängern der gegnerischen Mannschaften gezeigt haben. „Ich wollte die Fußballfans persönlich kennenlernen und ihnen klarmachen, daß man eine Mannschaft auch unterstützen kann, ohne gewalttätig zu werden und intolerant zu sein. Der AC Mailand, den ich übernommen hatte, war wegen der Spruchbänder gegen die Juden und der rassistischen Slogans berüchtigt. Man mußte die Mentalität ändern, und dazu schien es notwendig, die Dinge zu erklären. Ich habe den Eindruck, daß sie auch langsam zu kapieren beginnen."[12]

Erfolgreicher neuer Trainer des AC Mailand wird 1987 Arrigo Sacchi, der die ausländischen Spitzenspieler Gullit, Van Basten, Ancelotti und Colombo für über dreißig Millionen Mark für seinen Verein einkauft. In der Spielzeit 1987/88 ist es dann soweit: Der AC Mailand zeigt, daß er sich von seiner tiefen Krise erholt hat. Zum erstenmal seit langem gewinnt er wieder die Landesmeisterschaften.

„Meine Idee war es, den AC Mailand zu mailandisieren, das heißt in diesen Verein Initiative und unternehmerische Ernsthaftigkeit zu bringen und ihn durch sein Image für die Stadt repräsentativ zu machen. Ich wollte nicht einfach eine Meisterschaftsmannschaft, die buchhalterisch die Tore zählt. Ich wollte eine spektakuläre Mannschaft, weil das auch die Mailänder wollen. Und vielleicht haben wir diese Meisterschaften auch gerade deshalb gewonnen. Ich glaube ohne jegliche Arroganz sagen zu können, ich spürte den Stolz Mailands, des AC Mailand und seiner Fans, und habe es geschafft, ihn auszudrücken."[13]

Die berühmt-berüchtigte Fußballeidenschaft der Italiener läßt natürlich nicht zu, daß alle Berlusconianer auch hinter dem AC Mailand stehen. Ob man als Mitarbeiter bei der

Fininvest Fan des AC Mailand sein muß? Berlusconi: „Ich wäre froh, wenn ich mich von den Inter-Mailand-Anhängern befreien könnte. Mein Koch, mein Fahrer und mein Hausmeister und selbst mein Anwalt sind leider für Inter. Hin und wieder beglückwünschen sie mich zu den Erfolgen meines Vereins, doch mit ziemlich zusammengebissenen Zähnen."[14]

Bei den Fußballspielern ist Berlusconi sehr beliebt, seine Strategie als Präsident des Vereins war von Anfang an darauf angelegt. Fußballspieler Franco Baresi schwärmt: „Berlusconi ist ein toller Typ. Er versteht vom Fußball enorm viel, weil er ihm selbst so viel Spaß macht. Bei Spielen des AC Mailand sitzt er auf der Tribüne – manchmal im Jogginganzug – und ist immer leidenschaftlich mit dabei. Er gibt im richtigen Moment die richtigen Ratschläge, die die Mannschaft auch akzeptiert – nicht weil ihm der Club gehört, sondern weil er die Sache mit dem Ball richtig kapiert. Er ist völlig unkompliziert. Wenn die Frau eines seiner Fußballer ein Kind bekommt, schickt Berlusconi ihr persönlich Rosen ins Krankenhaus."[15]

1989, im Jahre seines neunzigjährigen Bestehens, wird der AC Mailand auch für ganz Europa sichtbar zu einem führenden Fußballverein: Im Mai gewinnt er in Barcelona den UEFA-Cup, die europäische Supermeisterschaft. Berlusconi läßt es sich nicht nehmen, nach dem Spiel den Fußballspielern persönlich zu gratulieren. „Am Abend des Triumphs von Barcelona bin ich in die Umkleidekabine der Spieler gegangen. Die Jungs waren unter der Dusche und sangen im Chor: ‚Keuschheit, Keuschheit und die Dinge, die man nicht tut. Nun ist es zu Ende, nun ist es zu Ende, die Abstinenz, bitteschön, Seine Emittenz.'[16] Sie machten sich über mich lustig."[17] Berlusconi hatte vor dem Spiel strenge Diät und sexuelle Abstinenz für die

Spieler angeordnet – nach dem Sieg von Barcelona wird nun gefeiert, daß wieder menschlich gelebt werden darf...

Und gleich zum Ende des ersten Jahres unter Berlusconis Präsidentschaft werden Fußballer der Mailänder Mannschaft in Paris auf die ersten drei Plätze als europäische Fußballer des Jahres gewählt. Ein Jahr später gewinnt der AC Mailand den Europacup der Landesmeister und ist damit zum besten Verein Europas aufgestiegen. Selbstredend stimmt auch die Kasse. Ein einziges Europacup-Spiel bringt dem AC Mailand rund vier Millionen Mark ein!

Weil das mit dem Fußball so gut läuft, kauft Berlusconi für seine Sportgesellschaft Mediolanum Sport weiter ein: den Volleyballverein Gonzaga, die Rugbymannschaft Amatori, die Eishockeymannschaften Devils und Como, den Baseballclub Milano und die Mannschaft Geas des Frauenvolleyballs.

Alles für das Gefühl, aus Leidenschaft? Sicher nicht. Denn der Sport entwickelt sich zu einem immer häufiger genutzten Medium für das einträgliche Geschäft mit der Werbung. Während im Fernsehen und auch in der Presse Kritik an einem Zuviel an Werbung laut wird, erweist sich das traditionelle Feld des Sport-Sponsorings als immer wertvolleres Terrain. In Italien wird 1990 zum erstenmal weniger in die TV- und Presse-Werbung investiert und dafür mehr in das Sponsoring und in andere Formen der Promotion außerhalb der Funkmedien.

Wenn Berlusconi den amerikanischen Baseball-Spieler Jim Morrison für die in Italien für diese Sportart bisher einmalig hohe Jahresgage von 200000 Mark einkauft, weiß er, warum er dies tut. Und nicht nur Berlusconi, auch die großen Unternehmer Benetton, Agnelli und Gardini haben das Sponsoring im Sport schon bis zum Kauf einer ganzen Mannschaft getrieben. So konzentriert sich auch das Geschäft mit dem Sport in den Händen einiger weniger.

Neuntes Kapitel

Der Ätherkrieg

Während Berlusconi im Ausland aktiv ist und gleichzeitig dem AC Mailand auf die Beine verhilft, tobt Mitte der achtziger Jahre im italienischen Äther der Krieg zwischen dem staatlichen Fernsehen und den Berlusconi-Sendern. Hinter diesen Kämpfen zwischen Programm und Gegenprogramm steht das Ringen der Christdemokraten um die Verteidigung ihrer politischen Macht und ihres Einflusses auf die Massenmedien.

Berlusconi hat den Zweikampf gleich nach der Gründung von Canale 5 eröffnet. Der erste große Schlag, den er der RAI versetzt, ist der Erwerb der bisher ihr vorbehaltenen Rechte für die Übertragung des sogenannten Mundialito aus Uruguay, eines großen Fußballereignisses mit Mannschaften aus Brasilien, Italien, der Bundesrepublik Deutschland und Argentinien. Neunhunderttausend Dollar blättert Berlusconi 1980 für die Übertragungsrechte auf den Tisch – eine Summe, die bei der RAI wie eine Bombe einschlägt und die sie nicht bereit ist zu zahlen.

Mit diesem Coup nimmt ganz Italien zum erstenmal den neuen Sender wahr. Die römische Zeitung *Il Tempo* ist empört über die Ausbootung der RAI und spricht von „einer schweren Gefahr, die von der Verquickung der Informationsfreiheit mit wirtschaftlichen Interessen ausgeht". Da

Berlusconi das Mundialito natürlich über seine im Lande verteilten Sendestationen, also national, übertragen will, gäbe es rechtlich eine Möglichkeit, gegen ihn vorzugehen, denn schließlich ist einem privaten Sender die nationale Übertragung per Gesetz verboten. Doch nichts geschieht. Berlusconi hat damit einen entscheidenden Schritt nach vorn getan. Zur Waffe für seinen erklärten Kampf gegen die RAI ernennt er nun sein Gegenprogramm.

Nach dem Mundialito wird die von Berlusconi persönlich in Amerika eingekaufte Serie „Dallas" zum nächsten Einschaltquotenrenner. Die RAI hat bereits früher einige Folgen der texanischen Familienserie ausgestrahlt, doch ohne großen Erfolg. Während die Serie weltweit Einschaltrekorde bricht, stößt sie in Italien auf spärliche Resonanz. Der Grund für dieses italienische Phänomen ist einfach: Die RAI-Verantwortlichen haben die einzelnen Filme in zufälliger Abfolge ausgestrahlt, ohne zu erkennen, daß sie präzise aufeinander aufgebaut sind und das Erfolgsgeheimnis dieser Serie gerade in der anhaltenden Spannung von einer Folge zur anderen liegt.

Berlusconi kauft die ganze Serie, und sie wird sofort zu einem in Italien noch nie dagewesenen TV-Erfolg. Nicht nur, daß Eltern ihre neugeborenen Mädchen nach den weiblichen Stars Pamela und Sue Ellen nennen, bei Canale 5 gehen außerdem ständig Telefonate ein, die die einzelnen Folgen und das Verhalten ihrer Protagonisten kommentieren. „Dallas" wird für Canale 5 das Sprungbrett zum Erfolg.

„Der Dreh- und Angelpunkt des Erfolgs von Canale 5 war zweifelsohne ‚Dallas'", bestätigt Carlo Freccero, seinerzeit verantwortlich für die Programmgestaltung des Senders. „Nicht nur, weil mit dieser Serie zwangsläufig ein größeres Publikum erreicht wurde, sondern auch weil das Image von Canale 5 jetzt ganz amerikanisch wurde. Später sind dann die Programme made in USA reduziert worden, und wir erkannten die Stärke von nationalen populären Sendungen und lernten, Italienisch zu sprechen."[1]

Auch Fedele Confalonieri bewertet die Entscheidung, „Dallas" einzukaufen, als ausschlaggebend für die positive Entwicklung des Senders: „Es war eine ganz ideologische Entscheidung, auf den Konsum ausgerichtet, also auf die Schaltung von Werbespots. Das heißt eine bestimmte Welt zu wählen, die bestimmte Wertvorstellungen vermittelt. Sicher, damit zogen gewisse Plumpheiten, Übertreibungen und Vulgaritäten ins Programm von Canale 5 ein. Doch sie waren notwendig."[2]

Der Konkurrenzkampf zwischen der RAI und den Berlusconi-Sendern setzt mit einer gezielten Attacke Berlusconis ein: „Dallas" beginnt um 20.25 Uhr, fünf Minuten vor Ende der Abendnachrichten auf RAI 1 und RAI 2. Die Zuschauer ziehen voll mit und verzichten zugunsten der neuen Serie auf den Schluß der Nachrichten.

Zu „Dallas", den Fernsehromanen am Nachmittag und den Shows mit viel Busen und Po lädt Canale 5 seine Zuschauer mit dem Slogan ein: *„Torna a casa in tutta fretta, c'è Canale 5 che ti aspetta!"* – Komm schnell nach Hause, wo dich Canale 5 erwartet! Der Erfolg des Berlusconi-Fernsehens – oder des „Spaghetti- und Coca-Cola-Fernsehens", wie die Franzosen es nennen, – nimmt von Tag zu Tag sichtbar zu.

Mit dem Durchbruch des Kommerzfernsehens rücken auch bei der RAI neue Formen von Fernsehsendungen in den Vordergrund: das Quiz, die gigantisch in Szene gesetzte Supershow, Fernsehserien in einem neuen Rhythmus, der durch die eingesetzten Spots diktiert wird, Zeichentrickfilme und Unterhaltungsmagazine, die sich aus vielfältigen Präsentationsformen zusammensetzen und sich über mehrere Stunden hinziehen. Diese Supermagazine, *contenitore*, „Behälter" genannt, sind eine im Konkurrenzkampf geborene Idee der RAI: Der Zuschauer bleibt über Stunden an den Sender gebunden, da ihm viele unterschiedliche Formen der Unterhaltung in einem Rahmen geboten werden, der zudem noch die Spannung der Live-Sendung bietet. Der Nachteil – sowohl für die RAI als auch für Canale 5, der diese wie auch eine Reihe anderer RAI-Schöpfungen schleunigst kopiert – sind die ungeheuer hohen Produktionskosten, die sich kaum wieder hereinbringen lassen, da die Sendungen auf dem internationalen Markt keinen Wert haben. Doch die Programmacher sind findig. Mit dem *contenitore* beginnt der massive Einstieg des Sponsors in den Fernsehalltag.

Da das Meter-Auditel-System zur Messung des Einschaltverhaltens von Zuschauern erst später angewandt wird, läßt Berlusconi sich in den ersten Jahren eine andere Methode zur Ermittlung der Zuschauerzahlen einfallen. In einem Interview 1989 erinnert sich Carlo Freccero: „Jeden Morgen um zehn landeten auf meinem Schreibtisch die Ergebnisse der Telefonate, die Berlusconi machen ließ. Er hatte sehr schnell ein Zuschauerkontrollsystem über seine Sekretärinnen organisiert. Zwischen sechs und elf Uhr abends ließ er alle halbe Stunde hundert Telefonate führen. So hatte man ein Abbild des Einschaltverhaltens. Ein Trauma. Doch es kam eine soziale und kulturelle Neuigkeit dabei heraus: Die Mehrheit der Leute hatte inzwischen ihr Interesse an den Größen der Politik, die alle vier, fünf Jahre mit den Wahlen ins Rampenlicht traten, verloren. Sie identifizierten sich vielmehr mit den neuen Divas der Konsumgesellschaft, die den Wandel der Gewohnheiten, neue Geschmäcker und den neuen Wohlstand zum Ausdruck brachten. Die RAI dachte damals nicht im entferntesten an so etwas, sie war ganz mit ihren Bildungsansprüchen beschäftigt. Doch das Publikum zog die Quizsendungen den politischen Foren vor."[3]

Berlusconi nutzt die bürokratische Langsamkeit der RAI. Wenn es darum geht, beim Programmeinkauf der erste zu sein, zahlt er prompt. Im Februar 1981 gelingt es ihm, einen Vertrag mit den drei großen amerikanischen Networks ABC, CBS und NBC zu unterzeichnen. Zu Beginn des Fernsehbooms Ende der siebziger Jahre wird Berlusconi auf dem internationalen Programmarkt noch eher mißtrauisch betrachtet; man bevorzugt die RAI, auch wenn sie in ihrer Entscheidungsfindung und ihrer Zahlungsmoral recht langsam ist und dies dem Wettbewerbsgeist der amerikanischen Fernsehindustrie widerspricht. Doch Berlusconi versteht es, sich beliebt zu machen, er kauft schließlich von allem etwas und vor allem jede Menge Fernsehserien. Die Amerikaner sind zufrieden, ist die RAI doch immer nur zum Kauf von ausgewählten aktuellen und informativen Sendungen bereit. Auch zahlt Berlusconi schon am Anfang mindestens das Doppelte, um den Vorzug vor der RAI zu bekommen.

Nach den ersten Kontakten mit den Amerikanern wird Vittorio Balini zum entscheidenden Mann für Berlusconi im Programmeinkauf. Balini, der ebenfalls auf eine lange Erfahrung im TV-Geschäft zurückblicken kann, wechselt von der RAI zu Canale 5 über. Auf den großen Fernsehfilmmärkten in Cannes, Los Angeles und Mailand kauft er – Berlusconis Order in der Tasche, immer am meisten zu bieten – als erster die besten und neuesten Filme ein. Mit Berlusconis Konzept „Für das, was mir nützlich ist, zahle ich jede Summe" wird er bald der beliebteste Kunde der Amerikaner.

Die Konkurrenz in Italien hat es sehr schwer, bei den Preisen, die Berlusconi zu zahlen bereit ist, mitzuhalten. Mario Formenton, Geschäftsführer des bis 1984 noch dem Verlag Mondadori gehörenden Senders Rete 4, entrüstet sich über die Preisentwicklung auf dem internationalen Filmmarkt: „Wir sind von falschen Markteinschätzungen ausgegangen. Als wir ins Fernsehgeschäft einstiegen, zahlten wir für eine Stunde amerikanische Serie tausend Dollar. Nach einem Jahr bereits waren die Kosten auf hunderttausend Dollar angestiegen. Die ersten Folgen vom Denver-Clan kosteten 14 000 Dollar, die zweite Runde der Serie pro Folge dann aber 100 000 Dollar. Jeden Monat wurden die erarbeiteten Kostenpläne über den Haufen geworfen."[4]

Balini arbeitet bis 1984 für Berlusconi, vorrangig in Süd- und Nordamerika und Japan, dann setzt er sich ab, eröffnet in den Vereinigten Staaten ein Restaurant und gründet eine Produktionsfirma. Als er wegzieht, erklärt er vor der Presse: „Die Fernsehsender bekriegen sich gegenseitig bis aufs Messer und lassen die Preise für eine Stunde Fernsehfilm von tausend Dollar auf hunderttausend Dollar ansteigen. Dieses Verhalten ist ein wirklich aufsehenerregendes Übel, und ich mache da nicht mehr mit. Das italienische Fernsehen ist unnatürlich und verfeuert Millionen von Dollar, um sich Zuschauer einzufangen."[5]

Um die RAI zu schlagen, entwickelt Berlusconi eine Programmpolitik, die völlig neu ist, den Zuschauer jedoch sehr geschickt an seine Sender, vor allem an Canale 5 bindet: Es wird nicht länger versucht, es allen in den vier, fünf Sendungen eines Abendprogramms recht zu machen, das heißt eine möglichst bunte Themenpalette anzubieten. Statt dessen sollen bestimmte Zielgruppen mit einer horizontalen, gleichbleibenden Programmlinie an den Sender gebunden werden. So wird nach „Dallas" gleich im Anschluß der „Denver-Clan" gesendet und danach ein amerikanischer Spielfilm. Um die amerikanische Atmosphäre weiter aufrechtzuerhalten, werden am späten Abend noch amerikanischer Basketball oder Boxwettkämpfe übertragen, die ein Sportjournalist stilgerecht mit amerikanischem Akzent kommentiert. Das Interesse des Zuschauers, sich bei anderen Sendern nach seinem bevorzugten Programm umzuschauen, soll also gar nicht erst aufkommen.

Der so gestaltete Dienstagabend garantiert tatsächlich den Einschaltquotensieg gegenüber der RAI. Für den Montagabend nimmt Canale 5 wie RAI 1 einen besonderen Spielfilm ins Programm. Als Gegenpol zum eigenen Amerikanismus und zum unspezifischen Charakter der Filme von RAI 1 baut Canale 5 dabei ganz auf die national-populäre italienische Linie. Die horizontale Programmpolitik verfolgt auch hier wieder die Strategie, gleich zwei italienische Spielfilme zu senden. Wieder ein voller Erfolg für Canale 5.

Rete 4 baut seinen Einfluß auf die fast ununterbrochene Übertragung der in Brasilien eingekauften und überwiegend billig in Studios gedrehten sogenannten Telenovellen. Als literarisches Genre entspricht der Telenovelle die Trivialliteratur des Dreigroschenromans mit seinen sozialen und emotionalen Simplifizierungen. Auch das Fernsehen in der Bundesrepublik sendet 1987 mit „Die Sklavin Isaura" zum erstenmal eine brasilianische Telenovelle.

Die Hausfrauen entdecken mit den sich oft über tausend Folgen hinziehenden Telenovellen das Fernsehen nach der Mittagspause. Täglich wird eine Folge gesendet. Die Fernsehtreue der Zuschauerinnen führt zu einem neuen Boom in der Werbesparte durch die massenhafte Ausstrahlung von Windel- und Putzmittelspots, die in den Telenovellen am frühen Nachmittag geschaltet werden.

Mit Eigenproduktionen beginnt Berlusconi in nennenswertem Umfang erst ab 1984: Das Varieté drängt die Vorherrschaft amerikanischer Sendungen zugunsten typisch italienischer Unterhaltungsformen zunächst zurück. Doch Italien bleibt bis heute Spitzenkonsument amerikanischer Filme, nur die Bürger der Philippinen und Hongkongs übertreffen sie noch darin. Anfang 1989 sind allein in einer

Woche 113 amerikanische Filme in Italien gesendet worden – mehr als doppelt so viele wie in der Bundesrepublik.

Das Fernsehen wird in Italien zur Industrie, und nicht nur die private Fernsehanstalt strukturiert sich nach den wirtschaftlichen Gesetzen eines Wirtschaftsunternehmens. Was Berlusconi praktiziert, wird auch dem staatlichen Fernsehen zum Vorbild. Ab 1983 setzt ein Prozeß der Umbildung der RAI nach Berlusconis unternehmerischen Gesichtspunkten ein: Der Anteil der Werbung wird erhöht, in den Programmen bekommt der Unterhaltungssektor größeres Gewicht. Der Kampf um die Einschaltquoten beginnt, im italienischen Fernsehalltag kurz als *guerra,* als Krieg bezeichnet.

Für die RAI stellt sich die Frage, wie man einen weiteren Verlust von Zuschauern, die zu Canale 5 und den anderen Networks abwandern, verhindern und wie man die Zuschauer, die sich bei den Privaten einschalten – das sind immerhin zwischen dreißig und fünfzig Prozent – wieder zurückgewinnen kann. Auf vielen Ebenen werden Veränderungen eingeleitet: mehr Sendestunden, weniger Wiederholungen, die Einteilung des Abendprogramms in drei Einheiten, eine drastische Reduzierung von Kultur- und Informationssendungen und die Verlegung des kärglichen Rests auf den späten Abend, die Ausstrahlung von Spielfilmen überwiegend in der *prime time.* Bildungssendungen am Nachmittag werden zugunsten einer Erweiterung der zum großen Teil selbstproduzierten Kinderprogramme gestrichen: eine konkrete Antwort auf Berlusconi, der mit japanischen und amerikanischen Trickfilmen die Kinder am Nachmittag vor die Mattscheibe holt, um – natürlich auch hier zielgruppenorientiert – Spots für Kinderspielzeug schalten zu können.

Das sind nur die ersten Bemühungen des staatlichen Fernsehens, die Gunst der Zuschauer wiederzuerlangen.

Mitte der achtziger Jahre gestaltet sich die Antwort der RAI auf die Herausforderung Berlusconis allmählich aggressiver. Auch sie setzt nun Werbung in die Programme; anfangs mit einer Unterbrechung in der Mitte der Sendung, bald aber sendet auch der staatliche Sender Werbespots zu jeder Tages- und Nachtzeit. Die Werbeeinnahmen schnellen rapide in die Höhe. Die RAI ist auf sie auch dringend angewiesen, werden die gegen die Berlusconi-Sender produzierten Supershows doch immer kostspieliger.

Die Anpassung der RAI an die Sender Berlusconis ist 1985 derart fortgeschritten, daß – bis auf eine einzige – alle informativen Magazinsendungen aus dem Programm verschwunden sind. Berlusconi nutzt diese Situation sofort gewitzt aus und nimmt nun seinerseits die unterschiedlichsten Kultur- und Informationsmagazine in seine Programme auf. Das staatliche und das kommerzielle Fernsehen tauschen ihre Rollen – eine paradoxe Situation. 1986 gründet Berlusconi eine Firma eigens zur Produktion von Informationssendungen, die Videonews; 1987 werden hier – ohne die Sportsendungen – immerhin schon tausend Stunden produziert. Schwerpunktsender für diese Programme wird Rete 4.

Die RAI sieht sich in die Enge getrieben, nimmt ihrerseits wieder vermehrt Informationssendungen ins Programm und antwortet ansonsten mit einer erneuten Umstrukturierung ihres Betriebes: Um- und Neubesetzungen von Stellen, neue Programmplanungen, Ausschau nach Nachwuchstalenten für die leichte Muse, Tagungen über Tagungen ...

Derweil macht Berlusconi der RAI ganz andere Vorschläge: „Warum soll man eigentlich so sehr auf die Suche gehen nach der Lösung der Fernsehfrage? Die entscheidende Lösung wäre doch schon da und stünde bereit: Wir, die wir kommerzielles Fernsehen betreiben, machen Unterhaltung, die RAI, die eine öffentliche Dienstleistung ist, bieter Information und Kultur."[6]

Doch die RAI hat alles andere als das im Sinn. In den Chefetagen hört man vielmehr Äußerungen wie: „Die RAI ist auf dem Markt und wird dort auch bleiben! Einen anderen Weg gibt es nicht. Wenn wir auf dem Markt als ein moderner Betrieb dastehen wollen, dann wollen wir auch die Sieger sein. Zu Kompromissen dürfen wir uns nicht erniedrigen, in keinem Fall können wir diesen seltsamen Teilungsvorschlag akzeptieren, der für die Privaten die Unterhaltung und für uns die Information vorsieht. Wir wollen schließlich nicht enden wie die englische BBC, die heute weder die Kraft hat wie einst noch das Ansehen, noch die Bedeutung. Auf dem Markt kann man nur mit den besseren Produkten bestehen, denn nur sie verdrängen die schlechter gemachten."[7]

Wie sehr die drei staatlichen Sendeanstalten von den Politikern, vor allem den Christdemokraten, als ihre Plattform begriffen werden, zeigt die RAI-Programmpolitik im Frühjahr 1987. Plötzlich erscheinen auf allen drei Sendern erneut politische Magazinsendungen in einer erstaunlich hohen Anzahl. Von einem Tag auf den anderen bietet der Abend nun, wenn auch zumeist nicht in der *prime time*, eine Auswahl von zwei bis vier Informationssendungen an. Doch ob bei Berlusconi oder bei der RAI: Die neue Informationswelle bringt alles andere als den erhofften Erfolg. Hat man seit Jahren fast ausschließlich auf die leichte Muse gesetzt, will es nun nicht recht gelingen, plötzlich gute Informationssendungen zu machen. Nur mit Interviews und Studiodebatten mit Politikern und ohne die für den Fernsehjournalismus unverzichtbaren Recherchen vor Ort ist keine große Zuschauermenge zu gewinnen. Zu schnell und mit zu sparsamen finanziellen Mitteln sind diese neuen Magazine und aktuellen Sendungen aus dem Boden gestampft worden. „Das einzige, was man gefunden hat, ist das Interview – und die krampfhafte Jagd nach dem reißerischsten Gast", kommentiert Giorgio Bocca, einer der Großen des italienischen Journalismus. Vom „Laster des Debattiersyndroms" im italienischen Fernsehen spricht Benjamino Placido, Fernsehkritiker der Tageszeitung *Repubblica*. Und die *Unità* der KPI überschreibt ihre Kritik am neuen Informationstrend lapidar mit: „Es ist Nacht, das TV plaudert" und zieht das Fazit: „Das Fernsehen hat das Radio wiederentdeckt: Worte, Worte, Worte..." Die geballte Ansammlung von Meinungen langweilt bald, weil der Sachverhalt selbst, um den es geht, niemals anschaulich dargestellt wird.[8]

Doch wundersamerweise werden bei der RAI nach drei Monaten alle Informationssendungen wieder abgesetzt. Erst die nächste TV-Saison zum Herbst bringt allmählich wieder neue Sendungen dieser Art ins Programm.

Was war geschehen, daß die Magazine nach ihrem rasanten Start ebenso rasant wieder in der Versenkung verschwanden? War es dem mageren Erfolg zuzuschreiben? Der Grund ist „italienischer" und verdeutlicht die enge Verknüpfung der staatlichen RAI mit der Politik: Wahlen standen an, und die Politiker brauchten mit den Informationssendungen Plattformen, um sich ihren Wählern ausreichend präsentieren zu können. Nach den Wahlen hatten diese dann ausgedient.

Die RAI, und das ist in Italien kein Geheimnis, ist eine der staatlichen Institutionen, in denen die Entscheidungen stark durch die *partitocrazia* und die Praxis des Lobbyismus geprägt sind. Ein Beispiel ist die jährliche parlamentarische Festsetzung der zulässigen Werbeeinnahmen für die RAI. Die Entscheidung, die von der hierfür zuständigen Parlamentskommission getroffen wird, ist für Berlusconi von höchstem Interesse, schließlich ist er an niedrigen Werbeeinnahmen seines Gegners interessiert, um selbst möglichst viel durch Werbung verdienen zu können. Er wird also alles daranzusetzen versuchen, in der entsprechenden Parlamentskommission einzelne Parlamentarier oder Gruppierungen entsprechend seiner Interessen argumentieren zu lassen. „So kann man der possenhaften Komödie beiwohnen, daß Vorschläge eingebracht und zurückgezogen werden, nachdem Berlusconi sie kritisiert hat, und schließlich Begründungen erfunden werden, die das Herumschieben von Milliarden rechtfertigen sollen. Da agitiert dieselbe politische Mehrheit, die in zwölf Jahren keine gesetzliche Regelung für die Medien, kein Anti-Trust-Gesetz und damit keine Verteidigung des Pluralismus wollte, plötzlich dafür, Bedingungen für eine entwickelte Demokratie zu schaffen."[9]

Daß nicht nur die stärkste Regierungspartei – und dies ist, bis auf die Unterbrechung von 1984 bis 1987, immer die Democrazia Cristiana gewesen –, sondern vor allem die jeweils in ihr vorherrschende Strömung in allen Angelegenheiten der RAI die Richtung angibt, verdeutlichen die Beispiele der Stellenumbesetzungen nach der Regierungsübernahme der rechten Christdemokraten im Herbst 1989. Einige Monate nachdem die linke Strömung um Ciaco De Mita von den Rechten um Giulio Andreotti in der Regierung abgelöst wird, werden der Präsident der RAI und Anhänger De Mitas, Biagio Agnes, und kurz danach auch der Verantwortliche für die Tagesschau bei RAI 1 ausgewechselt.

1987 erleidet Berlusconi eine empfindliche Schlappe. Mit viel Tamtam und Supergagen gelingt es ihm, die Showstars der RAI, Pippo Baudo und Raffaella Carrà, für seine Sender zu gewinnen. Doch was Volltreffer und Einschaltquotenrenner bei der RAI war, muß offensichtlich nicht unbedingt auch Erfolg bei Canale 5 haben. Dem Sender fehlt die Live-

Atmosphäre, zudem nagen die Unterbrechungen durch Werbespots an den Shows. Nach einem Jahr kehren beide Stars zur RAI zurück.

Anfang 1988 verkündet Berlusconi dann: „Der Krieg muß endlich beendet sein! Liebe RAI, machen wir Frieden!" Er ruft eine Pressekonferenz ein und erklärt, daß mit der Konkurrenzsituation endlich Schluß gemacht werden müsse, da sie entschieden zuviel Geld koste. Beide Fernsehanstalten sollten mit der kostspieligen Politik von Programm und Gegenprogramm aufhören und den Stars nicht länger immer horrendere Gagen zahlen.

Noch im Januar findet tatsächlich „das erste historische Friedenstreffen" statt. Der Generaldirektor der RAI lädt Berlusconi und Confalonieri zum Mittagessen in seine Wohnung in Rom ein. Die Zeitungen bringen Schlagzeilen über „das große Eisbrechen". Confalonieri berichtet den Journalisten nach dem Essen – wenn auch nicht gerade sehr enthusiastisch – von einem doch immerhin „entspannten Dialog über die Lage des Fernsehens in Italien".

Die Sender Berlusconis stehen zu diesem Zeitpunkt nicht ohne Probleme da. Die RAI weist seit geraumer Zeit steigende Einschaltquoten auf, für viele Beobachter der Fernsehlandschaft ist die spektakuläre Rückkehr der Showstars ein Anzeichen dafür, daß Berlusconis TV-Modell in eine Krise geraten ist. Berlusconi hat also einen konkreten Anlaß, die Aktivitäten seiner Sender neu und sinnvoller zu organisieren und sich darüber mit der RAI zu verständigen.

In weiteren Treffen im Herbst soll erreicht werden, daß die Preise für die Stars und die Programme auf dem internationalen Markt gedrosselt und die Aggressivität beider Sendeanstalten auf dem Werbemarkt gebremst werden. Erfahrungen aus Amerika werden einbezogen: „Eine Übereinkunft wäre für uns alle von Vorteil", erklärt Berlusconi, „auch für die Fernsehzuschauer. Die amerikanischen Networks, die ja auch in starker Konkurrenz zueinander stehen, haben einen Pakt geschlossen. Demnach senden sie jeweils nur noch einen Film in der Woche, der aber nicht gegen das Programm der anderen gesetzt wird. Samstagabends gibt es, und dies läuft so schon seit einigen Jahren, keine der irrsinnig teuren Supershows mehr; sie werden nur noch zu besonderen Anlässen inszeniert. Bei uns hingegen ißt man jeden Tag Kaviar und stößt jeden Tag mit Champagner an, das heißt, wir senden viel zu kostspielige Programme. Der Krieg (zwischen den Sendeanstalten) hat ungeheure Energien gekostet. Lange können wir uns das nicht mehr erlauben. Man muß also zu einer Übereinkunft in dieser Frage kommen."[10]

Doch die Hoffnungen auf eine solche Übereinkunft währen nicht lange. Schon bald erklärt Berlusconi: „Mit Agnes von der RAI kann man nicht reden. Wir haben alles versucht, doch vergeblich."

Der Führung der RAI, das heißt den Christdemokraten der linken Parteiströmung, ist nur bedingt – mehr auf Druck der Öffentlichkeit – an Absprachen gelegen. Man will siegen und sich nicht in die Knie zwingen lassen, das ist das erklärte Ziel.

Berlusconi läßt nun immer öfter verlauten, daß er an einer Maximierung der Einschaltquoten nicht mehr interessiert sei. Ob die Kasse stimmt, hängt inzwischen auch nicht mehr allein davon ab. „Wir wollen eine Zuschauerschaft, die an die Interessen des Marktes gebunden ist. Wenn man einmal die Quantität der Zuschauer außen vor läßt und sich die Qualität ansieht, dann entdeckt man, daß unsere Zuschauer gänzlich andere sind als die der RAI. Die RAI spricht vor allem das ältere Publikum an, das in kleineren Orten und im Süden lebt. Wir wenden uns hingegen an ein Publikum, das die größten Einkaufsmöglichkeiten hat und am aufgeschlossensten ist für die Werbemitteilungen."[11]

Äußerst interessiert bleibt Berlusconi jedoch an der gesetzlichen Freigabe von Live-Sendungen, die schließlich ein wichtiges Mittel sind, um bei der Tagesschau und der Übertragung von Sportereignissen neue Zuschauer zu gewinnen. Davon abgesehen erscheint es absurd, einem Fernsehsender die das Medium doch gerade charakterisierende Direktübertragung zu verwehren. Die RAI hingegen bedient sich seit Mitte der achtziger Jahre sehr intensiv der Form der Direktübertragung und propagiert sie in ihrem Kampf gegen Berlusconi als Gütezeichen des staatlichen Fernsehens. Und in der Tat hat sie damit im Kampf um die Einschaltquoten Punkte gewonnen.

Das aufgrund der Gesetzeslage entstandene System der Berlusconi-Sender, vorproduzierte Kassetten zu verschikken, gehört Ende der achtziger Jahre der Vergangenheit an. Die Sendungen werden jetzt aus der Zentrale in Mailand über Satellit in die Sendestationen der Regionen geschickt. Das garantiert technisch die Möglichkeit der fast gleichzeitigen Ausstrahlung, die genutzt wird, um der RAI mit Nachrichtenprogrammen und der Übertragung großer Sportereignisse Paroli zu bieten. Damit das Gesetz jedoch nicht verletzt wird, sendet man Live-Übertragungen widersinnigerweise um einige Minuten verzögert.

Walter Veltroni, Medienfachmann der KPI und Führer der Berlusconi-Gegner, sieht bereits seit der Rückkehr der beiden Showstars Pippo Baudo und Raffaella Carrà zur RAI den Niedergang des Fernsehmodells Berlusconis: „Ein Kulturmodell ist in die Krise geraten. Das Berlusconi-TV bleibt stets gleich und wiederholt sich immer, sowohl im Programm als auch in der wildwüchsigen Nutzung der Werbung, in den kulturellen Bezügen und der politischen Servilität. Wie die großen Imperien produziert auch dieses TV-Modell bei seinem Untergang morbide und beunruhigende Phänomene: eine absurde Vulgarität, eine unerträgliche Leichtigkeit und eine verzweifelte Sensationslust."[12]

In den letzten Jahren haben die RAI und die Berlusconi-Sender im Ätherkrieg immer spektakulärere Sendungen erfunden. Je härter die Wirklichkeiten und Wahrheiten des täglichen Lebens, die vor die Fernsehkamera gezerrt werden, desto gesicherter der nächste Sieg im Ätherkrieg. Das Motto heißt *TV-verità* oder: die Wahrheit vor die Kamera.

Da findet man sich gebannt dem neunjährigen Marco gegenüber, der eineinhalb Jahre ein kind- und menschenunwürdiges Dasein in der Gewalt von Kidnappern führen mußte und darüber nun – äußerst qualvoll für den Jungen – vor laufenden Kameras ausgefragt wird. Da kann man schaudernd den Drogenabhängigen beobachten, der sich live eine Heroinspritze setzt. Da werden, im kommunistisch geleiteten dritten RAI-Sender, illegale, verdeckt aufgenommene Mitschnitte von Gesprächen zwischen Teilnehmern auf dem Kongreß der Christdemokratischen Partei gesendet.

In einer täglichen Sendung bekennen sich anonym bleibende Bürger vor der TV-Öffentlichkeit in Live-Sendungen zu Geheimnissen ihres Lebens. Hinter einer undurchsichtigen Scheibe sitzend, mit verzerrter Mikrofonstimme, Handschuhen und Hut, bleibt die Person unidentifizierbar. Der staunende Zuschauer erfährt durch die Fragen der Journalistin im Studio von geheimen sexuellen Perversionen und versuchten Vatermorden, von Ehemännern, die ihre Frauen mit den Schwiegermüttern betrügen, von millionenschweren Lottogewinnen, die in ein Doppelleben drängen, oder von Drogenhändlern und Inzestbekennern.

Bekenntnisse gibt es auch noch in anderer Form. In der Sendung „Der Lügendetektor" stellt sich jede Woche ein eines leichteren oder schwereren Deliktes gerichtlich Angeklagter oder öffentlich Beschuldigter der wissenschaftlichen

Wahrheitssuche, indem er sich an die Apparatur eines Lügendetektors anschließen läßt. Nichts ist plötzlich aufregender als das verborgene wirkliche Leben, wie es das Fernsehen aufdeckt.

Mit schwarzem Humor wird unter Fernsehkritikern eine makabre Honorarpolitik gegenüber den Bekenntnisfreudigen vorgeschlagen: Für einen, der einen Mord bekennt, siebzigtausend Mark, für eine Vergewaltigung zwanzigtausend Mark. Begehe ein Verbrechen, bekenne es im Fernsehen, und du wirst Millionär – so beendete ein Kritiker seinen Kommentar.[13]

Der Ätherkrieg in Italien zeitigt das in der Welt einmalige Ergebnis, daß das staatliche Fernsehen nicht von den Privaten geschlagen wurde. Nützlich ist dies vor allem den Politikern, die sich ein so wesentliches Machtinstrument nicht aus den Händen nehmen lassen wollen.

Weniger nützlich ist es für die technologische Entwicklung des Landes. Der Staat – beziehungsweise die Christdemokraten als die führende Partei – gibt wie in keinem anderen Land der Welt Milliarden für Shows, Stars und den Import leichter Fernsehware aus und hat sich im Streit mit den Privaten hoch verschuldet. Die technische Entwicklung innerhalb der Funkmedien hat sich aufgrund der Konkurrenz zwischen zwei Anbietern auf die Verbesserung der Bild- und Tonübertragung der Sender konzentriert. Wenig gekümmert hat man sich um anderweitige Nutzungsmöglichkeiten für TV-Geräte. So hat der Konsument noch nicht die Möglichkeit, wie etwa in Frankreich, den Fernseher als Datenbank zum Beispiel für die schulische und wissenschaftliche Ausbildung zu nutzen; es gibt keine Verkabelung der Haushalte, auch noch kein Pay-TV. Italien ist in vielen TV-Phänomenen führend in Europa, hochentwickelte Technologien hat es gegenüber Amerika und Japan auf dem Weltmarkt jedoch nicht zu bieten.

Ein bekannter Wirtschaftsjournalist spricht gegen Ende der achtziger Jahre aus, was viele denken, die die italienische Funkwelt in ihrer ökonomischen Struktur rationaler gestaltet sehen wollen: „Vor uns spielt sich dieser lächerliche Krieg zwischen der RAI und Berlusconi ab. Wir haben den besten Fernsehunternehmer Europas und könnten aus Mailand ein Zentrum für das Kommerzfernsehen in ganz Europa machen. Doch was geschieht? Es wird über das Pro und Contra von Live-Sendungen und über die Begrenzung der Werbeausgaben für die RAI diskutiert!"[14]

ZEHNTES KAPITEL

Die magische Formel der Synergie: Auch die Supermärkte werden geschluckt

„Man wird sich daran gewöhnen müssen, Silvio Berlusconi in Zukunft anders zu behandeln. In den vergangenen Jahren ist er je nach den Umständen als volkstümlich-populäre Persönlichkeit, genialer Geschäftsmann, aufsteigender Finanzier, ausgezeichneter Showman, sympathische Kanaille oder als Fürsprecher Bettino Craxis angesehen worden. Definitionen, die zwar zutreffen, aber doch nicht ausreichen, um den unaufhaltsamen Aufstieg des Königs des Privatfernsehens zu beschreiben. Jetzt mischen sich neue Töne in die Musik. Silvio Berlusconi kann nun mit Recht als eine zu fürchtende Macht bezeichnet werden."[1]

Wer hier 1988 so entschieden Stellung nimmt, ist Eugenio Scalfari, Chefredakteur und Gründer der auflagenstärksten Tageszeitung *La Repubblica*, den noch ganz andere „Töne" von Berlusconi erwarten, als dieser 1990 den Verlag Mondadori und damit die dort erscheinende *Repubblica* unter seine Kontrolle bringen will.

Doch zunächst zurück ins Jahr 1988. Berlusconi hat die italienische Öffentlichkeit einmal mehr schockiert: Für tausend Milliarden Lire, das sind umgerechnet 1,35 Milliarden Mark, kauft er seinem Unternehmerkollegen Raul Gardini im September La Standa ab, die bedeutendste Supermarktkette Italiens.

„Ein viel zu hoher Preis!" tönen die Zeitungen. Doch Berlusconi hat offensichtlich Pläne mit dem Standa, die eine solche Summe rechtfertigen. Was er zum Zahlungstermin nicht flüssigmachen kann, leiht er sich bei Banken. Schließlich hat das florierende Unternehmen Fininvest keineswegs die Absicht, sich auf dem bisher Erreichten auszuruhen.

Berlusconi besitzt Ende 1988 drei Fernsehkanäle, mit denen er jährlich 1,5 Milliarden Mark durch Werbung einnimmt. Er ist der Verleger einer angesehenen Tageszeitung und der auflagenstärksten italienischen Wochenzeitschrift. Ihm gehören eine der anerkanntesten Finanzgesellschaften Italiens, zwei ausländische TV-Beteiligungen, die von Bedeutung sind, auch wenn sie noch keinen Profit abwerfen. Er besitzt einen ansehnlichen Minderheitsanteil am größten italienischen Verlagshaus, Mondadori, ist der größte Bauunternehmer Italiens und seit einem Jahr Präsident des aufsteigenden Mailänder Fußballvereins AC Mailand.

Die Fernsehsender, das bisherige Hauptgeschäft der Fininvest, bieten nicht mehr allzu viele Expansionsmöglichkeiten. Wie Berlusconi selbst darlegt, kann er auf das Wachstum von Canale 5, Rete 4 und Italia 1 nicht mehr setzen; Einschaltquoten und Werbung seien nicht mehr zu steigern.

Mit dem Kauf der Supermarktkette Standa zieht er den dicksten Fisch dieser Branche an Land und dringt damit in die Spitze der wenigen Großunternehmer Italiens vor. Dem Umsatz nach steht das Unternehmen Fininvest nun nach Fiat und der Gruppe Ferruzzi auf dem dritten Platz der Rangliste privater italienischer Großunternehmen. Die amerikanische Zeitschrift *Fortune* stuft Berlusconi Monate später als reichsten Mann Italiens ein, noch vor Fiat-Chef Gianni Agnelli.

Berlusconi kommentiert den Kauf des Standa wie folgt: „Dies ist eine Angelegenheit, die schon seit fünf Jahren an mir nagt. Daß wir einen Preis gezahlt haben, der den derzeitigen Wert des Standa eigentlich beträchtlich übersteigt, hat folgenden Grund: Sein potentieller Wert kann durch die Hebel, die ich ansetzen kann und über die Raul Gardini nicht verfügt, in kurzer Zeit ganz erheblich gesteigert werden. Darüber hinaus habe ich diesen Preis gezahlt, weil ein derartiges Interesse aus dem Ausland einsetzte, daß sich dummerweise so etwas wie eine Versteigerung anbahnte. Man muß sich nur vorstellen, daß ich im Moment des Kaufs ein deutsches Angebot erhielt, das mir schon wieder siebzig Millionen Mark mehr bot, als ich bezahlt hatte. Ich habe das Standa vor allem deshalb gewollt, weil ich überzeugt bin, daß es sich in unseren Händen zu einem ganz entscheidenden Motor für die Fininvest-Gruppe entwickeln wird."[2]

Was kann man sich unter einer Supermarktkette als „entscheidendem Motor" in einem Reich des Kommerzfernsehens vorstellen? Das Konzept, das Berlusconi damit andeutet, zeugt wieder einmal von seiner unternehmerischen Überlegenheit und läßt sich in einen einzigen Begriff fassen: Synergie. Synergie – das ist die gegenseitige Befruchtung verschiedener Bereiche, die als Multiplikatoren wirken; es ist die Kunst, aus zwei mal zwei fünf werden zu lassen.

Der „Hebel", der dem alten Besitzer der Supermärkte fehlte, sind die Fernsehkanäle, in denen für die Produkte des Standa geworben wird. So simpel und zugleich genial ist die Idee, die einflußreichen TV-Sender mit ihrer Profitmaschinerie Werbung und den Lebensmittelkonsum der Zuschauer in ein und demselben Unternehmen zusammenwirken zu lassen. Es gibt wohl keinen anderen Unternehmer, der versucht hat, eine solche Synergie zu realisieren.

Die Supermarktkette bedarf einer gewissen Aufmöbelung. Antiquiert in der äußeren Erscheinung, ist auch das Angebot der 271 Filialen nicht gerade das verlockendste und modernste. Doch die Italiener haben wenig Alternativen, große Kaufhäuser wie in der Bundesrepublik gibt es überhaupt nicht. Das Standa ist ein kleines Kaufhaus, in dem es nicht nur Lebensmittel, sondern auch Haushaltswaren, Kleidung und vieles mehr zu kaufen gibt.

Einkäufe werden in der fünftstärksten Weltwirtschaftsmacht der frühen neunziger Jahre, wenn nicht im Standa oder bei den Supermarktketten Rinascente und Upim, immer noch bevorzugt im kleinen Laden an der Ecke getätigt, es sei denn, vor der Stadt liegt einer der Großmärkte, die die Waren billiger als die anderen anbieten. Der italienische Supermarktsektor ist im europäischen Vergleich als ausgesprochen rückständig zu bezeichnen. 1988 beträgt sein Anteil am gesamtnationalen Umsatz von Lebensmitteln und Haushaltswaren vierzehn Prozent, in anderen europäischen Ländern macht dieser Anteil bis zu fünfzig Prozent aus. Ein reizvolles Vorhaben für Silvio Berlusconi: in einem Bereich innovativ zu werden, den er als dermaßen antiquiert einschätzt, daß dadurch sowohl den Produzenten als auch den Konsumenten Nachteile entstehen.

Wie sieht nun Berlusconis Strategie aus, um die Standa-Kette in ein einträgliches Geschäft zu verwandeln? Der erste Schritt Berlusconis besteht, wie beim Fußballverein AC Mailand, in der Motivation der Mitarbeiter: „Bevor ich an irgendeine Entwicklung des Standa gedacht habe, suchte ich eine Beziehung zu denjenigen aufzubauen, die dort arbeiten. Diese Beziehung konnte sich auf einer Reihe von Treffen mit dem Top-Management, den Leitern, den Filialdirektoren und den Mitarbeitern entwickeln. Wir haben acht Stunden lang in Venedig zusammengesessen. Ich habe meinen Beitrag darin gesehen, ihnen Begeisterung für ihre Arbeit zu vermitteln. Und ich habe diese verantwortlichen Männer mit meinem Enthusiasmus angesteckt. Nach dem Abend in Venedig haben die Filialen zwanzig Prozent mehr

Bestellungen rausgeschickt. Ich habe bei diesem Treffen nicht etwa die übliche, voraussehbare Rede gehalten. Ich bin vielmehr von Tisch zu Tisch gegangen und habe mit allen an diesen fünfzig Tischen geredet. Ich habe auch mit den Damen getanzt, schon die erste, auf die ich traf, habe ich zum Tanz aufgefordert. Der Abend wurde zu einem richtigen Fest. Ich habe sogar auf der Bühne ein Lied gesungen. Den anwesenden Mitarbeiterinnen habe ich allen eine Rose überreichen lassen. Wir sind Freunde geworden. Das ist das, was ich zu tun vermag."[3]

Wenige Tage nach dem venezianischen Treffen verschickt Berlusconi für sechzigtausend Mark Rosen an alle weiblichen Standa-Angestellten und -Ehefrauen in ganz Italien. „Ich bin ein Unternehmer, der 1,35 Milliarden Mark ausgibt, um siebzig Prozent eines Unternehmens zu erwerben, und gehe anschließend zu den Mitarbeitern, um ihre Zustimmung zu suchen. Gab es so etwas schon einmal? Ich kenne niemanden, der je die unterschiedlichen Führungsstile von Unternehmern herausgearbeitet hat: zwischen demjenigen, der ein Unternehmen erwirbt und denkt, er könne es nun nutzen wie eine technische Apparatur, und demjenigen, der sich selbst als ein Rädchen im Getriebe begreift und versucht, von innen her die Arbeitsprozesse zu verstehen und menschliche Beziehungen zu entwickeln."[4]

In der Presse werden wieder einmal Stimmen laut, die sich über Berlusconis amerikanische Art des Umgangs mit den Angestellten, die familiäre Gemütlichkeit, Schulterklopfen und Showinszenierung in den Mittelpunkt rückt, lustig machen. Doch er kontert gelassen: „Dies ist der menschliche Stil einer neuen Art von Unternehmertum. Der Stil eines Unternehmers, der nicht nur auf die Zahlen sieht, auf die Umsätze, sondern auch auf das Bewußtsein der Mitarbeiter. Ich glaube, daß ich mich für diese Personen, die ich für Unternehmer halte, wie ich selbst einer bin, einsetzen muß. Wir besprechen die Dinge gemeinsam von Unternehmer zu Unternehmer. Wie sagte doch unser erster Präsident Luigi Einaudi: Du kannst diese Menschen nicht aufhalten, weil sie Ambitionen in sich verspüren zu wachsen, sich zu verbessern, ihre Aktivitäten auszuweiten."[5]

Von „Unternehmer zu Unternehmer" spricht Berlusconi auch mit den sechzehn Managern des Standa, die er zum Essen in seine Villa in Arcore einlädt. Es gefällt ihm, daß einer hervorhebt, daß sein Führungsstil ganz anders sei als der des alten Standa-Besitzers: Gardini kenne man nur vom Foto; Berlusconi aber habe ihnen sogar seine Frau und seine Kinder vorgestellt.

In diesem Zusammenhang kündigt Berlusconi an, gleich in den ersten Wochen nach dem Kauf durch ganz Italien zu reisen und einen großen Teil der Filialen persönlich zu besuchen.

Nachdem die menschliche Seite vorerst zufriedenstellend geregelt ist, nimmt der neue Besitzer gleich im September eine Umstrukturierung der bestehenden Filialen in Angriff. Im Winter 1988/89 werden sämtliche Standa-Häuser umgebaut. Zudem wird die Supermarktkette um weitere hundert neue Geschäfte erweitert. Die Bauarbeiten führt selbstredend Berlusconis eigene Edilnord aus. In die Auffrischung des Standa-Images investiert Berlusconi noch einmal dieselbe Summe, die der Einkauf der Supermärkte gekostet hat.

Berlusconi ist auch bei dem Aufbau des neuen Standa wieder persönlich dabei. Für den ersten Standa-Fernsehspot sucht er selbst den Schauspieler aus, spielt ihm eine Szene vor, die er gern im Spot verwirklicht hätte. Er geht ins Standa der Via Torino in Mailand und hält sich dort zwei Stunden auf, beobachtet, fragt und entscheidet beispielsweise mit, wie ein Smoking in einer bestimmten Ecke eines bestimmten Schaufensters zu präsentieren sei.

In den trägen Bereich der Supermärkte kommt Bewegung, denn Berlusconi stachelt mit seiner Geschäftigkeit und seinem Initiativenreichtum die Konkurrenz an. Agnelli, dem die nicht ganz so populäre zweite italienische Kaufhauskette, das Rinascente, gehört, zieht mit. Er modernisiert seine Filialen und rüstet sie mit Friseursalons, Wechselstuben und Versicherungsbüros aus. Was die Geschäfte in den verschlafenen Supermärkten jedoch in erster Linie ankurbelt, ist nicht das veränderte Ambiente. Es sind die Werbespots, die nicht nur für ein neues Image sorgen, sondern der besagte entscheidende Synergie-Hebel für die Verkaufssteigerung werden.

In 1500 Werbespots für acht Millionen Mark werden im Herbst und Winter 1988 die Produkte des Standa über Canale 5, Rete 4 und Italia 1 in die guten Stuben der italienischen Fernsehzuschauer geschickt und angepriesen. Schon nach vier Monaten wird vom Standa ein glorioses Ergebnis gemeldet: eine Verkaufssteigerung von sechsundzwanzig Prozent!

Berlusconi erklärt: „Ich kann zusammen mit dem Produkthersteller einen Werbespot finanzieren. Er macht Reklame für seine Nudeln, seine Hemden, sein Waschmittel, und ich sorge für einen Sofort-Spot, in dem ich ankündige, daß diese Produkte an einem bestimmten Tag zu einem bestimmten Preis im Standa zum Verkauf angeboten werden. Das Standa hat einen Umsatz von vier Milliarden Mark. Die Fernsehwerbung erhöht den Verkauf durchschnittlich um zehn bis zwanzig Prozent. Allein mit der Werbung in unseren Sendern können wir also den Umsatz des Standa auf 4,4 Milliarden erhöhen."[6]

Kurz nach dem Kauf des Standa wird die magische Synergieformel à la Berlusconi in der Geschäftswelt und der Öffentlichkeit noch auf die Schippe genommen. Wird Fußballer Ruud Gullit bald am Eingang des Standa stehen und sein

Autogramm auf Waschmittelkartons schreiben? Wird Mike Bongiornos Studio nun ganz mit Standa-Produkten vollgestellt? Kommt nach „Dallas“ demnächst die Fernsehserie, die sich in der Welt der Supermärkte abspielt?

Im Januar 1989 wird Berlusconi als Referent in die Mailänder Universität Bocconi eingeladen, um über seine Marketingstrategie im Konsumsektor zu referieren. Seinen langen Vortrag beschließt er mit einem zusammenfassenden Kommentar zum schnellen Erfolg mit dem Standa: „Das Standa hielt so etwas wie einen Dornröschenschlaf. Wenn ich nicht so häßlich wäre, würde ich sagen, daß ein Prinz gekommen ist, um es aufzuwecken, und zwar mit Hilfe der Werbung.“[7]

Neu an der Angelegenheit Standa ist für Berlusconi, daß er – der sein Unternehmen Fininvest als reinen Familienbesitz führt, es also nicht in eine Aktiengesellschaft umgewandelt hat – das Standa als Aktiengesellschaft übernimmt und diese, als Hauptaktionär, auch weiterführt. Da ihm nur siebzig Prozent gehören, muß ihn nun interessieren, was sich an der Börse abspielt, muß er sich möglicherweise mit der gewerkschaftlichen Vertretung für seine 17 000 Angestellten herumschlagen, muß sich in die Karten gucken lassen. Mit dem Standa gibt es jetzt einen Bereich im Berlusconi-Imperium, der nicht in hundertprozentiger Unabhängigkeit arbeiten kann.

Die Zukunft des Standa sieht Berlusconi vor allem in einem europäischen Rahmen: „Die Hauptakteure im Supermarkt- und Kaufhausbereich bewegen sich heute auf europäischer Ebene. Wollen wir konkurrenzfähig bleiben, müssen wir eine Allianz mit dem Rinascente von Agnelli suchen.“[8]

Agnelli zeigt bislang allerdings wenig Interesse, sein Rinascente an Berlusconi abzutreten. Doch der italienische Markt ist in Bewegung, und Agnelli und Berlusconi unterhalten gute Beziehungen zueinander. Warum also sollte Berlusconis nächster Schritt zur Expansion nicht in diese Richtung führen?

Elftes Kapitel

Das Kapitalistenduell um Mondadori

Berlusconi schlägt De Benedetti

Seinen nächsten Coup landet Berlusconi im Dezember 1989, als ganz Italien gerade, hingerissen von einer Welle der Sympathie, Michail Gorbatschow zujubelt, der für einige Tage auf Staatsbesuch weilt. Sich ausgerechnet diesen Zeitpunkt für seinen neuen Schachzug auszusuchen, darauf konnte nur ein Mann wie Berlusconi kommen.

Am 1. Dezember sind Mailands Straßen und Plätze mit Tausenden von Menschen bevölkert, die dem Mann der Perestroika ihre Zuneigung bekunden wollen. Gorbatschow hält an diesem Tag vor der in der Metropole versammelten italienischen Unternehmerelite eine Rede über die wirtschaftliche Entwicklung in der Sowjetunion und die Möglichkeiten der sowjetisch-italienischen Zusammenarbeit. Agnelli, Gardini, Pirelli, Berlusconi und De Benedetti, das heißt alle Topunternehmer sind anwesend. Ob die beiden letzteren der Rede jedoch in allen Einzelheiten folgen, bleibt zu bezweifeln. Denn am selben Tag noch wird bekanntgegeben, daß Silvio Berlusconi durch eine neue Allianz in der Finanzholding Amef, die den Mondadori-Verlag kontrolliert, die Entscheidungsmacht erhält und damit zum Präsidenten des Verlages werden wird. Wie der *Corriere della Sera* kommentiert, setzt Berlusconi nun darauf, mit diesem gigantischen Einstieg in den Printmedienbereich zum führenden multimedialen Unternehmer Italiens zu werden.

Daß Berlusconi die Kontrolle über Mondadori erlangt, bedeutet eine herbe Niederlage für Carlo De Benedetti, der erst drei Monate zuvor mit der Erweiterung seines Aktienpaketes zum Hauptaktionär des Verlages aufgestiegen ist und bereits Ansprüche auf eine zukünftige Verlagsleitung angemeldet hat.

Das Verhältnis von Sivio Berlusconi und Carlo De Benedetti, Großunternehmer im Computer- und Verlagswesen, ist nicht gerade das beste. Sie sind gleich alt und gleich erfolgreich, auch De Benedetti ist ein Newcomer der siebziger und vor allem der achtziger Jahre. Unter den Großen des italienischen Kapitalismus gilt er als der Stratege, der in den siebziger Jahren mit seinen Modernisierungsentwürfen bei Fiat als erster den veränderten ökonomischen Bedingungen Rechnung getragen hat.[1] Zwischen Berlusconi und De Benedetti ist schon seit längerem eine gewisse Konkurrenz darum zu beobachten, wer denn nun der erfolgreichere Unternehmer sei.

Die Nachricht von Berlusconis neuer Eroberung schlägt in der Öffentlichkeit wie eine Bombe ein. Die Christdemokraten der Strömung um Andreotti und die Sozialisten der PSI reagieren gelassen bis befriedigt. Bei allen anderen politischen Kräften jedoch, vor allem bei der starken Kommunistischen Partei, bricht ein Sturm der Empörung aus: Diese Medienkonzentration geht zu weit, wohin soll das eigentlich noch führen? Es müssen endlich gesetzliche Maßnahmen gegen diese unsere Demokratie bedrohende Medienkonzentration ergriffen werden! Wo sollen in Zukunft eigentlich noch diejenigen Elemente der Kultur ihr Forum finden, die sich nicht der herrschenden Kultur unterordnen?

Besonders lebhaft wird in der Öffentlichkeit darüber gerätselt, was Berlusconi, der sich auf ein von vielen als kulturlos bezeichnetes Fernsehimperium spezialisiert hat, überhaupt in diesem altehrwürdigen, kulturvollen Verlagshaus will, das nicht nur Bücher herausbringt, sondern in dem auch viele führende italienische Zeitschriften, eine Kette von Regionalzeitungen, die beiden linksliberalen politischen Wochenmagazine *Panorama* und *L'Espresso* – dem *Spiegel* vergleichbar – und die größte Tageszeitung *La Repubblica* erscheinen.

Daß die Neustrukturierung der Machtverhältnisse beim Verlag Mondadori so viel Staub aufwirbelt und das schon länger währende Duell der beiden nach Agnelli bedeutendsten italienischen Kapitalisten damit zu einem Höhepunkt gelangt, hängt mit den verwirrenden Transaktionen in der italienischen Hochfinanz zusammen, die wiederum in verflochtenen Beziehungen zu den Politikern steht. Die Hauptakteure im Kampf um den Einfluß in dem mächtigen Verlagshaus sind die beiden miteinander verwandten, aber zerstrittenen Familien Mondadori und Formenton sowie die Unternehmerrivalen De Benedetti und Berlusconi.

Berlusconis Coup am 1. Dezember 1989 war möglich geworden, weil sich die Familie Formenton – die wie die Familie Mondadori fünfundzwanzig Prozent der Aktien der den Verlag kontrollierenden Finanzholding Amef besitzt – kurzerhand entschlossen hatte, ihre langjährige Allianz mit De Benedetti aufzukündigen und Berlusconi das Optionsrecht über ihr Aktienkapital zu überlassen. Das war vor allem deshalb überraschend, weil im schon lange Zeit andauernden Tauziehen um die Macht eigentlich De Benedetti, der mit sechsundzwanzig Prozent am Verlag beteiligt ist, der Favorit der Familie Formenton war. Berlusconi hatte sich bis dato mit einem Aktienanteil von dreizehn Prozent zufriedengeben müssen.

Berlusconi gibt sich nach dem Dezember-Coup siegesgewiß und strahlend und läßt schon für den 26. Januar eine Versammlung der Verlagsmanager einberufen, um sich als neuer Präsident vorzustellen. Auf dieser Verlagsversammlung überspringt Berlusconi kurzerhand alle üblichen Zeremonien und kommt schnell zur Vorstellung seiner Mitarbeiter. Sein Stellvertreter für die Verlagspräsidentschaft wird – wer anders könnte es sein? – Fedele Confalonieri. Nacheinander befragt er jeden der Manager danach, wer sie sind, was sie bisher getan haben und womit sie sich zur Zeit im Verlag beschäftigen.

Einer der Anwesenden berichtet nach der Versammlung, daß Berlusconi jedem einzelnen mit höchster Aufmerksamkeit zugehört und, ohne sich ablenken zu lassen oder Ungeduld zu zeigen, jeden dabei fest angeblickt habe. Daß in Zukunft ein anderer Wind im Verlag wehen wird, wird den Verlagsmanagern, die die neue Realität nur langsam begreifen, spätestens beim Mittagessen klar. Berlusconi stellt mit seiner üblichen informellen Art die alte Ordnung des ehrwürdigen Verlagshauses auf den Kopf: Er läßt die Einzeltische in der Verlagskantine hufeisenförmig zusammenrücken, um sich auch während des Essens mit seinen neuen Angestellten unterhalten zu können. Wo normalerweise höchstens zwei mit gesenkter Stimme im Gespräch zusammensitzen, werden hier nun in Gruppen Witze erzählt und ironische Anspielungen gemacht, und überall wird viel gelacht.

Der Einstieg Berlusconis scheint gut über die Bühne zu gehen, auch wenn der Verlag Mondadori kein AC Mailand ist, bei dem die joviale Art des neuen Unternehmers gleich Feuer fängt. Schließlich ist Berlusconi keineswegs vom Fach, ein Medienindustrieller macht noch keinen Verleger. Äußerst gespannt gestaltet sich sehr bald die Beziehung zu Eugenio Scalfari, dem Herausgeber der bei Mondadori erscheinenden Tageszeitung *La Repubblica.* Scalfari hat die Zeitung gegründet und sie innerhalb von vierzehn Jahren gegenüber den bereits seit über hundert Jahren bestehenden großen Tageszeitungen *La Stampa* und *Il Corriere della Sera* zur auflagenstärksten Zeitung Italiens entwickelt. Ein im Pressewesen ungewöhnlich kometenhafter Aufstieg. Scalfari ist der angesehenste Journalist Italiens, der mit der *Repubblica* große Unordnung in das Pressewesen gebracht hat.

Seitdem die *Repubblica* und der *Espresso* Mitte der achtziger Jahre in den Verlag Mondadori integriert wurden, hat sich das Klima dort außerordentlich politisiert. Für die Politiker und die großen Unternehmer ist der bedeutendste Verlag Italiens zu einem besonderen Leckerbissen geworden, in dem es Macht und Einfluß zu sichern gilt.

Scalfari, der sich Ende der siebziger Jahre für den sich anbahnenden Historischen Kompromiß der Kommunisten Enrico Berlinguers mit den linken Christdemokraten um Aldo Moro stark gemacht hatte, favorisiert De Benedetti und die linke Strömung der Christdemokraten um De Mita. Er sieht in De Benedetti, der immer mehr Aktien der Finanzholding des Verlages erwirbt, den Garanten seiner Linie eines unabhängigen Journalismus und befürchtet nun von seiten Berlusconis Eingriffe in die Autonomie seiner Zeitung. Schon bald nach Berlusconis Übernahme der Präsidentschaft droht er an, aus dem Verlag auszusteigen und eine neue, von jedem Industriellenchef unabhängige Zeitung zu gründen, wenn ihm keine befriedigenden Garantien für die Unabhängigkeit seines Blattes gegeben würden. Eine Drohung, die von allen Seiten durchaus sehr ernst genommen wird, denn man weiß, daß der Erfolg der *Repubblica* mit Scalfari steht oder fällt.

Scalfari und die anderen Kontrahenten Berlusconis befürchten, mit seiner Übernahme der Präsidentschaft könnte es zu einer einseitigen Einflußnahme auf die Publikationen des Verlages kommen. Dagegen erklärt Berlusconi bereits im Dezember: „Ich denke doch, daß ich nicht nur ein ordentlicher Medienunternehmer bin, was die Kenntnis des Lesers, der Zuschauer und der Werbung betrifft, sondern daß ich genauso die Autonomie der Verlagsmanager und Journalisten respektiere und ihnen sogar noch mehr Freiheit und Autonomie garantiere, als sie derzeit haben."[2]

Doch seine Gegner lassen sich mit Rhetorik nicht beschwichtigen. Trotz Berlusconis Erklärung und auch trotz der bisher weitgehend überzeugenden praktischen Umsetzung seiner Ideen wird heftig diskutiert, inwieweit Berlusconi seine stetig anwachsende Macht in den Medien zur politischen Einflußnahme nutzen könnte. Ob er denn nicht zu einem Risiko der Demokratie werde? „Natürlich nicht!" weist Berlusconi den Vorwurf weit von sich. „Wieviel Raum nimmt unser Unternehmen denn überhaupt in der Welt der Informationsübermittlung ein? Wir haben bisher eine Tageszeitung, *Il Giornale,* die von Montanelli geleitet wird. Auch ihm habe ich immer Unabhängigkeit und Autonomie garantiert und nie politischen Druck auf ihn oder die Journalisten ausgeübt. Und mit unseren drei Fernsehsendern ist es uns ja gar nicht erlaubt, Nachrichten zu bringen. Selbst in den angespanntesten Zeiten der Politik, vor den Wahlen, haben wir nie auch nur von irgendeiner Seite, irgendeiner Partei Klagen darüber gehört, sie vielleicht zuwenig in unseren wöchentlichen Informationssendungen berücksichtigt zu haben."[3]

Berlusconis Gegner veröffentlichen jedoch Fakten, die beweisen sollten, daß er durchaus nicht der sich nie einmischende Chef gewesen ist. Sei es beim *Giornale,* sei es bei seinen wenigen journalistischen Fernsehsendungen: Berlusconi habe sich entweder über Mittelsmänner oder höchstpersönlich um die Streichung kritischer Anmerkungen zu seinen Fernsehsendern, zu konkreten Sendungen oder zum AC Mailand gekümmert.[4]

Leonardo Mondadori, bereits seit langem ein Verbündeter Berlusconis, ist im Gegensatz zu Scalfari der Meinung, daß Berlusconi als Verlagspräsident mehr Unabhängigkeit walten lassen werde als De Benedetti. „Es war uns klargeworden", erklärt er Anfang Dezember, „daß De Benedetti eine Linie verfolgte, die unsere Familien auseinanderbringen sollte, um sich so selbst zum Patron zu machen, und zwar aus finanziellen und politischen, nicht aber aus unternehmerischen Gründen, die für uns die entscheidenden sind. Es ist nun aber völlig gegen unsere Tradition, in der Nachrichtenverbreitung zu einer Art Gegenmacht zu werden."[5] Für Leonardo Mondadori ist Berlusconi der „gescheiteste italienische Unternehmer, den es heute gibt", und er ist entschlossen, ihn zum stärksten Mann im Verlag zu machen.

Die politischen Fronten, die im Fall Mondadori eine Rolle spielen, werden in diesen Auseinandersetzungen schnell deutlich. Der Wechsel der Familie Formenton von De Benedetti zu Berlusconi ermöglicht diesem die Vormachtstellung im Verlag. Berlusconi ist – nach der neuen Regierungsbildung zwischen den Sozialisten und den rechten Christdemokraten im Sommer 1989 – auf die Unterstützung der führenden rechten Christdemokraten Andreotti und Forlani und des Sozialistenchefs Craxi angewiesen. Die Kommunisten, die in den Redaktionen der beiden im Verlag Mondadori erscheinenden politischen Magazine starke Positionen innehaben, fühlen sich bedroht und sehen ihre Interessen daher eher durch De Benedetti garantiert, der zwar keineswegs Kommunist, aber als Kämpfer für einen pluralistischen Kapitalismus bekannt ist.

Die Mehrheit der im Verlagshaus beschäftigten Journalisten stellt sich also entschieden gegen eine Zusammenarbeit mit Berlusconi und beschließt nach hitzigen Versammlungen zu streiken, um ihrer Anti-Berlusconi-Haltung vor der Öffentlichkeit Nachdruck zu verleihen. Der Widerstand der Intellektuellen erwacht jedoch nicht etwa erst jetzt. Der *Espresso* hat bereits seit 1984 immer wieder die zunehmende Machtkonzentration im Fernsehbereich als Bedrohung der Demokratie angeprangert.

Im Januar 1990 schreibt das politische Wochenmagazin: „Urheber und Begünstigter dieses kolossalen Konzentrationsprozesses ist Berlusconi, der durch die wohlwollende Protektion der Politiker in diesen Jahren zum Feind Nummer eins nicht nur der Presse geworden ist, sondern auch zum Feind eines demokratischen Pluralismus, der Informationsfreiheit und freie Konkurrenz garantiert, wie sie in allen zivilisierten und demokratischen Ländern bestehen."[6]

Berlusconi hatte bereits vor geraumer Zeit Anzeige wegen Verleumdung gegen den streitbaren *Espresso* erstattet. Im November 1989 wird das Magazin allerdings freigesprochen. Mehr noch: Das Gericht bestätigte die Berechtigung seiner Besorgnis. Es wundert also nicht, daß bei derartigen Fronten weder der *Espresso* noch *Panorama*, noch die *Repubblica* ein Interesse daran haben, sich Berlusconi als Verleger unterzuordnen.

De Benedetti ist alles andere als erfreut, daß er als Anwärter für die Präsidentschaft so unerwartet ausgebootet worden ist. Nach seiner Meinung ist der Seitenwechsel der Familie Formenton, der Berlusconi die Macht im Verlag habe an sich reißen lassen, auf starken politischen Druck hin zustande gekommen. Er, De Benedetti, habe das Glück, ein unabhängiger Unternehmer sein zu können, was man von Berlusconi keineswegs behaupten könne: „Es gibt ja wohl keinen Zweifel daran, daß Berlusconi sein einzigartiges Imperium nur deshalb hat aufbauen können, weil es kein Mediengesetz gibt. Unter solchen Umständen ist politische

Protektion – abgesehen von seinen unternehmerischen Fähigkeiten, die beachtenswert sind – außerordentlich wichtig. Die traditionelle Unabhängigkeit oder die Heterogenität im Unternehmen Mondadori war immer schon eine von den Politikern erklärtermaßen nicht sehr geschätzte Tatsache. Berlusconi, der immer gute Beziehungen zu Politikern gepflegt hat, ist weiter in die gewünschte Richtung vorangeschritten. Was die Lage betrifft, die sich nun ergibt, so sehe ich nur noch in Brasilien eine derartige Situation, wo eine einzige Gruppe das Privatfernsehen und die Presse dominiert. Und es ist bekannt, daß in diesem Land ohne die Zustimmung des Medienunternehmers Roberto Marinho kein Präsident gewählt wird. Es ist abzusehen, daß hier die gleiche Situation entsteht."[7]

Die Berlusconi-Gegner führen immer wieder ins Feld, daß es nicht nur um das Zuviel an Medienmacht gehe, sondern vor allem um die Verflechtung der Medienmacht mit der Macht der Politiker. In der Tat hat sich nach dem Ende der Regierung des erklärten Berlusconi-Gegners und Führers der linken Christdemokraten De Mita einiges in der Beziehung der Regierenden zu Berlusconi verändert. Die rechten Christdemokraten Andreotti und Forlani erweisen sich als Berlusconi-Freunde. Doch dahinter stecken taktische Gründe.

Die Regierung Andreotti hat zu ihrer Konsolidierung personelle Umstrukturierungen vorgenommen und in den politischen Entscheidungszentren von öffentlichen Institutionen und Ämtern die Leute De Mitas durch ihre eigenen ersetzt (wie zum Beispiel den Direktor der RAI oder den Bürgermeister von Palermo). Daß derartige Umbesetzungen vorgenommen werden, auch wenn der Regierungswechsel lediglich von einer *corrente* zur anderen stattgefunden hat, also innerhalb einer Partei erfolgt ist, stellt eine italienische Spezialität dar und charakterisiert die verworrenen politischen Verhältnisse im Land. In diesem Zusammenhang ist den neuen Regierungspolitikern auch an Umstrukturierungen im Verlag Mondadori gelegen, das heißt daran, den Einfluß De Benedettis zu schmälern, zumal Scalfari als „sein" Mann immer schon ein Gegner Andreottis und Forlanis gewesen ist.

Auch dem Sozialisten Craxi ist Scalfaris *Repubblica* nicht freundlich gesonnen. Craxi erklärt im Juni 1989: „Es gibt in unserem Land eine Verlegergruppe, die gegen mich und meine Partei eine Kampagne des Hasses und der Verleumdung führt, die in ihrer Beharrlichkeit, Intensität und Akribie wohl einmalig in der Geschichte unserer demokratischen Republik ist."[8]

Giampaolo Pansa, Journalist bei *Panorama*, kommentiert: „Es sind diese drei Politiker, die heute das strategische Kommando in Italien führen. Und wie es oft genug geschieht, fühlen sich die mächtigen Sieger durch die, die nicht auf ihrer Linie liegen, gestört. Die drei Oligarchen haben sich also vorgenommen, einen wesentlichen Gegner zu zerstören: die Zeitungen von Mondadori. Zum Glück haben wir im Land auch noch andere Zeitungen mit Rückgrat, wenn es auch nicht gerade viele sind. Aber natürlich ist die Beute beim Verlag Mondadori besonders ansehnlich. Wer die Schlacht um Mondadori nicht unter diesem Blickwinkel sehen mag, sollte sich einmal die Geschichte Italiens ansehen. Die politische oder wirtschaftliche Macht hat immer schon versucht, die Tageszeitungen, die ihren Manövern im Wege standen, zu vernichten oder zu erobern. Berlusconi ist der bewaffnete Arm dieser Aggression, auch wenn er dies leugnet."[9]

Berlusconi ist derweil bemüht, sich als liberaler Verleger, der redaktionelle Freiheiten garantiert, darzustellen. Doch jedermann weiß, daß er auf den guten Willen der Regierungspolitiker angewiesen ist, bleibt für ihn doch von grundlegender Bedeutung, daß ihm wohlgesonnene Politiker stark genug sind, die Verabschiedung eines Mediengesetzes entweder überhaupt zu verhindern oder mit dem Gesetz seine Monopolstellung zu sanktionieren. Wer ihn in Sachen Mediengesetz unterstützt, erwartet jedoch seinerseits Entgegenkommen, was im Fall Mondadori für Berlusconi heißen müßte, in den Zeitungen seines Verlags keinerlei Kritik an der Regierungspolitik zu dulden.

Die aufgebrachten Journalisten des Verlags sehen in dieser Interessenverquickung die beste Voraussetzung für eine politische Manipulation aller im Verlag Mondadori arbeitenden Redaktionen. Der Kampf der Journalisten gilt also der Freiheit all derer, die nicht so denken wie diejenigen, die zur Zeit die Macht in Italien innehaben.

„Wie oft hat sich Berlusconi denn nicht schon selbst beklagt, daß er nur toleriert werde?" beendet Giampaolo Pansa seinen Kommentar. „Berlusconi ist stark, weil die politischen Oligarchen ihn stark haben wollen. Also ist er schwach, weil er tun muß, was sie wollen."[10]

De Benedetti, Präsident der Olivetti-Computer-Werke, internationaler Finanzier und bereits seit einigen Jahren mit einem ständig anwachsenden Aktienpaket Aktionär im Verlag Mondadori, ist keineswegs bereit, den Manövern, die ihn ausbooten sollen, untätig zuzuschauen. Er sieht sich durch den Seitenwechsel der Familie Formenton zu Unrecht fallengelassen, versichert, sich immer korrekt verhalten zu haben und juristisch einen Anspruch auf das nun an Berlusconi übergegangene Aktienpaket zu haben: Mit den Formenton habe er schon im Mai 1988 einen verlagsinternen Vertrag zur Sicherung der Allianz bis Ende 1990 abgeschlossen.

De Benedetti handelt entschlossen. Er veranlaßt, daß das Aktienpaket der vertragsbrüchigen Formenton auf eine richterliche Verfügung hin vorläufig beschlagnahmt wird, und ruft ein Schiedsgericht zur Klärung der Angelegenheit an. Berlusconi kontert mit ähnlich kämpferischen Methoden: Er läßt die Versammlung der Verlagsaktionäre, der De Benedetti vorsitzt, für ungültig erklären. Das Duell der Kapitalisten hält die Öffentlichkeit in Atem.

Erinnerungen an die P2 werden wach

In der Zwischenzeit schickt sich Italien an, wieder einmal lauthals nach einem Mediengesetz zu rufen. Alle, wirklich alle, die es in irgendeiner Form angeht, reden von seiner Notwendigkeit. Berlusconi soll diesmal nun wirklich ein Riegel in seinem Expansionsdrang vorgeschoben und sein gegenwärtiges Medienreich beschränkt werden. Vierzehn Tage lang sind die Massenmedien voll der diversen Vorschläge und Kommentare für ein Mediengesetz. Für Ende Januar wird bereits eine Entscheidung erwartet.

Derweil erinnern einige Journalisten an die Affäre um die Geheimloge P2 zu Anfang der achtziger Jahre. Hatte Logenmeister Licio Gelli nicht ein außerordentliches Interesse an der Eroberung entscheidender Positionen in den Massenmedien gezeigt? Und war Berlusconi nicht Mitglied in dieser illegalen Geheimloge gewesen? Die Christdemokratin Tina Anselmi, seinerzeit Vorsitzende der parlamentarischen Untersuchungskommission zur P2, spricht Anfang Dezember 1989, unmittelbar nach Bekanntgabe der Mondadori-Übernahme, auf einer Journalistenversammlung von „einem üblen Wind, der da zu wehen beginnt, der die alten Machenschaften Licio Gellis in bezug auf die Medienwelt zu verwirklichen scheint". Was ist unter diesen „alten Machenschaften" zu verstehen?

Das bereits 1976 verfaßte, aber erst 1981 nach seiner

Beschlagnahmung bekanntgewordene Dokument, in dem Gelli seine Projekte dargelegt hatte, sieht einen Plan zur schrittweisen Eroberung der Massenmedien vor: In jeder Zeitungsredaktion sollen zwei oder drei Journalisten arbeiten, die mit den der P2 nahestehenden Politikern sympathisieren, weiterhin sollen einige entscheidende Wochenzeitschriften erworben und die Provinzpresse durch eine zentrale Agentur koordiniert werden. Und schließlich sollen die Lokalsender – im seinerzeit beginnenden – Kommerzfernsehen mit der Lokalpresse verbunden und die RAI im Namen der Freiheit der Antennen aufgelöst werden. Der Plan sieht eindeutig eine indirekte Eroberung der Macht vor.

Doch die P2 ist 1990 schon lange verboten, Licio Gelli ist zwar aus gesundheitlichen Gründen nicht inhaftiert, steht aber doch, wie es heißt, unter Aufsicht. Sollte dieser Geheimbund dessenungeachtet immer noch im verborgenen arbeiten, und sollte Berlusconi gar der lange Medienarm der illegalen Freimaurerloge sein?

Andeutungen, die diese Annahme nahelegen, werden in der Presse immer wieder gemacht. Zahlreiche Namen aus der Mitgliederliste der P2 tauchen nach dem Antritt der Regierung Andreotti als Staatssekretäre wieder auf, und es ist allgemein bekannt, daß der neu eingesetzte Direktor der RAI einst engste Kontakte mit Logenmeister Licio Gelli pflegte . . .

De Benedetti schlägt Berlusconi

„Ich frage mich, ob es überhaupt noch Sinn hat, weiter Unternehmer zu sein", hört man Berlusconi, der sich in der Angelegenheit Mondadori ungerecht behandelt fühlt, drei Monate nach der Übernahme der Präsidentschaft im Verlag

Mondadori sagen. „Es handelt sich bei der ganzen Sache um ein durch und durch politisches Gefecht, das seine Auswirkungen auf die unternehmerischen Angelegenheiten hat, insbesondere auf den Bereich der Massenmedien. Man macht ein Gesetz, um damit einen Unternehmer zu strafen, der sich zu schnell entwickelt hat. Und man opfert dafür sogar die Freiheit des Bürgers. Und in diesem Manöver ist es nun wirklich nicht schwierig, Interessen der politischen Lobbies zu erkennen."[11]

Ursache für Berlusconis Ärger ist der sich im April 1990 ankündigende Sieg De Benedettis, als der Kampf um die Macht im größten Verlagshaus in die nächste Runde geht. Das Gericht erklärt auf die Klage De Benedettis hin einen internen Vertrag Berlusconis in der Finanzholding des Verlages für ungültig und spricht De Benedetti die zuvor von Berlusconi beschlagnahmten Formenton-Aktien zu. Nun besitzt De Benedetti fünfundvierzig Prozent und Berlusconi 44,88 Prozent der Aktien – womit die Sache jedoch noch nicht entschieden ist.

Der „Herr Ingenieur", wie De Benedetti genannt wird, ist mit Entschlossenheit in den Kampf zurückgekehrt; was allen als eine für ihn verlorene Partie erschien, ist erneut zum Streitobjekt geworden. Nach drei Monaten Präsidentschaft findet sich Berlusconi am Verhandlungstisch wieder: Der Verlag soll neu aufgeteilt werden. So wie De Benedetti zu Jahresende in der Mondadori-Angelegenheit eine Schlappe einstecken mußte, ergeht es nun Berlusconi. „Ich habe festgestellt, daß es politische Kräfte und Pressure groups gibt, deren Interesse es ist, unserer Gruppe zu schaden oder ihr Schwierigkeiten zu machen, auch was unsere Expansion ins Ausland betrifft."[12]

Das zielt gegen die linksliberale Presse, die Kommunisten und De Mita. Von der Mondadori-Affäre wieder neu angeheizt, wird zwischen Januar und April 1990 unter Politikern und im Senat nun tatsächlich ein neuer Gesetzentwurf gegen die Medienkonzentration diskutiert. Die Richtung geht eindeutig gegen Berlusconi, dessen Macht über die Medien nun endlich beschränkt werden soll.[13]

Berlusconis Stimmung ist nach dieser Entwicklung nicht gerade heiter. „Unsere Arbeit wird nicht anerkannt, wir haben den Firmen durch unsere Werbung Expansion ermöglicht, wir haben das staatliche Fernsehen dazu gebracht, Verbesserungen einzuführen. Und niemand hat soviel Italien wie wir ins Ausland getragen, nach Frankreich, nach Spanien, in die Bundesrepublik. Wir haben in den letzten zehn Jahren eine wichtige Rolle in unserem Land gespielt, durch das Kommerzfernsehen haben wir die Lebensqualität der Leute verbessert und mehr Demokratie geschaffen."[14]

Und nun sind sie alle gegen ihn, keiner zollt ihm den entsprechenden Dank...

Als Lösung im Streitfall De Benedetti/Berlusconi böte sich eine Teilung des Verlagskolosses Mondadori an. Das hieße, der Buchverlag und die Zeitschrift *Panorama* gingen an Berlusconi, der *Espresso*, die *Repubblica* und eine Kette von 350 Lokalradios an De Benedetti. Ein Ausgleich zwischen den beiden Superunternehmern wird mit Sicherheit De Benedettis Erfolgsimage kaum schaden, für Berlusconi ist die Affäre Mondadori jedoch ein echter Tiefschlag.

Ein Journalist kommentiert: „Er ist gut im Angriff. In der Verteidigung bietet er hingegen nichts Großartiges. Silvio Berlusconi hat in den letzten Monaten einige Nackenschläge hinnehmen müssen: De Benedetti hat seine Positionen bei Mondadori zurückbekommen, und die Verabschiedung eines doch sehr restriktiven Gesetzes steht vor der Tür. Das Bild des ewig Siegreichen hat seine ersten Kratzer bekommen."[15]

So wird die Frage, wer schließlich im Tauziehen um die Vorherrschaft im Verlag Mondadori siegt, auch zu einer Prestigefrage zwischen den beiden Rivalen.

„Er scheint ein wenig verstört zu sein", beobachtet Carlo De Benedetti nicht ohne Bosheit. „Endlich siegt er mal nicht in allem, sondern wird humaner", kommentiert der nationale Fernseh-Showman Nummer zwei, Pippo Baudo. Einig sind sich alle Beobachter darin, daß Berlusconi in der Sache Mondadori nicht hat maßhalten können und zuviel gewollt hat. Giuseppe Turani, Kenner der eng verflochtenen Beziehungen zwischen Unternehmern und Politikern, kommentiert: „Er hat zu sehr auf die Politiker gesetzt, die ihn am Anfang stützten. Doch die italienischen Politiker sind Schlangen. Sie brauchten einen, der De Benedetti Schwierigkeiten bereitete. Als De Benedetti die Lektion verabreicht worden war, da haben sie wieder ihr mittelöstliches Spiel der Halballianzen mit jedermann aufgenommen. Das heißt also auch mit De Benedetti."[16]

Am 29. Juni steht es fest: Nach fünf Monaten ist das Abenteuer Mondadori für Berlusconi beendet. Er muß den Platz des Präsidenten räumen und findet sich am großen Tisch unter den Aktionären wieder.

Zwölftes Kapitel

Die italienische Verknüpfung von Massenmedien und Industrie

„Italien ist anormal, es gibt in keinem anderen Land eine ähnliche Situation. Der italienische Kapitalismus ist oligarchisch, vier oder fünf große Industriegruppen besitzen die Kontrolle über eine sehr große Anzahl von Zeitungen."[1] Wer dies so entschieden behauptet, ist Carlo De Benedetti, der selbst eine dieser großen Industriegruppen repräsentiert, die die Medien unter sich aufgeteilt haben.

Vier der fünf großen Kapitalisten Italiens sind gleichzeitig die großen Pressezaren und teilen unter sich sechzig Prozent der Auflage der Tageszeitungen und siebzig Prozent der Zeitschriften auf. Raul Gardini, dem die Gruppe Ferruzzi gehört, eine der Weltgrößten im Agrar- und Nahrungsmittelsektor, kauft sich 1988 in die römische Tageszeitung *Messaggero* und in die Wirtschaftszeitung *Italia oggi* ein. Gianni Agnelli, Chef der Fiat-Werke in Turin, besitzt seit 1984 mit dem nach Mondadori zweitgrößten Verlagshaus Rizzoli die beiden nach der *Repubblica* größten Tageszeitungen, *La Stampa* und *Corriere della Sera,* ferner die auflagenstärkste Tageszeitung, die nur über Sport berichtet – eine in Deutschland unbekannte Zeitungsgattung –, *La Gazzetta dello Sport*.

Berlusconi kontrolliert nicht nur den nationalen Fernsehmarkt, sondern auch bedeutende Teile des Mondadori-Verlages. Seit 1987 besitzt er das gesamte Aktienpaket der Tageszeitung *Il Giornale* und seit 1983 die auflagenstärkste Zeitschrift, das Fernsehwochenblatt *TV, sorrisi e canzoni.* Das sind Dimensionen eines nationalen Medienreiches, wie sie neben Berlusconi nur noch der angelsächsische Medienmogul Rupert Murdoch vorweisen kann.

Schließlich wäre noch De Benedetti zu nennen, der 1988 in die Medienwelt eingestiegen ist. Als Hauptaktionär des Verlages Mondadori kontrolliert er die Tageszeitung *Repubblica* und die einflußreichen Wochenmagazine *Espresso* und *Panorama.* Im übrigen sind für alle genannten Industriellen nur die wesentlichen Organe genannt.

Der Einstieg der großen Industrieunternehmer in die Funk- und Printmedienwelt bahnte sich bereits gegen Ende der siebziger Jahre an, kam jedoch erst in den Achtzigern in seiner ganzen Tragweite zum Vorschein. Die Ursache dieser Entwicklung ist in der Krise des Verlags- und Mediengeschäfts in den siebziger Jahren zu suchen: Die Medienbranche war dringend auf Finanzspritzen der großen Unternehmen angewiesen, wurde aber bald durch das wachsende Geschäft mit der Werbung so profitabel, daß sie die Finanziers immer mehr interessierte. Die Kritiker dieser Verschmelzung von Industrie und Medien sehen bedenkliche und wachsende Risiken für die Freiheit der Presse und das demokratische Recht auf freie Meinungsäußerung.

De Benedetti versichert, daß er keinerlei ideologische Kontrolle auf seine Zeitungen ausübe, und sieht nur unter bestimmten Umständen eine Gefahr: „Wenn das Verlagsunternehmen gut verdient, dann ist die Unabhängigkeit des Organs vom Industriellen garantiert, kommt die Zeitung allerdings in die roten Zahlen, dann erhöht sich das Risiko, daß sie zu einer reinen Firmenzeitung wird."[2]

Für Agnelli existiert das Problem nicht einmal. „Zu behaupten, daß die italienische Presse kontrolliert sei, ist reiner Unsinn", meint er. Und Berlusconi blockt jede Diskussion über die Gefährdung der Demokratie durch eine zu große Konzentration im Informationswesen schlicht damit ab, daß er behauptet, seine Sender dürften eh keine (Live-) Informationssendungen, das heißt Nachrichten, senden und er böte nur Unterhaltung an.

Nun ist der Begriff Information, wie er in der italienischen Debatte benutzt wird, ideologisch sehr gefärbt und dehnbar. Natürlich wird Information nicht nur, wie Berlusconi es sehen will, in Nachrichtensendungen übermittelt, sondern genauso in jeder Fernsehserie.

Der radikaldemokratische Abgeordnete Franco Bassanini kommentiert das Problem der bedrohten Informationsfreiheit wie folgt: „Das Problem, das einige von uns zu sehen beginnen, ist nicht mehr das Problem der Informationsfreiheit im engeren Sinn, also Information als politische Berichterstattung, sondern die Frage der Medienkultur im allgemeinen. Es geht um die Freiheit, sich eine eigene Weltsicht, eine eigene Wertskala zu bilden. Wenn das nationale Informationssystem, die Medien, der Kontrolle von zwei, drei großen Industrie- und Finanzgruppen unterliegen, die an der Propagierung einer homogenen Kultur interessiert sind, einer Kultur des Konsums und der Werte der internationalen Finanzwelt, und wenn diese Kultur den Bürgern von Kind an über Fernsehserien vermittelt wird und alle Medien diese Ausrichtung haben, ist das Ergebnis höchstwahrscheinlich eine Uniformierung der Meinungen im Sinne dieser Kultur. Und dies ist eine Form der Entäußerung von Grundrechten, die noch radikaler ist als der Entzug politischer Berichterstattung."[3]

Nach Ansicht einer Reihe ausländischer Journalisten, die die italienische Medienwelt beobachtet haben, findet genau das Gegenteil von dem statt, was De Benedetti und Agnelli behaupten. „Natürlich modellieren die Industriellen die

Nachrichten", meint die Italienkorrespondentin des *Wall Street Journal*. „Das bedeutet nicht unbedingt direkte Einflußnahme durch den Besitzer, aber natürlich eine ausschließlich positive Beleuchtung allen Tuns dessen, der die Zeitung besitzt."[4] Angeprangert wird von den kritischen Beobachtern eine Selbstzensur vor allem des ökonomischen Journalismus, der zu einem Niedergang der kritischen Berichterstattung über die Entwicklung in der Wirtschaft führt.

Alan Friedman, Italienkorrespondent der *Financial Times*, schreibt: „Ich prangere gar nicht die direkte Instrumentalisierung bei den Tageszeitungen an. Das ist ohnehin nichts Neues mehr, ist es doch schon seit einiger Zeit schwierig, Artikel zu finden, die die Geschäfte des jeweiligen Besitzers kritisch beleuchten. Ich verstehe jedoch die wirtschaftliche Logik nicht. Der Trend in Europa, auf die Öffnung der Grenzen im Jahre 1993 hin, ist die horizontale Diversifikation, die Stärkung ganz bestimmter Sektoren. In Italien schwimmt man gegen den Strom, man neigt zum Konglomerat, zum Eintritt in viele Gebiete, die wenig miteinander zu tun haben. Mehr als eine ökonomische Strategie sehe ich dahinter jedoch Prestige- und Machtakte."[5]

Eugenio Scalfari, Herausgeber der Tageszeitung *Repubblica*, die er Mitte der siebziger Jahre mit dem Anspruch gegründet hatte, wirklich unabhängig vor allem von der damals noch stärkeren politischen Lobby in der Presse zu sein, meint, daß der in Italien inzwischen der Vergangenheit angehörende Typus des reinen Verlegers eben nur verlegerische Interessen habe, der italienische Typus des Industriellen-Verlegers dagegen seine auf die eigene industrielle Tätigkeit bezogenen Interessen zwangsläufig auf die Zeitungsarbeit übertrage. Anfang 1990 sieht sich Scalfari mit seiner im Verlag Mondadori erscheinenden Zeitung in der Zwickmühle, es gleich mit zwei Industriellen-Verlegern und mächtigen Finanziers zu tun zu haben.

Als Ende 1989 Berlusconi mit seinem Coup bei Mondadori für Wochen die Schlagzeilen der Zeitungen beherrscht, geraten die vor allem im Verlag selbst beschäftigten Zeitungsjournalisten über „die Bedrohung der italienischen Demokratie" in Aufruhr und malen eine Zukunft, in der sie ihres Rechts auf freie Meinungsäußerung beraubt sind. Versammlungen, politische Erklärungen, Streiks und erste Kündigungen sind die Kampfmaßnahmen gegen den voraussichtlich neuen *padrone* Silvio Berlusconi.

Ausländische Journalisten werten so viel Aufregung als typisch italienische Übertreibung und meinen lapidar, daß es schließlich die Journalisten selbst seien, die entschieden, ob sie sich in Abhängigkeit begäben oder nicht. Deutsche Italienkorrespondenten mahnen, doch nun endlich wie in der Bundesrepublik die Pressegesetze strenger zu gestalten, damit die ganz alltägliche Form der Korrumpierung der Journalisten durch Politiker oder Unternehmer eingedämmt werde.

Einige italienische Journalisten halten dem allerdings entgegen, daß es weitaus besser sei, von einem Großindustriellen kontrolliert zu sein, als – wie in den siebziger Jahren – unmittelbar dem Zugriff der Politik oder gar – wie im Fall der P2 – okkulten politischen Mächten aus dem Hintergrund ausgeliefert zu sein und somit schreiben zu müssen, was der vom einflußreichsten Politiker abhängige Verleger nahelegt.

Was sich bei dieser typisch italienischen Verquickung von Medien und Industrie für den Journalismus in den achtziger Jahren schon verändert hat, beschreibt der Journalist Giorgio Bocca so: „Ein seltsamer Journalismus: frei, aber gleichzeitig sehr stark durch Selbstzensur gekennzeichnet; voneinander unterschieden nur in Hinsicht auf die einzelnen Besitzer, nicht auf Ideologien oder politische Leidenschaften; sehr vorsichtig mit internen Informationen aus den

Unternehmen umgehend; entschieden in der Hauptfunktion, als Bindemittel zwischen den unterschiedlichen und schweigenden Teilen der Gesellschaft zu fungieren."[6]

Haben die Massenmedien also ihre Rolle als vierte Macht in der Gesellschaft aufgegeben? Ist Information zum Geschäft geworden, in das zu investieren sich derart lohnt, daß an erster Stelle der Profit zählt? Ist sie zum alleinigen Forum für Werbung geworden?

Diese Konzentration von Industrie und Medien hat sich unter denselben Bedingungen wie Berlusconis Medienreich entwickeln können. Eine konsequente Anti-Trust-Gesetzgebung kam nie zur Verabschiedung, und die wenigen bestehenden Gesetze werden geschickt umgangen. Agnelli zum Beispiel kann als der im Pressewesen einflußreichste Industrielle ungestört seine Zeitungen besitzen, obwohl ihre Auflagenstärke gegen das 1981 verabschiedete einzige Gesetz, das einem Anti-Trust-Gesetz nahekommt, verstößt. Dieses Gesetz besagt, daß ein Zeitungsbesitzer nicht über mehr als zwanzig Prozent der nationalen Zeitungsauflage verfügen darf. Die Auflage der *Stampa* und des *Corriere della Sera* aber liegt um einiges über dieser Grenze – ein weiteres Beispiel dafür, daß in Italien die Verabschiedung eines Gesetzes noch lange nicht bedeutet, daß es dann auch eingehalten werden muß. Das gleiche gilt für die wenigen Gesetze zur Regelung des TV-Bereichs, die Berlusconi – unter dem Schutz von Politikern – immer wieder mißachtet hat.

Gegen den Verlag Rizzoli wurde, nachdem Agnelli 1984 mehrheitlicher Aktieneigner geworden war, zwar 1985 ein Verfahren wegen Verstoßes gegen das Pressekartellgesetz von 1981 eingeleitet. Aber der Verlag hat gegen das Urteil in erster Instanz 1987 natürlich Berufung eingelegt. Ein Gerichtsverfahren mit drei Instanzen dauert in Italien durchschnittlich zehn Jahre – eine offensichtlich nicht sehr effektive Form der Kontrolle.

Im Ausland agieren die großen Pressezaren und Medienunternehmen nicht nur in einem völlig anderen gesetzlichen Umfeld. Die Imperien von Robert Maxwell und Rupert Murdoch in Amerika und England, Hachette in Frankreich, Time/Warner in Amerika und Leo Kirch oder die Bertelsmanngruppe in Deutschland sind reine Verlage oder Medienunternehmen. Die dreidimensionale Machtkonzentration eines Mannes, der Industrieller, Finanzier und Medienunternehmer in einem ist, stellt eine italienische Spezialität dar, die in den anderen europäischen Ländern, in Japan oder den USA nicht anzutreffen ist.

Neben dem Wandel der ökonomischen Bedingungen und den historischen Ursachen stellt die veränderte Rolle der Industriellen selbst eine weitere Erklärung für diese Verknüpfung der unternehmerischen Ebenen dar.[7] Heute kann ein Industrieller oder Industriemanager nicht mehr nur in bezug auf sein eigenes Unternehmen arbeiten, sondern muß über die technologische Entwicklung im In- und Ausland genauestens informiert sein, sei es wegen seiner immer internationaler werdenden Geschäftsbeziehungen, sei es, daß neue Produktionsformen genau verfolgt werden müssen, da sie in kurzen Zeitabständen schon Modifikationen erfahren. Der Industrielle muß heutzutage etwas von Marketing und Sozialpsychologie verstehen, gleichzeitig auf dem laufenden über die Forschung bleiben und sich in internationalen Finanzbewegungen zurechtfinden können – kurz: Er muß eine sehr komplexe intellektuelle Arbeit leisten, wenn er gegen die internationale Konkurrenz bestehen will. Hierbei sind die Massenmedien von immer größerer Bedeutung, als Machtinstrument, aber auch als unverzichtbares Instrument zur schnelleren und sicheren Information des Managers, der für seine Entscheidungen genauestens darüber unterrichtet sein muß, was draußen in der Welt passiert.

Als Finanzjongleur De Benedetti in das große Verlagshaus Mondadori mit seinen führenden Zeitungen und Zeitschriften einstieg, wurde unversehens klar, daß dieses Unternehmen für ihn eine Art Kontrollturm, ein Nachrichtenzentrum sein würde, von dem aus er die Bewegungen der nationalen und internationalen Industrie- und Finanzoperationen ungestört beobachten könne. De Benedetti sieht es als völlig selbstverständlich an, daß „die Nachrichten heute und in Zukunft immer mehr ein Industrieprodukt sind, das ein immer stärkeres wirtschaftliches Gewicht bekommt. Die Nachrichtenindustrie ist ein Industriezweig wie jeder andere auch."[8]

De Benedetti ist sicher der erste große Industrielle in Italien, der die strategische Bedeutung der Presse für die Industrie erkannt hat.

Auch Berlusconi ist kein reiner Verleger, als Fernsehunternehmer ist er mehr auf die Medienindustrie als auf Presse und Buchwesen spezialisiert. Doch auch für ihn, der sich immer stärker international orientiert, gilt das gleiche wie für De Benedettis Interessen an den Nachrichtenzentren. Zu seiner finanziellen Mobilität bringt Berlusconi in den Verlag Mondadori zudem ein besonderes Know-how ein, das dem Verlag im Hinblick auf eine anstehende multimediale Expansion in Europa sehr nützlich sein kann.

Die Politiker der PSI, der KPI und der DC, die in Italien noch mehr als in anderen Ländern am Einfluß auf Zeitungen und Fernsehanstalten interessiert sind, werden von den großen Industriellen nun langsam an den Rand gedrängt und zählen im Medienbereich immer weniger.

Diese Veränderungen, die sich alle bereits im letzten Jahrzehnt abzeichneten, sind spätestens mit der gescheiterten Übernahme der Präsidentschaft Berlusconis im Verlag Mondadori, also seit Anfang 1990, so deutlich geworden, daß sowohl in der Öffentlichkeit als auch bei einem großen

Teil der Politiker das Interesse an der Verabschiedung eines Mediengesetzes immer stärker wurde. Schließlich haben die Politiker mit ihrer jahrelangen Verzögerung einer längst fälligen gesetzlichen Entscheidung ihren Machtschwund im Medienbereich selbst verschuldet!

Dreizehntes Kapitel

Das Mediengesetz – eine Posse ohne Ende

„Die Telenovelle des Mediengesetzes bringt mich zum Lachen, doch dieses Lachen bleibt mir im Halse stecken", meint Berlusconi 1989. „Aber wozu brauchen wir auch ein Gesetz?" fügt er hinzu. „Das Fernsehen in Italien funktioniert doch bestens."[1]

In der Tat ist es ein wirklich eigenartiges Possenspiel, das sich da mehr als ein Jahrzehnt lang abspielte: Mit schöner Regelmäßigkeit wurde in der Öffentlichkeit jedes Jahr einmal oder zweimal lauthals nach einem Mediengesetz gerufen, und mit derselben Regelmäßigkeit verschwanden alle Vorschläge und Gesetzentwürfe der widerstreitenden Parteien oder Strömungen nach ein, zwei Wochen des Debattierens sang- und klanglos wieder in den Schubladen. Und jeder lamentierte darüber, welch vertrackte und komplizierte Sache es sei, den Medienbereich zu regeln.

Erst im Sommer 1990, nach der drohenden Vereinnahmung des Mondadori-Verlags in das Medienimperium Berlusconis, können sich die Politiker auf die Verabschiedung eines Mediengesetzes, das den Status quo sanktioniert, einigen.

Die italienischen Massenmedien werden von zwei Seiten hofiert: von den Finanziers und Industriellen, die sie besitzen oder besitzen wollen und sie zum Sprachrohr ihrer strategischen unternehmerischen Interessen machen wollen, und von den Parteien und politischen Strömungen, die die Massenmedien als politische Plattformen für ihre Politik benutzen wollen und deshalb mit den großen Unternehmern, die die Besitzer der Massenmedien sind, aus Nützlichkeitserwägungen gute Beziehungen pflegen.

Nach der Herausbildung des Duopols Berlusconi/RAI, das den kleineren nationalen und kleinen lokalen Fernsehsendern nur noch sehr begrenzte Entwicklungsmöglichkeiten gibt, war es mehr als schwierig, eine Lösung zu finden, auf die sich die widerstreitenden Parteien einigen konnten. Zumal diese Lösung rückwirkend gelten sollte, also so in den Status quo eingreifen würde, daß der eine oder andere Unternehmer – vor allen Dingen aber Berlusconi – seine Zeitung oder einen der TV-Sender aufgeben müßte.

Eine eigentümliche Art, mit einem Gesetz umzugehen – eine Art, die in anderen Ländern unbekannt ist. Selten ist auch, daß ein Parlament *nach* der Schaffung aller Tatsachen ein Gesetz zur Einschränkung der Machtkonzentration im Medienbereich verabschieden muß. Die Regel in den anderen Ländern ist es, *vor* der Entwicklung des kommerziellen Funks grundlegende gesetzliche Maßnahmen zu treffen. Neben der Türkei ist Italien das einzige westliche Land, das mehr als zehn Jahre lang nicht nur kein Mediengesetz hatte, sondern nicht einmal ein für alle Wirtschaftsbereiche geltendes, allgemeines Anti-Trust-Gesetz.

In den USA bestehen bereits seit 1945 sehr strenge Anti-Trust-Regelungen. Für den Medienbereich trat 1975 ein Gesetz in Kraft, das den gleichzeitigen Besitz von Fernsehsender, Radiostation und Zeitung in einer Stadt untersagt. Dieses Gesetz hat den angelsächsischen Medienzar Rupert Murdoch, der vor allem Zeitungen in Australien, Amerika und England besitzt, gezwungen, die *New York Post* zu verkaufen, um in New York seinen Fernsehsender halten zu können. Ähnlich streng sind die Gesetze zur Vermeidung zu großer Konzentration in der Presse oder in den Funkmedien. In einer Stadt darf ein Zeitungsverleger nur dann zwei Zeitungen besitzen, wenn sie sich gegenseitig keine Konkurrenz machen. Die drei großen privaten Fernsehstationen ABC, NBC und CBS dürfen nicht mehr als zwölf Sendestationen besitzen und jeweils nicht mehr als fünfundzwanzig Prozent der Zuschauer erreichen – was freilich schon eine starke Monopolisierung ermöglicht.

In Frankreich sind die Mediengesetze in den letzten Jahren zwar immer wieder modifiziert worden, doch ist die Grundlinie zur Verhinderung einer zu starken Konzentration gleichgeblieben. 1986, kurz nach der Freigabe des Privatfunks, hat die Regierung Chirac ein Gesetz verabschiedet, das den Besitz an einem nationalen Privat-TV auf fünfundzwanzig Prozent begrenzt und einem Zeitungsverleger den gleichzeitigen Besitz von einem nationalen Fernsehsender und einer Radiostation nur dann einräumt, wenn er nicht mehr als dreißig Prozent der nationalen Zeitungsauflage besitzt. Dieses Gesetz ermöglicht dennoch eine recht starke Medienkonzentration in den Händen eines einzigen Besitzers, wie es der Fall Robert Hersants, des größten französischen Verlegers, zeigt.

In der Bundesrepublik Deutschland beaufsichtigt das Bundeskartellamt – eine in Italien aufgrund der fehlenden Anti-Trust-Gesetze völlig unbekannte Einrichtung – wirtschaftliche Zusammenschlüsse. Den privaten TV-Besitzern ist es erlaubt, national entweder nur einen Fernseh- oder einen Rundfunksender zu unterhalten und dazu nur eines von beiden auf lokalem Gebiet, wenn sie eine Anteilsquote von mehr als fünfundzwanzig Prozent der Sendeanstalt besitzen.

Welches waren die kritischen Punkte, die es auf dem bis dato gänzlich unreglementierten italienischen Medienmarkt zu regeln galt? Die Befürworter eines Mediengesetzes wollten vor allen Dingen die marktbeherrschende Position Berlusconis einschränken und damit auch den kleineren Sendern mehr Entwicklungsmöglichkeiten einräumen. Konkurrenzfreiheit und Pluralismus und damit das Recht auf freie Meinungsäußerung sollten in einem Gesetz garantiert werden. Die Gegner eines Mediengesetzes hingegen – das Berlusconi-Lager unter den politischen Kräften – machten sich Berlusconis Machtstellung zur Festigung ihrer eigenen Macht zunutze.

Zum ersten Lager gehören neben den Kommunisten, die in Italien mit siebenundzwanzig Prozent der Wählerstimmen traditionell sehr stark sind, die linke christdemokratische Strömung um De Mita und die Republikaner, die schon seit einigen Jahren den für den Medienbereich zuständigen Postminister stellen. Zur Berlusconi-Lobby gehören seit dem Regierungswechsel von 1989 die rechte DC-Strömung um Andreotti und Forlani und, wie schon die gesamten achtziger Jahre über, die Sozialisten mit ihrem Parteichef Bettino Craxi, der von 1984 bis 1987 als Regierungschef Berlusconi außerordentlich protegiert hat, was im wesentlichen heißt, daß er die Verabschiedung eines Mediengesetzes verhindert hat.

Wie sieht die marktbeherrschende Position Berlusconis und anderer Medienunternehmer heute aus?

Die Gruppe Fininvest kontrolliert fünfunddreißig Prozent des gesamten nationalen Werbemarktes und einundachtzig Prozent der Fernseh- und Rundfunkwerbung. Die beiden großen Fernsehanstalten, die Fininvest und die RAI, teilen sich neunzig Prozent der Zuschauer, während den sieben verbleibenden nationalen Sendern nur zehn Prozent zukommen. Eine einzige Unternehmensgruppe, Fiat, kontrolliert drei der vier größten Tageszeitungen; fünfundsiebzig Prozent der Verlagsproduktion werden von Industrieunternehmern kontrolliert, die in den achtziger Jahren Konzentrationsprozesse in Industrie und Hochfinanz vorangetrieben haben.[2] Eine solche Situation konnte sich nur aufgrund fehlender gesetzlicher Maßnahmen entwickeln.

Das Tauziehen um ein Mediengesetz erhitzt die Gemüter bereits seit 1974. Im folgenden sind die Stationen dieses Gesetzes, das im Sommer 1990 endlich verabschiedet wurde, skizziert.

1974 werden lokaler Kabelfunk und ausländische Sender zugelassen. Die Freigabe des Kabelfunks wird auch als Signal zur Freigabe des kommerziellen Ätherfunks verstanden: Beide Formen entwickeln sich.

1976 läßt das Verfassungsgericht Privatfernsehen auch im Äther zu, allerdings mit der Einschränkung, nur auf lokalem Gebiet senden zu dürfen, was der damals noch ausschließlich unter christdemokratischem Einfluß stehenden RAI ihre Monopolstellung garantieren soll. Eine Beschränkung der Werbung wird nur der RAI auferlegt, um die Werbeeinnahmen der Zeitungen zu schützen. Zum Zeitpunkt dieses Urteilsspruchs senden bereits vierhundert Lokalsender. Im gesetzesfreien Medienparadies sprießen schnell weitere Sender aus dem Boden. Bald schon, mit unvermeidlicher Marktlogik, bilden sich auf Network-Basis TV-Monopole heraus, die vorgeben, nur auf lokalem Gebiet zu senden. Das hat zur Folge, daß viele kleine Sender eingehen.

1981 wird das Urteil, das für die Privaten die lokale und für die staatlichen Sender die nationale Ausstrahlung vorsieht, bestätigt. Der Anlaß ist die Ankündigung des Senders Italia 1 des Verlages Rizzoli, mit der überregionalen Ausstrahlung von Nachrichtensendungen zu beginnen. Der Verfassungsgerichtshof untersagt dies.

1981 wird auch das einzige Kartell- oder Anti-Trust-Gesetz verabschiedet: Es betrifft den Pressebereich und untersagt die Konzentration der Tagespresse in den Händen eines Besitzers, wenn sie mehr als zwanzig Prozent der gesamten nationalen Zeitungsauflage umfaßt.

Ab *1984*, als Berlusconi zu Canale 5 und Italia 1 auch noch Rete 4 vom Verlag Mondadori kauft, wird die sich immer deutlicher abzeichnende Medienkonzentration im gesetzlosen Raum zu einem brisanten politischen Problem, das auch in der Öffentlichkeit zunehmend diskutiert wird.

1985 erläßt der sozialistische Regierungschef Craxi das sogenannte Berlusconi-Dekret, das Berlusconi die ohnehin immer schon praktizierte nationale Ausstrahlung seiner Programme zusichert.[3] „Das Gesetz wurde bisher nicht gemacht, weil Berlusconi es nicht wollte. Nach der Verdunkelung seiner Sender im Herbst 1984 hat man dann eines gemacht, weil er es wollte – und wie er es wollte."[4]

Im Juli *1987* erklärt das Verfassungsgericht das sogenannte Berlusconi-Dekret von 1985 für unrechtmäßig und verfügt, daß der Gesetzgeber ein neues Gesetz zu verabschieden hat. Andernfalls würden die Sender Berlusconis das Risiko eingehen, qua Entscheidung des Verfassungsgerichts nicht mehr senden zu dürfen. „Für Silvio Berlusconi nähert sich der Tag der Urteilsverkündung. Es ist nur eine Frage der Zeit", schreiben die Zeitungen.

1988 wird die „Option Null" erfunden, die Anfang des Jahres noch vorsieht, daß der gleichzeitige Besitz mehrerer TV-Stationen und/oder Zeitungen gänzlich unvereinbar sei, und die dann, zum Entsetzen der Berlusconi-Gegner, dahingehend umgewandelt wird, daß derjenige, der drei Fernsehanstalten besitzt, keine Zeitungen besitzen darf. Dieser Gesetzesvorschlag würde den Status quo sanktionieren und Berlusconi im wesentlichen alles garantieren, was er bislang im italienischen Gesetzesfreiraum aufgebaut hat, er müßte lediglich die Tageszeitung *Il Giornale* verkaufen.

Berlusconi erklärt sich mit diesem Vorschlag einverstanden und meint, daß „es ganz gerecht ist, dafür zu sorgen, daß keine Gruppe die völlige Dominanz auf dem Markt hat".[5] Doch das Gesetz wird heftig kritisiert, da es Berlusconi außerordentlich begünstigt und die gegen demokratische Prinzipien verstoßende „duopolare" Situation im Medienbereich aufrechterhält. Schließlich wird die „Option Null" vom Verfassungsgerichtshof für verfassungswidrig erklärt.

Man versucht des weiteren zu klären, wie weit die Marktkonzentration gehen darf, ob zwanzig, fünfundzwanzig oder dreißig Prozent der Marktanteile tolerierbar sind und in welchem prozentualen Verhältnis der gleichzeitige Besitz von Zeitungen und Fernsehsendern stehen darf. Die linken Streiter für das Mediengesetz fordern die Einrichtung einer Kontrollinstanz, ähnlich dem bundesdeutschen Kartellamt.

Im April *1989* erklärt der zuständige republikanische Postminister Oscar Mammi, daß die Vorbereitungsphase des zuständigen Komitees Mitte des Monats beendet sein und das Gesetz Anfang Mai diskutiert und zur Verabschiedung kommen werde. Die Zeitungen kommentieren: „Der Tagesbefehl heißt: Schnell machen! Spätestens im Mai wird das neue Mediengesetz im Senat verabschiedet. Die fünf Regierungsparteien scheinen plötzlich entdeckt zu haben, daß es dringend notwendig ist, im Fernsehsektor Anti-Trust-Normen festzusetzen und den Werbemarkt zu regeln."[6]

Doch es geht schließlich nicht nur darum, ein Gesetz durch den Senat und die Abgeordnetenkammer zur Verabschiedung zu bringen. Die Einhaltung des Gesetzes muß – und dies besonders in Italien – auch kontrolliert werden, und dazu bedarf es entsprechender Kontrollinstanzen.

Während dieser langwierige Prozeß der Verabschiedung zum wiederholten Male gerade in Gang kommt, wird im Sommer 1989 die Regierung des linken Christdemokraten und erklärten Berlusconi-Gegners De Mita gestürzt. Die neue Regierung wird von der rechten Strömung der DC um Andreotti und Forlani und den Sozialisten gebildet. Die Regierungserklärung Andreottis meidet die heißen Eisen, drückt keinerlei Absicht aus, ein Medien- oder gar Anti-Trust-Gesetz zur Verabschiedung zu bringen. Dies wäre auch nicht im Interesse Gianni Agnellis, der von einem Mediengesetz einiges zu befürchten hätte, seine Unternehmensinteressen aber immer schon gut mit Andreotti hat koordinieren können.

Die nächste Debatte entflammt nach Berlusconis Übernahme des Buch- und Zeitungsverlages Mondadori zur Jahreswende 1989/90. Sie beginnt sehr entschieden, von allen Seiten wird von der kurz bevorstehenden Verabschiedung des Gesetzes gesprochen. Anfang Januar *1990* heißt es: Ende Januar kommt die endgültige Entscheidung! Die linksunabhängige Tageszeitung *Il Manifesto* schreibt: „In einigen Tagen kommt die Stunde der Wahrheit – sowohl für die Regierung als auch für die diversen Oppositionsparteien und die linken Christdemokraten. Sie werden bekennen müssen, ob sie nun für oder gegen Berlusconi sind. Auch wenn es völlig illegal ist, wird die parlamentarische Mehrheit wieder einmal eine Entscheidung aufschieben wollen. Das übelste Laster italienischer Politik ist das ‚realistische' Kopfnicken vor illegal geschaffenen Fakten: Was kann man denn jetzt noch machen . . ."[7]

Bereits einige Wochen später redet man über die unüberwindlich erscheinenden Fronten innerhalb der stärksten Partei, der DC. Die linke Strömung, die nicht in der Regierung vertreten ist, stellt sich strikt gegen Berlusconi und damit gegen Andreotti und Forlani, die mit den Sozialisten in Sachen Mediengesetz im großen und ganzen gleicher Auffassung sind.

Die Fronten zwischen den beiden Strömungen der Christdemokraten verhärten sich. „Werden wir eine neue Regierungskrise haben?" fragen einige Journalisten. „Offensichtlich ist die ganze Angelegenheit des Mediengesetzes offener denn je", vermuten andere. Und wie schon in so vielen vergangenen Frühsommern fügen sie lakonisch hinzu: „Wir werden den Herbst, die Wiederaufnahme der Frage nach der Sommerpause abwarten müssen."

Die Eile, die sich zu Beginn des Jahres 1990 ankündigte, scheint sich mit Berlusconis gescheiterter Eroberung des Mondadori-Verlages verflüchtigt zu haben. Zwar hat der Gesetzentwurf immerhin das erste Mal in dieser Geschichte des verhinderten Mediengesetzes die Zustimmung des Senats gefunden, doch das besagt nicht viel, denn die Beschließung selbst ist Sache der Abgeordnetenkammer. Der Christdemokrat Giovanni Goria, nach Craxi Ende der achtziger Jahre für kurze Zeit Ministerpräsident, schildert die Probleme, überhaupt ein umstrittenes Gesetz im Parlament zur Abstimmung zu bringen, auf drastisch anschauliche Weise: „Wenn ich den Plenarsaal verlasse, sehe ich in den Gängen nur Lobbyisten. Das Haus ist eine einzige Lobby. Man sieht nichts anderes als Leute, die die Parlamentarier mit Papieren voller Projekte und Änderungsvorschläge verfolgen."[8]

Als ausländischer Beobachter charakterisiert Alan Friedman, Korrespondent der *Financial Times* in Rom, den italienischen Umgang mit Gesetzen noch unverblümter als die inländischen Journalisten. „Es gibt immer wieder die Lobbyisten, die es schaffen, auch *die* Gesetze noch zu verhindern, die im Senat schon angenommen waren. Natürlich sind sie dann nicht gegen das Gesetz, nein, sie sind nur gegen einige Aspekte des Gesetzes."[9]

So ist es auch diesmal. Bald schon hört man von seiten der sozialistischen Abgeordneten zwei Einwände, die die Verabschiedung wieder verhindern werden. So heißt es, daß nun zwar jahrelang an Regelungen für das Bestehende herumgebastelt worden sei, in dem Gesetz aber nichts zum Pay- und Kabel-TV oder zum Satellitenfernsehen stünde, also nichts zu den neueren technologischen Entwicklungen, die die Fernsehproduktion und den Fernsehempfang in den nächsten Jahren in Italien bestimmen werden. Grund genug, das Gesetz gänzlich in Frage zu stellen und eine Verabschiedung in der Abgeordnetenkammer zu verhindern. Zudem hört man, einer Indiskretion zufolge, daß Berlusconi seinen Leuten von Publitalia gegenüber völlige Gewißheit über die Nicht-Verabschiedung dieses Gesetzes geäußert habe: „Ihr braucht euch keine Sorgen zu machen. Der Passus, der die Spots im Film verbietet, wird gestrichen, denn die Regierung wird hier die Vertrauensfrage stellen."[10] Ein aus der Vertrauensfrage eventuell resultierender Rücktritt der Regierung aber hätte zur Folge, daß wieder kein Gesetz zustande käme...

Die Äußerung löst sofort einen Empörungssturm bei Berlusconis Gegnern aus: Es ginge doch nun wirklich zu weit, daß ein Privatunternehmer der Regierung sage, was sie zu tun habe.

Solange in Italien kein Gesetz gegen die Medienkonzentration beziehungsweise gegen Monopolstellungen in der Wirtschaft im allgemeinen verabschiedet war, versuchten sich die Gegner der Monopolisten mit anderen Mitteln zu behelfen. Der nationale Sender Odeon-TV und der Herausgeber des Wochenmagazins *Espresso* haben sich mit Anträgen an den Europäischen Gerichtshof gewandt. Ihre Basis: Verstoß gegen die Paragraphen 85 und 86 des Traktats von Rom, der sich gegen dominante Marktpositionen und eine Beeinträchtigung der Konkurrenzfreiheit wendet.

Unter den „Monopolgegnern" findet sich erstaunlicherweise auch Berlusconi, der der RAI Verstoß nach eben diesen Paragraphen 85 und 86 vorwirft...

Im August 1990, im geheiligten Ferienmonat August,

tritt dann doch noch ganz unerwartet das ein, was seit vierzehn Jahren immer wieder gefordert wird: Italien erhält ein Mediengesetz. Die wichtigsten Regelungen beinhalten folgendes:

- Nationale private Sender erhalten das Recht, live zu senden. Von allen Gesetzesteilen gilt nur dieser ab sofort.
- Alle Rundfunk- und Fernsehsender sind verpflichtet, eine tägliche Nachrichtensendung in ihr Programm aufzunehmen. Das richtet sich gegen den Trend der Spezialisierung der einzelnen Fernsehsender beispielsweise zu reinen Musik- oder Kinderprogrammsendern.
- Unterbrechungen durch Werbespots dürfen bei der RAI zwölf Prozent (etwa sieben Minuten), bei den nationalen privaten Sendern achtzehn (elf Minuten) und bei den lokalen privaten Sendern zwanzig Prozent pro Sendestunde nicht überschreiten. Diese Regelung erweitert sogar noch die bis dahin gültige Praxis.
- Tagesschausendungen dürfen – sowohl beim staatlichen wie auch bei den privaten Sendern – von nun an gesponsert werden.
- Zeichentrickfilme für Kinder und Programme für Kinder unter vierzehn Jahren dürfen nicht mehr durch Werbespots unterbrochen werden.
- Die RAI wird von ihren parlamentarisch beschlossenen Beschränkungen für ihren Werbehaushalt befreit. Damit ist die Kommerzialisierung des staatlichen Senders besiegelt.
- Wer drei Fernsehsender besitzt, darf keine Zeitung haben. Diese Anti-Trust-Regelung verpflichtet Berlusconi zum Verkauf seiner Tageszeitung *Il Giornale*.
- Werbeeinnahmen eines einzelnen Medienunternehmers dürfen fünfundzwanzig Prozent der Einnahmen des gesamten Werbemarktes nicht überschreiten. Diese Anti-Trust-Regelung wird, falls eine wirksame Kontrollin-

stanz ihre Einhaltung überwacht, Berlusconi auch in seinen gegenwärtigen Aktivitäten beschränken können. Das Gesetz favorisiert fast zur Gänze Berlusconi und akzeptiert damit die Situation, wie sie in eineinhalb Jahrzehnten ohne Gesetz geschaffen wurde. Mehr als eine Begrenzung des weiteren Ausbaus des Fininvest-Imperiums in seinen entwickeltsten Bereichen stellt es nicht dar.

Aber – und dies ist nun wieder ein Meisterstück der italienischen Kunst des politischen Jonglierens – das Ganze hat einen Haken: Das Gesetz wird zwar jetzt verabschiedet, soll aber erst Ende 1993, also zweieinhalb Jahre später, in Kraft treten! Und was kann bis dahin in der bewegten Medienwelt nicht alles noch geschehen! Die offizielle Begründung für diese lange Frist ist verblüffend ehrlich: Berlusconi soll durch das Gesetz nicht zu großen Schaden nehmen.

Die *Repubblica* und andere Zeitungen empören sich über die Art und Weise dieser Gesetzesverabschiedung und siedeln Italien politisch in der Nähe einer Bananenrepublik vom Typ Costarica an, in der die Geschäfte zwischen Politik und Wirtschaft alles bestimmen: „Berlusconi ist eine sympathische und nette Person", kommentiert die *Repubblica.* „Man kann ihm eine gewisse Großzügigkeit nicht absprechen, und in seinem Bereich hat er großes unternehmerisches Geschick bewiesen. Es gibt nur ein Problem, und das ist, daß Berlusconi ein vierundzwanzigkarätiger ‚bananiere' ist, ein Geschäftsmann, der seine Geschäfte mit der Politik betreibt. Er ist ein Lobbyist von derartigem Ausmaß, daß er, wenn seine Interessen im Spiel sind, über die Parlamentsmehrheit verfügen kann."[11]

Vierzehntes Kapitel

Berlusconis Unternehmensphilosophie

Silvio Berlusconi ist nicht nur der Parade-Unternehmer Italiens, er pflegt auch das Image eines Sonnyboys der Nation. Selten huschen ein Stirnrunzeln oder ein sorgenvoller Ausdruck über sein Gesicht, er ist fast immer gut gelaunt und zeigt sich mit strahlendem Gewinnerlächeln von einem Ohr zum anderen. Man sieht ihn eisschleckend und krawattenlos, und nicht immer spricht er das allerfeinste Italienisch: Der eleganten Salonwelt des italienischen Kapitalismus ist er nicht entsprungen. Berlusconi ist ein Selfmademan, durch unermüdliche Arbeit zum reichsten Mann im Land aufgestiegen. Sein persönliches Vermögen wird auf vier Milliarden Mark geschätzt, das sind mehr als die drei Milliarden Agnellis, mehr auch, als De Benedetti und Raul Gardini besitzen.

Im Gegensatz zu seinen Unternehmerkollegen Gianni Agnelli, der gerne segelt, oder Raul Gardini, der auf Entenjagd geht oder auf seiner Ranch in Argentinien reitet, gestattet sich das Arbeitstier Berlusconi nur wenig Ferien und Müßiggang. Zentrum seines Lebens ist die über zweihundert Jahre alte Villa in Arcore bei Mailand, in der er einen zweistöckigen Flügel zu seinem Büro ausgebaut hat. Als Berlusconi 1988 die Supermarktkette Standa kaufte, hatte sein Ruhm als Unternehmer einen Höhepunkt erreicht.

Nicht allein die Tatsache, daß er seine Aktivitäten auf verschiedene Bereiche ausweitete, sorgte für Schlagzeilen, vielmehr trug ihm die Idee, die Werbung in seinen Fernsehsendern als Motor zur Ankurbelung des Supermarktgeschäfts zu nutzen, die Bewunderung aller – auch der Konkurrenz – ein. Die Idee klingt simpel und einleuchtend, und doch muß man erst einmal darauf kommen. Berlusconi stellte damit – wie so oft – seine genialen unternehmerischen Fähigkeiten unter Beweis. Phantasie, Erfindergeist und die magische Formel der Synergie – sie bilden sein Erfolgsrezept zum Aufbau eines Imperiums.

In allen Bereichen, in denen „il Dottore" gearbeitet hat, ist er innovativ geworden. Als Bauunternehmer hat er mit der Errichtung des Stadtviertels Milano 2 mit seinen getrennten Ebenen für Fußgänger, Fahrradfahrer und Autos Baugeschichte gemacht. Es ist schon mehr als nur ökonomische Intuition, wenn der arrivierte Bauherr einer Satellitenstadt von einem Tag auf den anderen seinen Erfolg Erfolg sein läßt und sich neuen Herausforderungen stellt: dem Aufbau des Kommerzfernsehens.

Seine Hauptverdienstquelle ist Publitalia geworden, die zu gründen eine wahre Glanzleistung war. Bis dato war es bei den privaten Fernsehsendern üblich gewesen, die mit Spots für ihre Produkte inserierenden Werbekunden über firmenfremde Agenturen zu gewinnen. Die Fernsehsender machten nur ihre Programme und setzten dann die von den Agenturen gelieferten Werbespots ein. Doch damit wurde die Haupteinnahmequelle an Dritte weitergeleitet. Berlusconi wurde auf diese ungeheure Vergeudung von Geldern gegen Ende der siebziger Jahre aufmerksam; zudem witterte er, daß mit der Wirtschaft auch die Werbung einen Aufschwung vor sich habe, wenn man ihr nur genügend Platz einräume. Eine Frage des Instinkts? Berlusconi selbst sieht es so. „Wie mir meine Mama einmal gesagt hat, sehe ich alles mit dem Instinkt. Ich scheine wohl eine Art Hexe zu sein."[1]

Der sichere Instinkt dessen also, der sich alles selbst aufgebaut hat und die Erfahrungen mit dem Markt selbst hat machen müssen. „Es gibt die, die ihr Glück darauf aufbauen, ihr Image zu pflegen, und sehr viel Zeit daransetzen, zu verfolgen, was die Zeitungen über sie schreiben, anstatt zu arbeiten. Ich habe meine Unternehmen aus dem Nichts aufgebaut und investiere meine ganze Zeit in ihre Entwicklung und Leitung. Ich wiederhole es oft: Man kann nicht gleichzeitig das Kreuz tragen und auch noch singen wollen. Ich bin noch dabei, das Kreuz zu tragen."[2]

Hinter der vielen Arbeit stecken große Ambitionen. Alles, was Berlusconi tut oder neu anfängt, soll das Beste auf seinem Gebiet werden. Als er 1986 den maroden Fußballverein AC Mailand übernimmt, steht für ihn fest, daß der Verein nicht nur aus seiner tiefen Krise herausgeholt werden muß, sondern zum ersten Fußballverein Italiens werden soll. „In meinen Aktivitäten", erklärt er, „habe ich mich daran gewöhnt, Erster zu sein. Und ich habe mich inzwischen so sehr daran gewöhnt, daß es mir schlechtgehen würde, wenn wir im Fußball zum Beispiel nur Zweiter sein sollten."[3]

Und er betont immer wieder, daß er sein Reich aus dem Nichts geschaffen hat – schließlich hat er es in der ehrwürdigen Unternehmerelite als Neuankömmling nicht leicht und muß seine Stärken ins rechte Licht rücken. „Ich fühle mich als Firmengründer. Agnelli hat sein Unternehmen aus der Familiendynastie übernommen. De Benedetti hat es als Finanzjongleur erworben: Er leitet zwar Olivetti, besitzt aber nur eine kleine Quote des Aktienkapitals. Ich hingegen trage auch das Risiko in allen meinen Unternehmen. Mir gefällt es, Firmen aus dem Nichts zu gründen."[4]

1989 antwortet Berlusconi einem Journalisten auf die Frage, ob er zufrieden darüber sei, seinen Platz auf der Liste der Milliardäre zu haben, mit den Worten: „Es mißfällt mir natürlich nicht – aber es interessiert mich mehr, als jemand anerkannt zu sein, der Neues erfunden hat, denn als jemand, der Geld gemacht hat."[5]

Als 1988 in Mailand eine Tagung über die Zukunft des Marketing abgehalten wird, auf der neben Berlusconi auch Cesare Romiti, der zweite Mann nach Agnelli in den Fiat-Werken, anwesend ist, spricht Berlusconi verschmitzt lächelnd über das Geheimnis seines Erfolges: „Vor fünfundzwanzig Jahren, als Dr. Romiti eine Rede wie heute hielt, da stand ich ganz am Anfang meiner Unternehmerkarriere. Ich habe alle seine Ratschläge befolgt. Er hatte gesagt, daß man groß werden wollen muß. Wir haben ganz klein angefangen und versucht, immer weniger klein zu sein. Romiti hat gesagt, man muß verschiedenen Aktivitäten nachgehen, auch dies haben wir befolgt. Dann hat er gesagt, daß man sich auch international ausweiten muß, und auch das tun wir: auf dem europäischen Fernsehmarkt. Er hat auch noch gesagt, daß man sich aus seinen eigenen Mitteln finanzieren muß. Auch dies haben wir befolgt, wir haben uns nicht als Aktiengesellschaften aufgebaut."[6]

Daß ein Unternehmen von der Größe der Fininvest nicht zur Börse gegangen ist, um sein Kapital zu vergesellschaften, sondern zu hundert Prozent der Familie gehört, ist in Italien einmalig. Oft genug schon wurde Berlusconis Fixierung auf Unabhängigkeit als Hasardspiel angeprangert, das ihm eines Tages noch ein Schnippchen schlagen könnte. Er selbst begründet seine Selbständigkeit in den Finanzmanövern des Unternehmens mit ausreichender eigener Liquidität, die er sich mit Publitalia, mit der Programmproduktion und dem Programmverkauf oder mit dem Standa sichert – den immer fließenden, goldenen Einnahmequellen des Unternehmens. Vor allen Dingen garantiert der hundertprozentige Besitz aber auch die Entbindung davon, anderen eine abgeschlossene Bilanz und Rechnungsführung vorlegen oder sie öffentlich preisgeben zu müssen. Damit hat er sich über Jahre hinweg herber Kritik ausgesetzt, bis er schließlich Mitte der achtziger Jahre den Schleier um seine Geschäfte ein wenig lüftete.

Der schnelle und unaufhörliche Aufstieg des Unternehmens Fininvest hat etwas Schwindelerregendes. Das Kapital des Unternehmens belief sich 1978 auf vierzigtausend Mark, stieg Ende desselben Jahres noch auf sechsunddreißig Millionen, 1979 von vierzig auf hundert Millionen, 1982 dann auf hundertsiebzig Millionen Mark und 1984 auf dreihundert Millionen.[7] Der gesamte Gewinn des Unternehmens wurde immer wieder neu investiert, die Expansion nie unterbrochen. Das Verhältnis von Schulden, Besitz und Einnahmen war am Anfang nicht ungefährlich, erwies sich jedoch auf die Dauer gesehen als weitsichtig und unriskant. Kenner beurteilen den Aufbau des Unternehmens als so vorbildlich, daß er in ein betriebswirtschaftliches Lehrbuch passe.

Wenn Berlusconi auch der Mythos der Unabhängigkeit anhaftet, so ist seine Karriere doch außerordentlich abhängig von den guten Beziehungen zu den Politikern, die – vergleicht man ihn mit den anderen Großen des italienischen Kapitalismus – auch besonders offensichtlich sind. Das in den achtziger Jahren immer wieder drohende Mediengesetz, das sein TV-Reich empfindlich beschneiden könnte, ist aufgrund seiner politischen Fürsprecher bis zu Beginn der Neunziger nicht zur Verabschiedung gekommen, und nun, da es verabschiedet ist, hat man ihm ausreichend Spielraum gelassen, seine Schäfchen ins trockene zu bringen.

Für Berlusconi hieß es 1987 nach dem Ende der Regierungszeit des mit ihm verbündeten sozialistischen Parteichefs Bettino Craxi, sich auch für andere Bündnisse offenzuhalten. Mit dem erklärten Berlusconi-Gegner und Repräsentanten der linken DC-Strömung De Mita, der nach Craxi die Regierung leitete, war dies nicht möglich. Die Regierung Andreotti und Forlani, Repräsentanten der rechten DC, taktiert zwar zwischen allen Fronten, wie im Fall Mondadori offensichtlich wurde, ist aber durchaus Berlusconi-freundlich.

Berlusconis Gegner kritisieren diese Abhängigkeit von bestimmten Politikern als Glücksspielerei: „Sein großer Fehler oder Irrtum ist es gewesen, auf das zu verzichten, was ein Unternehmer nie aufgeben darf: seine Autonomie und Freiheit. Berlusconi hat sie den Politikern geopfert, die ihn dann dazu gedrängt haben, sich in solche Abenteuer wie mit Mondadori zu stürzen."[8]

Berlusconi selbst sieht das anders. Lobbyismus kann nach seiner Meinung gut und schlecht sein. „Lobbyismus bedeutet doch nichts anderes, als demjenigen, der Entscheidungen treffen muß, die eine bestimmte unternehmerische Aktivität beeinflussen, die Ansprüche des auf dem Markt operierenden Unternehmers darzulegen. Wird dies vor aller Öffentlichkeit gemacht, dann ist Lobbyismus ein Recht, also etwas Gutes. Eine schlechte Angelegenheit wird der Lobbyismus erst, wenn unrechtmäßige Mittel benutzt werden und man der Korruption verfällt."[9]

In den ersten Jahren des Aufbaus von Fininvest kümmert sich Berlusconi noch um alles selbst. Seine Mitarbeiter hält er in Atem durch seine Allgegenwart und seine kompetenten Anweisungen. Aufgaben zu delegieren beginnt er erst, als er selbst alles begriffen hat. Die ersten Programme erfindet Berlusconi selbst, reist dafür nach Amerika, um sich das Fernsehen dort anzuschauen und erste Kontakte herzustellen. Bis 1982 ist er hinter der Showbühne dabei, um Kostüme und Tänzerinnen auszusuchen, Verträge abzuschließen, Regie zu führen, die Beleuchtung richtig zu setzen und Programme aufzustellen.

Allein in einem ganz durchschnittlichen Monat bringt Berlusconi es auf vierundzwanzig Dienstreisen, vierzehn Reden in der Öffentlichkeit, siebenunddreißig Geschäftsessen, sechzig Versammlungen und Arbeitstreffen. „Mir reichen vier Stunden Schlaf, um mich auszuruhen", verkündet er 1980. Um fit zu bleiben, läuft er regelmäßig über die Jogging-Bahn im Park seiner Villa Arcore. Und seine engsten Mitarbeiter bestätigen: „Wenn er nicht arbeitet, dann macht ihm das Leben keinen Spaß, und wenn ihm das Leben keinen Spaß macht, dann ist er deprimiert." Doch deprimiert hat ihn eigentlich noch keiner gesehen. Das erste Mal vielleicht, als er 1990 im Kampf um den Verlag Mondadori gegen seinen Gegenspieler De Benedetti eine empfindliche Schlappe einstecken muß.

Ist er für die Mitarbeiter ein schwieriger Arbeitgeber? Berlusconi selbst sieht sich als idealen Chef: „Ich habe immer eine gleichbleibende Stimmung, die allen, die mit mir zusammenarbeiten, garantiert, daß sie immer wissen, in welcher Verfassung sie mich antreffen. Keiner meiner Mitarbeiter muß sich vor dem Eintreten in mein Zimmer fragen: Ist er heute gut oder schlecht gelaunt? Sie wissen alle, daß sie mit ihren Problemen immer zu mir kommen können, auch in dramatischen Momenten, und ich dann auch voll für sie da bin. Auch wenn die zu besprechende Angelegenheit nur dreißig Sekunden erfordert, sie hat meine ganze Aufmerksamkeit, so als ob es überhaupt keine wichtigere Sache auf der Welt gäbe."[10]

Seine Sekretärin hält ihn für „einen mitreißenden Chef". Das Beste an ihm sei, „daß er jeden, aber auch jeden respektiert". Der Enthusiasmus, den er, wie er es einmal bezeichnete, mit seinen Fernsehsendern verkauft, überträgt sich in seinem Führungsstil tatsächlich auch auf seine Mitarbeiter.

Nicht nur, daß er sich gerne mitteilt, zu reden und sich auszudrücken versteht, was als eine typisch mailändische Eigenschaft gilt. Es ist seine Art, den anderen ernst zu nehmen und in seiner Arbeit voll anzuerkennen. „Wenn ich spreche, dann will ich zum Verstand, aber auch zum Herzen der Personen vordringen. Nur allein auf den Verstand zu setzen bringt keine guten Ergebnisse. Mein Erfolg beruht auf der Fähigkeit zu überzeugen."[11]

Keiner der bei der Fininvest Angestellten würde sagen, daß er sich im Unternehmen langweilt. Alle haben die Motivation, nicht nur besser zu verdienen als anderswo, sondern auch zu einer großen Familie zu gehören und auf der Straße des Erfolgs zu gehen. Berlusconis Angestellte sind alle jung, im Durchschnitt siebenundzwanzig Jahre alt, seine engsten Mitarbeiter nicht älter als er selbst.

Eine junge Medienfachfrau, die bei Publitalia arbeitet, erzählt von einem Erlebnis mit ihrem Chef. „Ich wollte aus familiären Gründen meine Stelle wechseln, bin aber kurz zuvor noch auf eine Tagung gegangen, auf der auch Berlusconi reden sollte. Als ich ihn sah, wie er reinkam, schnell gehend, nicht sehr groß, war ich ganz gefangen von seiner Erscheinung. Er lächelte uns auf eine Weise an, so wie ich es noch bei niemand vorher gesehen hatte. Er sprach dann von den erreichten Zielen, von den Erfolgen, die wir alle zusammen durch unsere Arbeit erreicht hätten. Er brachte es zuwege, daß ich mich wichtig fühlte. Ich weiß, es ist lächerlich, aber ich hörte ihn wirklich zu mir persönlich sprechen. Am Ende der Tagung hatte ich noch meine Kündigung in der Tasche, zu Hause habe ich sie zerrissen."[12]

Eine bei Canale 5 erfolgreich gewordene Show-Frau hat ähnliche Erfahrungen gemacht. „Silvio Berlusconi verbreitet einen Charme, der dich berückt. Darüber hinaus versteht er es, dir Sicherheit zu vermitteln. Immer, wenn ich ihn persönlich traf, hatte ich das Gefühl, einer wirklich bedeutenden Persönlichkeit gegenüberzustehen, zudem einem praktischen und unermüdlich arbeitenden Menschen."[13]

Als die Staransagerin der ersten Jahre von Canale 5, Eleonora Brigliadori, den Sender verlassen will, um sich beruflich zu verbessern, geht sie zu Berlusconi, um mit ihm darüber zu reden. „Liebe Brigliadori, ich kann dich gut verstehen, nur im Moment wüßte ich nicht, was ich dir Besseres anbieten kann. Wenn du einen neuen Weg gehen willst, dann wünsche ich dir alles Gute." Von der Ansagerin schafft die Brigliadori den Sprung zur Show-Frau bei der RAI. Nach der ersten Live-Show findet sie in ihrer Garderobe einen Strauß mit hundert roten Rosen vor, sie sind von Berlusconi.

Marcello Dell'Utri, Freund aus der Studienzeit und seit fünfzehn Jahren enger Mitarbeiter und Verantwortlicher für Publitalia, erklärt, warum er gern mit Berlusconi zusammenarbeitet. „Warum es mir gefällt, mit ihm zusammenzuarbeiten? Weil er ein Mann mit Phantasie und beeindruckender Kreativität ist. Er hat immer Neues, anderes, Stimulierendes anzubieten. Er ist einer, der schon morgens beim Aufstehen eine neue Idee hat. Immer, wirklich immer. Das Problem liegt darin, wie sie alle umgesetzt werden sollen. So etwas hält dich zweifelsohne immer in Aufregung. Wenn er dir mit seinen Erfindungen kommt, dann überträgt er seine Aufregung, seinen Enthusiasmus auf dich. Hinzu kommt, daß er außergewöhnlich tolerant ist. Ich weiß nicht, wie er das macht. Was er Leuten allerdings nicht verzeiht, ist Dummheit. Er verzeiht vielleicht Unehrlichkeit, aber Dummheit nicht."[14]

Wenn Berlusconi nun so viel arbeitet, sich für alles, was aufgebaut wird, selbst verantwortlich fühlt – vielleicht versteht er es dann nicht, Arbeiten zu delegieren? „Aber nein, ich schätze es sehr, Arbeiten zu delegieren. Ich weiß ganz genau, daß die Friedhöfe voll von Leuten sind, die unersetzbar waren. Vergegenwärtigen wir uns aber, daß, von der Supermarktkette einmal abgesehen, wir mit allem bei Null angefangen haben, was doch eine außerordentliche Anstrengung für den Unternehmer bedeutet: Er bringt die Ideen ein, die Begeisterung, die Erfahrung und nicht zuletzt auch die Pfiffigkeit."[15]

Daß es in all den Jahren seiner Unternehmertätigkeit nur einen Fall gibt, in dem ein führender Manager weggeht, und daß sonst alle engen Mitarbeiter von Anfang an dabei sind, könnte der Beweis dafür sein, daß er längst das richtige Verhältnis von Delegieren und Eigentätigkeit in der Führung seines Unternehmens gefunden hat.

Doch es gibt auch skeptische Stimmen, die dem Unternehmen Fininvest Probleme prophezeien, da alles wie eine One-man-company aufgebaut sei, zuwenig Organisation und ausgebildete Manager vorhanden seien. So der Soziologe Francesco Alberoni: „Berlusconi hat gute Mitarbeiter, aber er hat keine Führungsgruppe aufgebaut. Drei Jahre reichen, um so etwas auf die Beine zu stellen. Seiner Unternehmensgruppe fehlt, im Vergleich zur RAI und im Verhältnis zur erreichten Unternehmensgröße, die gewachsene Kultur. Das wird er bezahlen müssen. Er wird mit der Zeit verlieren. Das ist schade, er hätte ein großes europäisches Unternehmen aufbauen können."[16]

Dem stimmt auch der Präsident des Instituts für Unternehmensführung an der Universität Bocconi in Mailand zu: „Ich bin für die Zukunft eher skeptisch. Die Fähigkeit, große Projekte zu realisieren, impliziert, über Manager-Ressourcen zu verfügen."[17]

Ein anderer Wirtschaftswissenschaftler der Mailänder Universität sieht im Hause Fininvest zu Beginn der neunziger Jahre einen Prozeß ablaufen, in dem das instinktive von dem geleiteten Unternehmertum abgelöst werde.

Das Bild der One-man-company wird durch Berlusconis

Umgang mit seinen führenden Mitarbeitern abgerundet. Böse Stimmen sehen die Unternehmenshierarchie lediglich von Fall zu Fall festgelegt, jeweils daran erkennbar, wer wie oft zu den Abendessen oder den traditionellen Sonntagmorgentreffen nach Arcore oder auf die Zuschauertribüne zu den Fußballspielen des AC Mailand eingeladen wird. Die Verteidiger der Fininvest sind jedoch davon überzeugt, daß die Kreativität des Unternehmers schließlich bisher seine Kraft ausmachte und man diese nicht auf dem Altar eines rigiden Organisationsmodells opfern dürfe.

Fünfzehntes Kapitel

Die Bilanz eines Jahrzehnts: Das Imperium Fininvest

Berlusconis Unternehmensreich hat sich wie die Wirtschaftsimperien von Agnelli, Gardini, De Benedetti und Pirelli zu einer tragenden Säule der italienischen Wirtschaft entwickelt. Im Italien des vergangenen Jahrzehnts haben sich Wirtschaft und Politik in gegenseitiger Abhängigkeit grundlegend verändert. Der Terrorismus ist so gut wie verschwunden, gestreikt wird nur noch in sehr viel gemäßigterer Form, die Inflationsrate ist erheblich gesunken, und selbst die üblichen Regierungskrisen sind – insbesondere durch die lange Regierungsperiode der Sozialisten – seltener geworden.

Auch die Kolosse der staatlichen Industrie wie ENI und IRI, einst durch Mißwirtschaft hoch verschuldet, wurden mittlerweile zu stabilen Wirtschaftsfaktoren saniert. Grundlegende Probleme der italienischen Wirtschaft bleiben der außerordentlich hohe Schuldenberg der öffentlichen Hand, die Arbeitslosigkeit und die bislang ausgebliebene Umstrukturierung der Wirtschaft im Hinblick auf die Integration in ein Europa mit offenen Grenzen.

Das politische Italien ist stabilisiert, doch die alten Probleme sind nicht verschwunden. Die Mafia hat in den letzten zehn Jahren ständig an Macht gewonnen, für viele Ausdruck der Interdependenz von Wirtschaftskriminalität und korrupter Politik. Die *partitocrazia,* die Vorherrschaft der führenden Parteien in allen relevanten gesellschaftlichen Bereichen, und die Verfilzung von großen Unternehmen und Politik blühen wie eh und je.

Anfang der neunziger Jahre florieren die großen italienischen Unternehmen in solchem Maße, daß sie – da liegt Silvio Berlusconis Fininvest ganz im Trend – alle eine Politik der Diversifikation eingeschlagen haben. Berlusconis Fininvest umfaßt 170 Gesellschaften, die zu acht Abteilungen gehören: Fernsehen (20,0 Prozent am Umsatz), Kino und Filmproduktion (10,4 Prozent), Werbung (17,5 Prozent), Verlagswesen (3,5 Prozent), Versicherungen (4,3 Prozent), Finanzgeschäfte (15,7 Prozent), Baugewerbe (2,6 Prozent) und die Lebensmittelverteilung (26,0 Prozent). Im folgenden seien in aller Kürze noch einmal die Hauptaktivitäten von Berlusconis Medienimperium zusammengefaßt:

Fernsehen: Von den drei Fernsehkanälen wirft Canale 5 mit seinem Programmangebot für die ganze Familie den größten Gewinn ab. Rete 4 hat seinen Schwerpunkt seit Ende der achtziger Jahre immer mehr auf Information und neue Sendeformen verlagert. Italia 1 ist der bevorzugte Sender für Kinder und Jugendliche. Die drei Sender erreichen heute fünfunddreißig Prozent aller Fernsehzuschauer.

Daneben gibt es vier nationale Networks, die zwar nicht in Berlusconis Besitz sind, doch von ihm mit Werbung beliefert werden, also bedingt zum Reich der Fininvest zu zählen sind. So hat Berlusconi von den fünfzehn nationalen Sendern immerhin sieben unter seiner Kontrolle. Ein nächstes Projekt im Inland ist der Aufbau eines Pay-TV, im Gespräch ist dafür auch der Umbau einer seiner bestehenden Sender.

Zu den inländischen Sendern kommen die ausländischen Beteiligungen hinzu: in Frankreich zu zwölf Prozent bei

La Cinq, in Spanien zu fünfundzwanzig Prozent bei Tele-Cinco und in der Bundesrepublik zu einundzwanzig Prozent bei Tele 5. Alle Sender arbeiten noch ohne Gewinn, doch es ist abzusehen, daß das Auslands-TV-Geschäft bis Mitte der neunziger Jahre ebenfalls schwarze Zahlen vorzuweisen hat.

Berlusconis TV-Reich ist in Europa ohne Konkurrenz; weltweit ist es nach den drei großen amerikanischen Networks ABC, CBS und NBC das viertgrößte.

Kino- und Filmproduktion: Berlusconi ist in den letzten Jahren zum größten Produzenten von Kino- und Fernsehfilmen in Europa geworden, zudem besitzt er das größte Filmarchiv in Europa und 310 Kinosäle in Italien. Zum Schwerpunkt der Filmproduktion werden immer mehr die Produktionen und Koproduktionen für den europäischen Markt. Die Fininvest-Gesellschaft Reteitalia hat aus diesem Grund bereits eine Zusammenarbeit mit dem Deutschen Leopold Kirch, dem Franzosen François Bouygues und dem italienischen Filmproduzenten Cecchi Gori beschlossen. Eines der Ziele, die Berlusconi verfolgt, ist die Eroberung des europäischen Filmmarkts, der bislang von den Amerikanern dominiert wird.

Werbung: Dank des unentwegt wachsenden Werbekuchens hat Berlusconi seine Werbeeinnahmen von fünfundzwanzig Millionen Mark 1980 auf zwei Milliarden Mark 1990 steigern können, eine Zuwachsrate, die – wenn in den letzten Jahren auch langsamer gestiegen als zu Beginn – in keinem anderen Wirtschaftszweig denkbar wäre. Sein Anteil an den nationalen Werbeeinnahmen beträgt mehr als ein Drittel.

Verlagswesen: Die Fernsehzeitung *TV sorrisi e canzoni* ist mit drei Millionen Exemplaren Gesamtauflage die größte

Wochenzeitschrift. Dazu erscheinen bei den Berlusconi Editori noch die Filmzeitschrift *Ciak,* die Musikzeitschrift *Tutto,* die kleine Fernsehzeitschrift *Telepiu,* die Sportzeitschrift *Forza Milan* und die Tageszeitung *Il Giornale.*

Brachten die siebziger Jahre für Silvio Berlusconi den unaufhaltsamen Aufstieg zum führenden Bauunternehmer, so bedeuteten die Achtziger den unaufhaltsamen Aufstieg zum unumstrittenen Medienzar und reichsten Mann Italiens. Zu Beginn der neunziger Jahre scheint die 1985 begonnene Ausweitung der Fernsehaktivitäten in Europa erfolgreich fortzuschreiten.

Doch es sind auch einige Schlappen zu verzeichnen. In der Eroberung des Verlages Mondadori wollte Berlusconi zu schnell zu hoch hinaus. Kritiker sehen zudem seit Ende der achtziger Jahre den Beginn einer Krise seines italo-amerikanischen Fernsehmodells, das grundlegender Veränderungen bedarf, will es weiterhin erfolgreich sein. Schließlich wird das Inkrafttreten des 1990 verabschiedeten Mediengesetzes die inländischen Aktivitäten Berlusconis mit Sicherheit beschneiden.

Der Umsatz des Unternehmens Fininvest hat nach eigenen Angaben 1990 zehn Milliarden Mark erreicht. Die Schulden von 5,5 Milliarden können dazu im Verhältnis noch als angemessen gelten und sind für ein Unternehmen dieser Größenordnung nichts Ungewöhnliches, auch wenn sie sich durch den Kauf der Supermarktkette Standa und den Einstieg im Verlag Mondadori in den letzten Jahren vervierfacht haben. Doch Berlusconi hatte immer schon gute Beziehungen zu Banken, und das Anwachsen seines Schuldenberges ist kein Grund zur Beunruhigung.

Sechzehntes Kapitel

Kulturwandel durch Berlusconis TV-Paradies

Berlusconis Aufstieg signalisiert eine Wende in der politischen Kultur Italiens: Das Chaos der siebziger Jahre geht über in eine Phase der ökonomischen Prosperität und der politischen Ruhe. Ein Journalist beschreibt 1989 die Bedeutung des Berlusconi-Fernsehens für Italien: „Wenn auch ‚Dallas' und Mike Bongiorno keine hohe Kultur sein mögen, so hat uns das Kommerzfernsehen doch aus den Jahren der Bomben hinausbegleitet, weg von der national-pessimistischen Strenge hin zum national-populären Konsumdenken, das zum Motor des ökonomischen Optimismus wurde. Das ist doch wirklich etwas!"[1]

Spätestens ab 1983, als sich der Sender Rete 4 zu Berlusconis Canale 5 gesellt und sich damit ein mächtiger Gegenpol zum staatlichen Fernsehen formiert, verändert sich der dominierende Fernsehtypus. Galt das Fernsehen bis dahin als ein überwiegend politisches und pädagogisches Instrument, so wird es nun zu einem vorwiegend der Unterhaltung dienenden Medium.

Die amerikanische Art des Fernsehmachens breitet sich zwar allmählich in ganz Europa aus, wird jedoch in Italien am massivsten und reinsten praktiziert, weshalb die Franzosen das Berlusconi-Modell herablassend als „Coca-Cola- und Spaghetti-Fernsehen" bezeichnen. Amerikanisches

Fernsehmachen heißt, daß die Programme in ihrer grundlegenden Struktur durch Werbung bestimmt werden, Unterhaltung dominiert und klassische oder hohe Kultur ganz vom Bildschirm verschwindet. Als Ersatz dafür wird eine relativ große Anzahl von zwar informativen, aber showmäßig inszenierten Sendungen ins Programm aufgenommen, denn mit dem Kampf um hohe Einschaltquoten geht der Einzug des Spektakulären und Sensationellen in den Fernsehalltag einher: Alles und jeder wird in Szene gesetzt.

Daß das gute alte Bildungsfernsehen mit seinen europäischen Wurzeln keine eigenständige Rolle neben dem Unterhaltungsfernsehen beibehält, sondern insgesamt verdrängt wird, ist eine italienische Spezialität, die vor allem auf die politischen Eigenheiten des Landes zurückzuführen ist. Die staatliche, seit ihrem Bestehen christdemokratisch geführte RAI hat sich als Antwort auf Berlusconis Herausforderung seinem Unterhaltungs-TV fast hundertprozentig angepaßt. Der Konkurrenzkampf zwischen staatlichem und privatem Fernsehen, der während der achtziger Jahre in Italien wütete, ist geradezu einzigartig.

Mitte der siebziger Jahre noch saß man in Italien vor einem Schwarzweißfernseher mit zwei Kanälen, den man einschaltete und irgendwann, sich aus dem Sessel erhebend, wieder ausschaltete. Heute gibt es den Telecomander, mit dessen Hilfe der Zuschauer zwischen rund dreißig Programmen hin und her schalten kann, ohne daß er sich zu bewegen braucht. In einer durchschnittlichen italienischen Familie ist der Fernsehapparat 1990 sechs Stunden und siebenundvierzig Minuten am Tag eingeschaltet, 1980 waren es noch vier Stunden und fünfzehn Minuten. Für Europa ist das eine Rekordleistung, wenn auch noch weit entfernt vom Weltrekord der Amerikaner, die im Durchschnitt fast acht Stunden täglich vor der Mattscheibe sitzen oder zumindest ihr Gerät eingeschaltet haben.

Berlusconi prophezeite den Italienern 1979, daß das Fernsehen die Rolle des ständig eingeschalteten Radios einnehmen werde und der Hausfrau und allen denjenigen, die zu Hause bleiben, auch tagsüber Gesellschaft leisten werde. Heute ist dies tatsächlich so, der Fernseher ist schon vom Frühstück an eingeschaltet und gibt der Hausfrau bei der morgendlichen Hausarbeit das Gefühl, nicht so allein zu sein, auch wenn sie kaum hinguckt. Mittags trifft sich die versammelte Familie dann beim Essen vor dem Telequiz.

Wer nur abends oder auch mal gar nicht fernsehen kann, hat die Möglichkeit, am nächsten Morgen in der Tageszeitung zu lesen, welche Sendung denn die höchsten Einschaltquoten hatte – gemessen mittels eines in 2300 Haushalten installierten elektronischen Erhebungssystems –, ob diesmal die RAI oder Berlusconi mit ihren Programmen gesiegt haben. Über das Fernsehprogramm des kommenden Abends kann der Telefreund sich in fast allen Zeitungen auf drei oder vier Seiten informieren – in den deutschen Tageszeitungen ist bis heute in der Regel nur das Programm selbst abgedruckt oder mit einer halben bis maximal einer Seite kommentiert. Der Donnerstag- und der Samstagabend sind des Italieners liebste TV-Abende, von den sechsundfünfzig Millionen Bürgern sitzen dann zweiunddreißig Millionen vor den großen Shows.

Bei elf nationalen und 950 lokalen oder regionalen Sendern sollte der Fernsehfan sich über mangelnde Auswahl nicht zu beklagen haben: Der Römer kann allein fünfunddreißig Programme empfangen, in Italien werden täglich tausend Spielfilme ausgestrahlt, bei fünfzig Sendern laufen die Programme rund um die Uhr. Doch das Gegenteil ist der Fall: Die Konkurrenzsituation hat nicht zu einer Programmvielfalt, sondern zu einer Angleichung der Programme geführt. Allein im Hause Fininvest, bei den drei Networks Italia 1, Rete 4 und Canale 5, bestehen achtunddreißig Prozent der Programme aus Quizsendungen. Bei der RAI und den Fininvest-Sendern werden im Jahr dreitausend Filme gesendet, pro Sender also täglich zwei Spielfilme.

In der ersten Hälfte der achtziger Jahre hat Berlusconi sein Fernsehen nach amerikanischem Vorbild allein auf Unterhaltung orientiert. Die RAI, vor allem der stärkste RAI-Sender RAI 1, hat ihre italienischen Wurzeln und die Bildungs- und Kultursendungen daraufhin immer mehr abgebaut und sich dem Charakter des amerikanischen Kommerzfunks angenähert, der um jeden Preis ein großes und in sich wenig differenziertes Publikum ansprechen will. Es gibt also nicht nur wenig Auswahl innerhalb der üppigen privaten Funkwelt, selbst zwischen den privaten und den staatlichen Sendern gibt es keine wirkliche Alternative.

Spezialisierte Sender – wie etwa Videomusic, der Videoclips aus der Musikszene sendet, Junior-TV mit Kinderprogrammen, ein Pay-TV mit Abonnenten für Pornofilme oder Home-Shopping-Sender, in denen der Fernsehzuschauer seine Einkäufe über Fernsehen und Telefon abwickeln kann – gibt es bisher nur in einzelnen Regionen.

Die Multiplizierung der Programme und das Spiel mit dem Telecomander hat zunächst zu keiner Individualisierung des Fernsehkonsums oder zu größerer Freiheit des Fernsehnutzers geführt. Erst seit Ende der achtziger Jahre werden die Programme durch die Berücksichtigung unterschiedlicher Zielgruppen langsam wieder vielfältiger. Dies betrifft aber vorerst nur die Programme am Nachmittag und am späten Abend.

Es gab einmal eine Zeit, da war ein Fernsehprogramm auch dann gut, wenn es nicht viele Zuschauer fand. Heute hat nur Erfolg, was vor allem viele Zuschauer vor die Mattscheibe holt: Qualität wird nun völlig anders definiert.

Carlo Freccero, der Denker im Hause Berlusconi, hat die

beiden Fernsehtypen in den Anfangsjahren des Kommerzfunks so charakterisiert: „Das staatliche Fernsehen verlangt Engagement und Nachdenken, das Kommerzfernsehen gibt Wünschen Ausdruck und unterhält." Doch das staatliche Fernsehen hat sich aus politischen Prestige- und Machtgründen dem Kommerzfernsehen in weiten Teilen angepaßt.

Der Fernsehboom, der die achtziger Jahre kennzeichnet, wird von einem allgemeinen Rückzug ins Private gefördert. Nach dem vorangegangenen, politisch geprägten Jahrzehnt leben Familiarität, Häuslichkeit, Subjektivität und Privatsphäre neu auf. Damit haben die Achtziger auch in Italien – wenn auch verspätet – das Verhältnis zwischen Kino und Fernsehen umgekehrt. Immer weniger Leute gehen ins Kino, immer mehr bleiben zu Hause vor dem Fernseher, um sich dort die Spielfilme anzusehen. Die Hälfte aller Kinosäle ist in den letzten fünfzehn Jahren geschlossen worden, und es werden nur noch halb soviel Filme produziert. Für den Filmproduzenten war das Fernsehen bis in die achtziger Jahre hinein die letzte, allerdings nicht sehr ergiebige Einnahmequelle. Sofern es den einzelnen Produzenten noch gibt, so macht er heutzutage hier seinen hauptsächlichen Gewinn. Ansonsten sind es die Fernsehmanager der RAI oder der Berlusconi-Sender, die die Filme für das Kino bewilligen und produzieren, denn nach der Vorführung in den Kinosälen garantieren die Fernsehsender die Haupteinnahmequelle des Spielfilms. Aus diesem Grunde werden auch die Spielfilmproduktionen immer einheitlicher, angepaßt an den Geschmack der breiten Masse.

1987 konnte Italien im weltweiten Vergleich den größten Zuwachs an Videogeräten verzeichnen, was nichts anderes bedeutet, als daß sich der nach dem großen Kommerzfunkrausch inzwischen frustrierte Fernsehzuschauer sein individuelles Filmprogramm, auch ohne Spotunterbrechungen, selbst zusammenstellt.

Für die neunziger Jahre kündigt sich eine in den USA und in einigen europäischen Ländern schon bekannte Spezialisierung von Fernsehsendern auf bestimmte Themen an. Dies wird insbesondere die Entwicklung hin zum Sender auf Abonnementbasis, zum Pay-TV, sein, also zum Sender, der nur Sport, nur Nachrichten, nur Kultur, nur Spielfilme, nur Unterhaltung oder nur Kinderprogramme anbietet. Das Pay-TV wäre in gewisser Hinsicht eine Rückkehr zum alten Fernsehtypus, der Sendungen für viele einzelne Zielgruppen anbot, gleichzeitig wäre es aber auch das Ende des allumfassenden Familien-Fernsehens, das die „Mamma" für alle macht.

Als der Fernseher in Italien in der Mitte der siebziger Jahre – zehn Jahre später als in der Bundesrepublik – in allen Haushalten Einzug hält, vollzieht sich durch dieses Medium ein tiefgreifender sozialer Prozeß. Bis dahin kannten Millionen von Italienern lediglich ihre regionalen Dialekte, nun erst wird Hochitalienisch über das Fernsehen zur gesprochenen Nationalsprache. Eine solche weitreichende und prägnante Wirkung des Fernsehens gab es in anderen europäischen Ländern nicht.

Über andere Veränderungen, die der zunehmende oder gar exzessive Fernsehkonsum beim Fernsehzuschauer bewirkt, ist seit dem ersten internationalen TV-Boom gegen Ende der sechziger Jahre viel nachgedacht und diskutiert worden. Fest steht, daß die Wirkung eher schleichend ist, erkennbar oder gar meßbar vorerst nur im abnehmenden Konsum anderer Medien wie Theater, Bücher, Rundfunk.

Die Tatsache, daß es in Italien über fünfzehn Jahre hinweg kein Mediengesetz gab, hat dazu geführt, daß ein „Duopol" den Markt beherrscht, was auch bedeutet, daß viele Traditionen und neue Möglichkeiten italienischer Fernsehkultur erstickt sind.

Italienische Medienwissenschaftler sehen im massiven Fernsehkonsum ihrer Landsleute ein Aus-den-Angeln-Heben ihres gesamten kulturellen Systems, eine Vermassung, die der nationalen Kultur Identität und Autonomie, das historische Gedächtnis, Traditionen, Werte und Gewohnheiten nimmt. Die Amerikanisierung des Fernsehsystems hat sich in der ganzen westlichen Welt durchgesetzt – Italien ist allerdings ein extremer Fall von kultureller Überlagerung.

Anhang

Anmerkungen

Erstes Kapitel

1 Sechzig Prozent der italienischen Arbeiter sind in Betrieben mit weniger als hundert Personen beschäftigt. In Frankreich sind es nur fünfundzwanzig Prozent, in der Bundesrepublik und in England weniger als fünfundzwanzig Prozent.

2 Innerpolitische Strömungen, die schon fast Unterparteien in der Hauptpartei darstellen, vor allem bei den Christdemokraten

3 *Il Giornale* v. 25. 6. 1989

4 S. das Kapitel 12, *Die italienische Verknüpfung von Massenmedien und Industrie*

5 S. hierzu F. Hausmann: *Kleine Geschichte Italiens seit 1943*. Berlin 1989, und Alan Friedman: *Ce la fara il capitalismo italiano?* Milano 1989

6 Professor Lipari, Senatsmitglied und Vertreter der linken Strömung innerhalb der DC; s. *Panorama* v. 1. 4. 1990, S. 53

7 S. Peter Fritzsche: *Die politische Kultur Italiens*. Frankfurt 1987, S. 37

8 Theodor Wieser und Frederic Spotts: *Der Fall Italien. Dauerkrise einer schwierigen Demokratie*. Frankfurt 1988, S. 17

Zweites Kapitel

1 Giovanni Ruggeri / Mario Guarino: *Berlusconi. Inchiesta sul signor TV*. Roma 1987, S. 9
2 Ebd., S. 10
3 Ebd., S. 11
4 Ebd., S. 25
5 Ebd., S. 26
6 Giorgio Ferrari: *Il padrone del diavolo*. Milano 1990, S. 8
7 Ebd., S. 12

Drittes Kapitel

1 S. Giovanni Ruggeri / Mario Guarino: *Berlusconi. Inchiesta sul signor TV*. Roma 1987, S. 26
2 Giorgio Ferrari: *Il padrone del diavolo*. Milano 1990, S. 12
3 Ruggeri/Guarino, a.a.O., S. 27
4 Ferrari, a.a.O., S. 17
5 Ebd., S. 18
6 Ebd., S. 19
7 Ruggeri/Guarino, a.a.O., S. 29
8 Ebd., S. 29
9 Ferrari, a.a.O., S. 23
10 Ebd., S. 25
11 Ebd., S. 26
12 Ebd., S. 30
13 Ebd., S. 32
14 Ebd., S. 27
15 Ebd., S. 34
16 Ebd., S. 42

17 Ebd., S. 53
18 Ebd., S. 54
19 Ebd., S. 65

Viertes Kapitel

1 Giorgio Ferrari: *Il padrone del diavolo,* Milano 1990, S. 71
2 Roberto Gervaso: *La mosca al naso. Interviste famose.* Milano 1982, S. 132
3 Ferrari, a.a.O., S. 59
4 Ebd.
5 Ebd., S. 61
6 Ebd., S. 67
7 Ebd., S. 70
8 Ebd., S. 191
9 Ebd., S. 85
10 Giovanni Ruggeri / Mario Guarino: *Berlusconi. Inchiesta sul signor TV.* Roma 1987, S. 86
11 Ebd., S. 91
12 Zit. n. Friederike Hausmann: *Kleine Geschichte Italiens seit 1943.* Berlin 1989, S. 106

Fünftes Kapitel

1 Interview von C. Altarocca für *Il Giorno* v. 15. 1. 1981, zit. nach *Il gigante nano Il sistema radiotelevisivo in Italia: dal monopolio al satellite. A cura di Carlo Macchitella.* Torino 1985

2 Giorgio Ferrari: *Il padrone del diavolo.* Milano 1990, S. 101
3 Pino Farinotti: *I maghi del canale.* Milano 1985, S. 164
4 Ferrari, a.a.O., S. 108
5 Ebd., S. 109
6 Ebd., S. 106
7 Ebd., S. 83
8 Ebd., S. 118
9 Zit. n. Alessandra Bartolomei / Paola Bernabei: *L'Emittenza privata in Italia dal 1956 a oggi.* Torino 1983, S. 151
10 Giovanni Ruggeri/Mario Guarino: *Berlusconi. Inchiesta sul signor TV.* Roma 1987, S. 110
11 Zur Geschichte des Mediengesetzes s. Kap. 13, *Das Mediengesetz – eine Posse ohne Ende*
12 Ferrari, a.a.O., S. 121
13 *L'Espresso* v. 28. 10. 1984
14 Ferrari, a.a.O., S. 127
15 Ebd.
16 Pino Lucchesi, zit. n. Ferrari, a.a.O., S. 126
17 Ebd., S. 12
18 S. Kap. 9, *Der Ätherkrieg*
19 Paolo Martini: *TV sorrisi e millioni. L'avventurosa storia dei divi e della televisione italiana.* Milano 1985, S. 9
20 Ferrari, a.a.O., S. 103f.
21 S. Kapitel 6, *Werbung, Werbung über alles,* Unterkapitel *Die Show mit Dash und Dixan*
22 Martini, a.a.O., S. 16
23 Martini, a.a.O., S. 18
24 Ebd.
25 Sergio Saviane im *Espresso* v. April 1984, zit. n. Camilla Cederna: *Italien gestern, Italien heute. Italienische Impressionen.* Freiburg 1988, S. 75
26 Ruggeri / Guarino, a.a.O., S. 169

27 Claudio Pina / Bianca Maria Mora: *Come si entra nel mondo della televisione.* Milano 1987, S. 14

28 Martini, a.a.O., S. 32

29 Regine Igel: *Silvio Berlusconi.* In: *EG magazin* Nr. 5, 1988

30 Giuseppe Turani im *Espresso* v. 9. 9. 1984, zit. n. *Il Gigante nano,* a.a.O., S. 306

31 Ruggeri, a.a.O., S. 18

32 *Panorama* v. 4. 6. 1989

Sechstes Kapitel

1 Giorgio Ferrari: *Il padrone del diavolo.* Milano 1990, S. 77

2 Ebd.

3 Ebd., S. 96

4 Ebd., S. 97

5 Ebd., S. 98

6 Ebd., S. 78

7 S. Regine Igel: *Filmregisseure im Anti-Spot-Kampf.* In: *Süddeutsche Zeitung* v. 23. 3. 1989

8 Zit. n. Carlo Sartori: *Spot in Italy.* Torino 1987, S. 271

9 S. Regine Igel: *Stärker als Rambo. Noch werden die Werbespots im Fernsehen von Spielfilmen unterbrochen.* In: *Die Zeit* v. 13. 3. 1987

10 *Panorama* v. 26. 2. 1989

11 *Italia oggi* v. 1. 5. 1990

12 S. Jean Baudrillard: *Il sogno della merce.* Milano 1987

13 Paolo Girone: *La Logica Dell'Emozione.* Milano 1987

14 S. Regine Igel: *Waschmittelspektakel. TV-Sponsoring in Italien.* In: *medium* v. Okt.–Dez. 1988

Siebtes Kapitel

1 Giovanni Ruggeri / Mario Guarino: *Berlusconi. Inchiesta sul signor TV.* Roma 1987, S. 142
2 Giorgio Ferrari: *Il padrone del diavolo.* Milano 1990, S. 180
3 Ebd.
4 Ebd.
5 Ebd., S. 181
6 S. *Il Corriere della Sera* v. 21. 4. 1989
7 *L'Espresso* v. 20. 4. 1986
8 *La Repubblica* v. 29. 4. 1988
9 *La Repubblica* v. 23. 11. 1988
10 *Il sole 24 ore* v. 12. 9. 1987
11 *Class* v. Nov. 1989
12 Ebd.
13 *L'Espresso* v. 20. 4. 1986
14 *Fortune* 9/89
15 *Il Tempo* v. 6. 3. 1990

Achtes Kapitel

1 Giovanni Ruggeri / Mario Guarino: *Berlusconi. Inchiesta sul signor TV.* Roma 1987, S. 156
2 Ebd., S. 161
3 *Panorama* v. 7. 9. 1986
4 Ebd.
5 Ebd.
6 Ebd., S. 161
7 Ebd., S. 160
8 Giorgio Ferrari: *Il padrone del diavolo.* Milano 1990, S. 135

9 *Panorama* v. 7. 9. 1986
10 Ebd.
11 Ebd.
12 Ferrari, a.a.O., S. 132
13 Ebd., S. 136
14 *L'Espresso* v. 4. 6. 1989
15 *Cosmopolitan* 11/89
16 „Emittenz" ist der häufigste Spitzname Berlusconis, aus *Eminenz* und *emittente* (italien.; Sender)
17 Ferrari, a.a.O., S. 137

Neuntes Kapitel

1 Giorgio Ferrari: *Il padrone del diavolo.* Milano 1990, S. 92
2 Ebd., S. 93
3 Ebd., S. 102
4 *MediaPerspektiven* 3/90, S. 158
5 Paolo Martini: *TV sorrisi e millioni.* Milano 1985, S. 209
6 S. Regine Igel: *Der öffentliche Dienst zieht in den Kampf.* In: *Süddeutsche Zeitung* v. 28. 6. 1987
7 Ebd.
8 S. Regine Igel: *Die neue Devise in Italien heißt „Information".* In: *Süddeutsche Zeitung* v. 29. 8. 1987
9 Walter Veltroni: *Io e Berlusconi (e la RAI).* Roma 1990, S. 170
10 *Il Corriere della Sera* v. 17. 1. 1988
11 *Fortuna* 9/89
12 Walter Veltroni, a.a.O., S. XIX
13 S. Regine Igel: *Wo sich Verbrechen für alle bezahlt macht.* In: *Süddeutsche Zeitung* v. 20. 5. 1989
14 Giorgio Bocca: *L'Italia che cambia.* Milano 1987, S. 50

Zehntes Kapitel

1 *La Repubblica* v. 16. 9. 1988
2 Giorgio Ferrari: *Il padrone del diavolo.* Milano 1990, S. 153
3 Ebd.
4 Ebd., S. 158
5 Ebd.
6 Ebd., S. 160
7 *Il Direttor Commerciale,* April 1989
8 *Il Tempo* v. 6. 3. 1990

Elftes Kapitel

1 S. Giuseppe Turani: *L'Ingegnere. Carlo De Benedetti e l'assalto ai cieli della finanza.* Piacenza 1988
2 *La Repubblica* v. 23. 12. 1989
3 Ebd.
4 S. *Panorama* v. 7. 1. 1990
5 *La Stampa* v. 5. 12. 1989
6 *L'Espresso* v. 28. 1. 1990
7 *Il sole 24 ore* v. 5. 12. 1989
8 *Panorama* v. 24. 12. 1989
9 Ebd.
10 Ebd.
11 *Italia oggi* v. 24. 4. 1990
12 Ebd.
13 S. Kapitel 13, *Das Mediengesetz – eine Posse ohne Ende*
14 *La Repubblica* v. 4. 4. 1990
15 *Il Mondo* v. 7. 5. 1990
16 *Europeo* v. 12. 5. 1990

Zwölftes Kapitel

1 *L'Espresso* v. 15. 10. 1989
2 *Le Nouvel Economiste* v. 4. 3. 1988, zit n. Alan Friedman: *Ce la fara il capitalismo italiano.* Milano 1990, S. 179
3 *MediaPerspektiven* 3/90, S. 166
4 *Panorama* v. 14. 5. 1989
5 Ebd.
6 *Prima Speciale* 1/90, S. 82
7 S. Kapitel 1, *Italienische Verhältnisse*
8 Ebd., S. 92

Dreizehntes Kapitel

1 *Fortune* 9/89
2 S. auch Kapitel 12, *Die italienische Verknüpfung von Massenmedien und Industrie*
3 S. Kapitel 5, *Siegeszug des Spaghetti-Fernsehens,* Unterkapitel *Die RAI zeigt Berlusconi die Zähne*
4 Walter Veltroni: *Io e Berlusconi (e la RAI).* Roma 1990, S. 170
5 *L'Espresso* v. 3. 7. 1988
6 *Panorama* v. 16. 4. 1989
7 *Il Manifesto* v. 28. 1. 1990
8 Friederike Hausmann: *Kleine Geschichte Italiens seit 1943.* Berlin 1989, S. 120
9 Alan Friedman: *Ce la fara il capitalismo italiano?* Milano 1990, S. 198
10 *La Stampa* v. 20. 6. 1990
11 *La Repubblica* v. 27. 7. 90

Vierzehntes Kapitel

1 Giorgio Ferrari: *Il padrone del diavolo.* Milano 1990, S. 200
2 Ebd., S. 199
3 Giovanni Ruggeri / Mario Guarino: *Berlusconi. Inchiesta sul signor TV.* Roma 1987, S. 159
4 Ferrari, a.a.O., S. 64
5 *Fortune* 9/89
6 *Media Key* 75, S. 94
7 Nach Ferrari, a.a.O., S. 206
8 Walter Veltroni in *Il Messagero* v. 27. 5. 1990
9 *Fortune* 9/89
10 Ferrari, a.a.O., S. 210
11 Ebd., S. 104
12 Ebd., S. 208
13 Ruggeri/Guarino, a.a.O., S. 126
14 Ferrari, a.a.O., S. 65
15 *Fortune* 9/89
16 *La Stampa* v. 25. 3. 1989
17 Ebd.

Sechzehntes Kapitel

1 *Avvenire* v. 17. 5. 1989

Zeittafel

1936 29. September. Silvio Berlusconi wird als erster von zwei Söhnen des Bankprokuristen Luigi und der Hausfrau Rosa geboren

1948 Eintritt ins Internat der Salesier

1955 Abitur. Beginn des Jura-Studiums in Mailand

1961 Abschluß des Studiums mit Diplom

1961 Beginn der Tätigkeit als Bauunternehmer

1963–69 Bau des Viertels Brugherio

1965 Hochzeit mit Carla Elvira Dall'Oglio

1966 Geburt der Tochter Elvira

1969 Geburt des Sohnes Pier Silvio

1969–79 Bau des Stadtviertels *Milano 2*

1974 erste Sendungen von *Telemilano*

1976 Freigabe des Kommerzfunks

1978 Gründung der Holding *Fininvest*

1979 Gründung der Werbefirma *Publitalia*

1980 Trennung von der Ehefrau

1982 der Sender *Italia 1* kommt zur *Fininvest*

1984 der Sender *Rete 4* kommt zur *Fininvest*

1984 Geburt der Tochter Barbara aus der Beziehung mit Miriam Bartolini (1986 und 1988 Geburt zweier weiterer Kinder)

1984 Erlaß des sogenannten *Berlusconi-Dekrets*

1986 Erwerb des *AC Mailand*

1986 1. Sendung von *La Cinq* in Frankreich

1987 Beteiligung an *Tele 5* in München

1988 Erwerb der Supermarktkette *Standa*

1990 1. Sendung von *TeleCinco* in Spanien

1990 vorübergehende Übernahme der Präsidentschaft im Verlag Mondadori

Bibliographie

Barberio, Raffaele / Macchitella, Carlo: *L'Europa delle televisioni.* Bologna 1988

Bartolomei, Alessandra / Bernabei, Paola: *L'Emittenza privata in Italia da 1956 a oggi.* Torino 1983

Baudrillard, Jean: *Il sogno della merce.* Milano 1987

Bentivegna, Sara / Morcellini, Mario: *L'obbligo del nuovo. Televisione e spettacolo tra innovazione e tradizione.* Torino 1989

Bernabei, Paola: *L'Emittenza privata in Italia dal 1956 a oggi.* Torino 1983

Bocca, Giorgio: *L'Italia che cambia.* Milano 1987

Cecchi, Alberto: *Storia della P2.* Roma 1985

Cederna, Camilla: *Italien gestern, Italien heute. Italienische Impressionen.* Freiburg 1988

Chiellino / Marchio / Rongoni: *Italien.* München 1989

D'Alema, Giuseppe: *Der aufhaltsame Aufstieg der Loge P2.* Reinheim 1984

De Vescovi, Francesco: *Economia dell'informazione televisiva.* Roma 1986

Drüke, Helmut: Italien. Wirtschaft. Gesellschaft. Politik. Opladen 1986

Farinotti, Pino: *I maghi del canale*. Milano 1985

Ferrari, Giorgio: *Il padrone del diavolo*. Milano 1990

Friedman, Alan: *Ce la fara il capitalismo italiano?* Milano 1989

Fritzsche, Peter: *Die politische Kultur Italiens*. Frankfurt 1987

Gervaso, Roberto: *La mosca al naso. Interviste famose.* Milano 1980

Girone, Paolo: *La logica dell'emozione. Quando la promozione fa spettacolo*. Milano 1987

Grasso, Aldo: *Linea allo studio. Miti e riti della televisione italiana*. Milano 1989

Hausmann, Friederike: *Kleine Geschichte Italiens seit 1943.* Berlin 1989

Macchitella, Carlo: *Il gigante nano. Il sistema radiotelevisivo in Italia: dal monopolio al satellite*. Torino 1985

Martini, Paolo: *TV sorrisi e millioni*. Milano 1985

Pallagrosi, Luciano (Hrsg.): *L'invasione degli spots*. Bari 1986

Pilati, Antonio: *Il nuovo sistema dei media. Come cambia la comunicazione negli anni ottanta*. Milano 1987

Pina, Claudio / Mora, Bianco Maria: *Come si entra nel mondo della televisione*. Milano 1987

Raith, Werner: *In höherem Auftrag. Der kalkulierte Mord an Aldo Moro*. Berlin 1984

Ruggeri, Giovanni / Guarino, Mario: *Berlusconi. Inchiesta sul signor TV.* Roma 1987

Sartori, Carlo: *L'occhio universale. Modelli di sviluppo, programmi e pubblico delle televisioni del mondo*. Milano 1981

Sartori, Carlo: *Spot in Italy*. Torino 1987

Turani, Giuseppe: *L'Ingegnere. Carlo De Benedetti e l'assalto ai cieli della finanza*. Piacenza 1988 (dt.: *De Benedetti. Das italienische Wunder*. Düsseldorf 1989)

Veltroni, Walter: *Io e Berlusconi (e la RAI)*. Roma 1990

Wieser, Theodor / Spott, Frederic: *Der Fall Italien. Dauerkrise einer schwierigen Demokratie*. München 1988